KB198260

돌봄노동

친밀한 착취

They Call It Love

THEY CALL IT LOVE

친밀한 착취

THEY CALL IT LOVE

돌봄노동

알바 갓비 지음
전경훈 옮김

니케북스

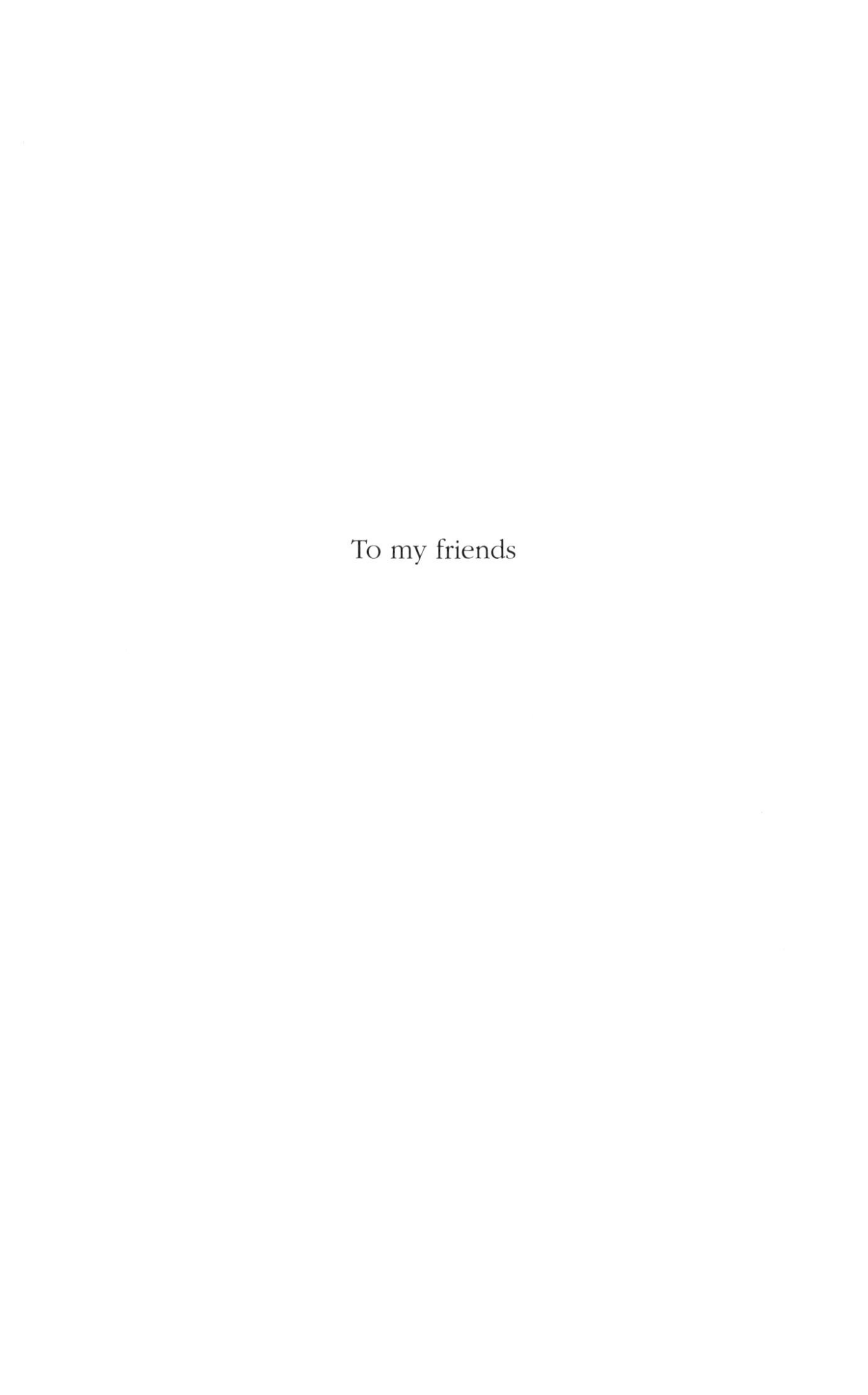

To my friends

우리가
자신을 돌보는 순간들은
잊히기 쉬운 많은 필요 속에서 전면에 드러난다.
하나의 흥미로운 이야기는 행위성으로 구성되지만,
원하는 일을 하는 양지에서만큼이나
이 무력해지는 음지에서도 인간은 온전히 실존한다.
돌봄은 자율성을 떠받치는 보이지 않는 하부구조이며,
한평생
인간 육체의 나약함 때문에 반드시 받아야 하는 것이다.
우리가 세상을 들여다보는 시선은
때로 궁핍한 눈길이며,
'나를 사랑해 줘요'라고 말하는 얼굴이다.
이로써 우리의 시선은
"수프 좀 가져다주세요" 같은 것을 의미한다.

—앤 보이어(Anne Boyer), 《언다잉》

차례

시작하며

감정 재생산

사랑의 정치학

노동의 젠더화

페미니즘의 감정

다른 느낌

일러두기

- 이 책은 알바 갓비Alva Gotby의 《They Call It Love》(Verso, 2023)를 우리말로 옮긴 것이다.
- 원서에서 이탤릭체로 강조한 부분은 이탤릭체, 고딕으로 강조한 부분은 고딕체로 표기했다.
- 주는 모두 옮긴이의 주이며, (옮긴이)로 표시했다.

시작하며

THEY CALL IT LOVE

당신은 사랑받는다는 걸 어떻게 아는가? 누군가 당신을 돌보고 있음을 어떻게 아는가? 작은 사랑의 몸짓들을 생각해보자. 돌봄을 받는다고 느끼게 하는 소소한 모든 것들 말이다. 기분 좋던 순간, 다른 사람과 함께하며 따뜻한 감정을 느낀 때를 생각해보자. 그런 느낌이 들게 한 사람은 누구인가? 당신이 안전하며 사랑과 지지를 받는다고 느끼도록 일하는 사람은 누구였나?

돌봄은 필수적인 일이지만 자본주의 사회에서 부정되고 평가절하된다. 대다수 사람들이 계속 일할 수 있도록 돌봄 부담을 덜어줄 수 있는 노동이 없었다면 자본주의는 작동하지 못했을 것이다. 자본주의 사회는 많은 괴로

움을 낳지만, 많은 사람들이 서로의 고통과 긴장, 권태를 줄이기 위해 열심히 일한다. 그리고 이 일은 다른 사람들뿐만 아니라 우리가 아는 이 세상에 대한 정서적 애착을 만들어낸다.

이 책은 재생산reproduction(재생산은 인간을 포함한 생물의 생식이나 재생을 나타내는 말이라는 사실을 염두에 둘 필요가 있다.–옮긴이) 노동의 정치에 관해 말한다. 다시 말해, 노동인구를 유지하고 교체하며 사람들의 안녕을 보장하는 일을 다룬다. 이 일에는 임신과 육아 같은 세대교체는 물론이고, 요리, 청소, 세탁 같이 매일 하는 일과와 환자, 장애인, 노인을 돌보는 일까지 포함된다. 이런 일은 흔히 사회적 재생산으로 불린다. 이 가운데 특히 정서적 지원, 즉 분노하거나 슬퍼하는 사람을 달래고 가족이나 친구의 기운을 북돋우며 가정이나 직장에서 분위기를 좋게 만드는 일은 쉽게 눈에 띄지 않는다. 공동체와 사회관계를 형성하고 유지하는 일도 마찬가지다. 감정은 노동력 재생산은 물론 사회성과 주체성을 형성하는 데 필수다. 아이를 달래고, 노인의 말동무가 되어주고 친밀한 형태의 사회성을 유지하는 일과 같은 재생산 노동은 감정 면에서 중요하다. 이 일은 흔히 '사랑'으로 알려졌다.

대체로 감정은 사회적 재생산을 하는 데 없어서는 안 될 부분이다. 즉 감정이 재생산 노동의 핵심이다. 그래서 나는 이 일을 '감정 재생산emotional reproduction'으로 부르려고 한다. 감정 재생산은 우리가 보통 생각하거나 인지하는 무언가가 아니다. 슬프거나 외로운 사람의 기운을 북돋우고 감정적 온기를 만들어내는 일처럼 우리가 가족, 친구, 직장 동료 등을 위해 매일 하는 일이다. 우리 사회는 건강한 성인은 스스로를 돌볼 수 있기 때문에 아동과 정신질환자만 정서 지원이 필요하다고 생각한다. 그러나 우리는 모두 서로 의존한다. 아동은 물론이고, 성인도 정서적 돌봄이 필요하다. 그리고 정신질환자만이 아니라 우리 모두에게 다른 사람의 지원이 필요하다. 심리 치료가 이런 정서 지원 노동의 가장 명확한 사례겠지만, 내가 주로 관심을 갖는 것은 일상에서 눈에 띄지 않지만 우리 대다수가 정서적으로 건강하고 심지어는 행복하게 살아갈 수 있도록 하는 노력이다.

우리는 스스로 선택하지 않은 조건 속에서 일한다. 사람들은 대체로 자신의 욕구와 가까운 사람들의 욕구를 충족하기 위해 일해야 한다. 우리의 노동조건은 개인의 역량이 아니라 사람들의 욕구가 다양한 권력 관계 안에서 충족되는 생산과 재생산의 사회구조에서 만들어진다. 음식이나 주거에 대한 욕구와 마찬가지로 이런 욕구는 부분적으로 인간의 생물학적 삶에 바탕을 둔다. 그러나 욕구는 역사적으로 특정한 방식으로만 충족될 수 있으며, 이 방식도 우리의 사회적 위치에 따라 결정된다. 예를 들어, 주거에 대한 욕구는 천막이나 교외의 단독주택으로 충족될 수 있다. 또한 욕구 충족을 위해 구성된 다양한 방식이 새로운 욕구를 불러일으킨다. 교외가 성장하면서 출퇴근용 자동차에 대한 욕구가 생기는 식이다. 욕구를 구성하는 것은 사람들이 계급, 인종, 젠더에 기반을 둔 다양한 사회적 범주 가운데 어디에 자리하느냐에 따라 달라진다. 이 책은 정서 욕구emotional needs가 어떻게 구성되고, 그 욕구를 충족하는 데 꼭 필요한 노동이 물질적으로나 주관적으로 어떻게 조직되는지를 탐구한다.

돌보는 사람들에게 의존하는 사회

지금까지 여성에게는 대체로 기분을 좋게 만드는 일이 맡겨졌다. 지난 몇 년 동안 학계와 활동가 집단 양쪽 모두에서 마르크스주의 페미니즘과 사회적 재생산 문제들에 대한 관심이 되살아났다. 마르크스주의는 자본주의 사회의 특징은 노동자계급의 착취이며, 노동은 임금의 형태로 돌려받는 것보다 자본가계급에게 더 많은 가치를 창출한다고 주장한다. 마르크스주의 페미니즘은 자본주의에 대한 이런 이해를 확장해 여성의 일로 규정된 것, 흔히 사랑해서 무상으로 하는 일을 노동이라고 여긴다. 최근, 이 이론들이 다시 논의되면서 재생산이 반자본주의 투쟁의 중심 영역으로 재발견되고 있다. 1960년대에서 1980년대 초까지 쓰여진 마르크스주의 페미니즘의 유산을 이어 가는 이 새로운 연구와 조직화의 물결은 재생산 노동 이론을 오늘날 노동 구조에 관한 논쟁에 끌어오려 한다. 이는 1970년대부터 많은 이론서의 초점이 된, 여성의 무임금 가사 노동을 넘어 보육, 간병, 임금 가사 노동 등 재생산 영역의 다양한 임금 노동을 포함한다는 뜻이다.

재생산은 자본주의 사회에서 사람들의 삶을 지속시키고 그들의 노동력을 유지하는 활동 전체를 포괄하는 폭넓은 분야다. 그런데 재생산은 자본주의 경제에서 모순적 위치에 있다. 자본주의적 가치 생산을 계속 작동하는데 필수적인데도 평가절하되었기 때문이다. 다시 말해, 재생산은 사람들의 노동력을 보존하려는 목적에 맞춰 설계되었는데도 임금 노동 현장과 공식적 경제에서 흔히 배제된다. 재생산에는 무임금 가사 노동부터 상품화된 서비스와 공공 부문과 관련된 노동 유형이 포함된다. 이렇게 서로 다른 부분들로 이루어지는 오늘날 자본주의 풍경의 전역에서 사람들은 임금이 있든 없든 다른 사람들의 상대적 안녕을 보장하기 위해 일하고 있다.

자본주의 경제는 무상이나 저임금으로 재생산 서비스 노동을 하며 서로를 돌보는 사람들에게 의존한다. 대개 이 노동은 특별한 기술이 필요 없고 원래 여성적이기 때문에 여성이 금전적 보상을 아예 받지 않거나 거의 받지 않고 해야 하는 의무로 여겨진다. 저널리스트 세라 자페 Sarah Jaffe는 '여성의 일은 사랑이고, 사랑은 그 자체가 보상이며 돈으로 더럽혀질 수 없다는 데 우리가 자발적으로 동의하면서 자본의 이익이 창출'된다고 밝혔다.[1] 사랑의 노동은 집이라는 사적 영역으로 격하되는 경우가 많고, 그래서 현대 정치 담론에서 부정된다. 이런 활동이 믿을 수 없을 만큼 흔하고 일상적인 노동 유형인데도, 마르크스주의 저작과 조직을 포함한 경제 및 정치 분석에서 보이지 않는 경우가 많다.

전통적인 마르크스주의 페미니즘의 임무는 오늘날의 조직에 맞서 싸우기 위해 이 노동을 가시화하는 것이다. 페미니스트들은 수십 년 동안 글쓰기와 시위를 통해 재생산의 사유화, 즉 재생산 노동이 사적 영역으로 격하되며 개인이 책임지는 과정을 어느 정도 해소하기 시작했다. 자본주의 경제의 변화로 재생산의 많은 부분이 이제 집 밖에서 이루어지고 있다. 그러나 재생산은 여전히 주로 가족의 책임으로 이해된다. 가족은 자본주의 노동의 반대편에 있는, 비정한 세상 속 우리의 안식처로 여겨진다. 이렇게 저임금 서비스 경제의 구성뿐만 아니라 재생산 노동의 부담과 비용이 개인화되는 것은 여성의 독립적 실존에 대한 법적 제약이 대부분 제거된 포스트페미니즘 시대라는 오늘날에도 여성의 종속적 지위를 유지하는 데 기여한다. 돌봄의 사유화는 여성에게 다른 사람의 안녕을 책임지게 하고 여성이 재정적, 물질적으로 독립할 수 있는 기반을 무너뜨리는 동시에 여성을 이 일에 가장 적합한 사람으로 구성하고 젠더분업을 영속화한다.

감정 재생산은 감정적 부담이 상당한데도 사람들이 정서적 안정을 꾀하고 자본주의의 생산노동에 지속적으로 참여하려는 의지와 능력을 유지하는 노동 형태들을 포함한다. 임금 노동과 무임금 노동 전반에 걸쳐 감정에 대해 생각할 때 사람들의 정서적 안녕까지 유지하는 일에 중점을 두고자한다. 예를 들어 사랑하는 사람을 위로하거나, 외로운 친척과 가벼운 이야기를 나누는 노동이다. 넓은 의미에서 감정 재생산은 특정 기분만이 아니라 욕망, 욕구, 주체성을 형성하고 이런 노동의 원인이자 결과인 사회성의 형태들까지 가지게 한다. 더불어 구체적 욕구와 그 욕구가 충족되는 방식을 결정하고 이 세상에 기여한다는 느낌을 가지게 한다. 우리는 '좋은 삶the good life'이라는 특별한 관념, 곧 위안과 행복을 약속하는 듯한 규범적 생활양식에 정서적 애착이 있다. 자본주의 사회에서 우리의 삶은 여러 가지로 실망스럽고, 긴장, 분노, 우울, 고독 같은 부정적 느낌을 계속 불러일으킨다. 그런데도 우리는 모두 바른 생활로 보이는 특정한 관념, 종종 해악의 근원이 되는 관념에 애착이 있다. 바른 생활에 관한 관념 때문에 끊임없이 실망하면서도 그것을 계속 동경하는 경우가 많다.

'여성의 일'이라는 딱지가 붙은 노동

감정 재생산에 관해 생각할 때 나는 감정노동이라는 개념에 의지한다. 사회학자 앨리 러셀 혹실드Arlie Russell Hochschild가 1983년에 펴낸 《감정노동The Managed Heart》에서 만든 용어다. 이 책에서 혹실드는 자본주의 경제에서 일어난 변화를 추적했는데, 오늘날 서비스 경제가 갈수록 우리의 감정 역량을 상품화하면서 성장하고 있다고 밝혔다. 상품화는 물건이나 서비스가 시장에서 사고팔 수 있는 것이 되는 과정이다. 혹실드의 이론은 항공기 승무원에 관한 연구에서 출발했다. 전통적으로 여성화된 직업인 항공 승무원이 하는 일에는 식음료를 제공하는 것뿐만 아니라 항공 탑승객들에게 안전하고 편안하다는 느낌을 주는 것도 포함된다. 여성화된 감정노동은 '다른 이들의 안녕과 지위에 대한 긍정, 향상, 찬양'을 지향하기 마련이다.[2] 혹실드는 항공기 승무원들의 사례를 통해 유럽과 북아메리카 자본주의 경제의 중심이 되고 있는 수많은 서비스직에서 감정의 중요성에 관한 이론을 이끌어낸다.

감정노동은 상품화되었다. 사고팔 수 있는 서비스가 된 것이다. 혹실드에 따르면, 많은 연구자들이 현대 자본주의에서 감정노동의 상품화를 연구했다. 그러나 나는 감정노동을 서비스 경제의 성장과 더불어 나타난 현상으로 보지 않고, 임금 및 무임금 재생산 노동의 일부로서 더 오래된 감정 재생산의 역사를 추적한다. 감정노동이 상품화를 통해 더 가시화됐지만, 상품화를 통해 만들어지지는 않았다. 감정 재생산 개념을 사용해서 내가 지적하려는 과정은 감정노동을 연구하는 사회학에서 일반적으로 묘사하는 것보다 더 광범위하고, 보통 노동이라고 생각하지 않는 활동들까지 포함한다. 그렇더라도 이러한 활동들은 사람들의 정서적 안정에 기여할 수 있어야 하고, 따라서 재생산의 틀 안에서 정치화되어야 한다.

더 폭넓은 사회적 재생산처럼 감정 재생산은 임금 노동 영역과 무임금 노동 영역 모두에서 작동한다.

이 책의 주장은 감정 재생산의 필요성을 부정하거나 감정 재생산을 전적으로 거부하라는 의미는 아니다. 여성성과 결부된 노동 형태를 포기하거나 여성이 더 남성적인 주체성에 접근해야 한다고 요구하지도 않는다. 여성화된 돌봄노동에 대한 전면적 거부는 가능하지도 않고 바람직하지도 않을 것이다. 감정 재생산을 거부하는 것은 오히려 성별에 기초해 만들어진 젠더화된 주체성을 넘어서는 저항의 방식으로, 공존의 새로운 방식을 찾기 위해 감정, 욕구, 욕망의 용도변경을 추구한다. 이런 거부는 전통적으로 여성 주체성이 보여왔던 특징들을 포함해 현재 존재하는 잠재력들을 활용할 수 있지만, 현재의 재생산을 지원하지는 않는다.

이러한 거부는 여성성을 특정 주체가 갖고 태어나는 것이 아니라 습득하는 하나의 역량으로 보는 여성성의 탈자연화에 의지한다. 이를 통해 우리는 감정을 그저 자발적이거나 자연스러운 상태가 아니라 기술적인 노동 유형으로 보기 시작할 수 있다. 감정노동이라는 개념은 우리가 감정과 노동을 다시 생각해보게 한다. 흔히 감정은 수동적이라고 여기고, 노동은 의식적인 활동이라고 생각한다. 감정은 수동적인 심리 상태가 아니다. 노동으로서 쓸모 있다고 여겨지는 뭔가가 꼭 완전히 의식적이거나 적극적이어야 하는 것도 아니다. 노동이란 뭔가를 *하는 것*이지만, 그 뭔가가 늘 활동으로 인식되지는 않을 수도 있다. 그리고 우리가 마땅히 노동이라고 부르는 것은 늘 어떤 종류의 생산물을 포함하지만, 이 생산물이 늘 그 생산자와 분리된 '사물'로 인식되지는 않을 것이다.

감정노동에 관해 생각하기란 무척 어렵다. 감정노동은 잘하면 잘할수록, 그 감정 돌봄을 하는 사람과 받는 사람 모두에게 노동이 아닌 듯 보이기 때문이다. 모든 노동에 노동자의 수고가 담기지만, 그런 노력이 그저 노동 주체의 자연스러운 자기표현으로 보일 수 있다. 특히 감정노동 과정에서 노동의 결과는 생산물로 보이지 않는 경우가 흔하기 때문에 노동자 성격의 한 부분처럼 드러난다. 페미니스트 지리학자 소피 루이스Sophie Lewis가 주장하듯, 이런 노동 유형에서 '여성화된 사람의 몸은 더욱 여성화되기 마련이다. 즉 전혀 일하지 않는 것처럼 보이려고 아주아주 열심히 일한다.'[3] 우리의 노동 행위는 우리가 진정한 자아로서 경험하는 것의 여러 양상이 된다. 수동적으로 보인다는 점에서 감정노동은 다른 여성화된 형태의 노동과 비슷하다. 여성이 재생산 노동의 대부분을 하는데, 여성성과 결부된 노동을 수동적으로 보고 여성성을 수용성과 관련짓는 것은 역설적이다.

감정에 비용을 지불하라

감정노동이라는 용어가 학술 담론 내외에서 얻은 인기는 물론이고, 이 용어가 일으키는 불편 또한 감정과 노동이 개념적으로 어울리지 않아 보인다는 데서 비롯한다. 이 부조화 때문에 감정노동은 그 깃발 아래 온갖 현상을 두면서 개념의 범위를 넓히기도 하지만 혼란을 불러일으키기도 한다. 그러나 이 확장성이야말로 감정노동의 특성 가운데 하나로, 어렵지만 이를 이론화하는 것이 중요하다. 그러지 않으면 우리는 감정에 대해 면밀한 검토 없이 감정을 당연하고, 친밀하고, 비사회적이고, 자발적이라고 보는 통념으로 물러나게 된다.

나는 감정노동을 마르크스주의 페미니즘의 재생산 이론, 특히 가사노동임금 운동Wages for Housework movement이 전개한 이론과 전략 안에서 이야기하고 싶다. 1972년에 이탈리아, 영국, 프랑스, 미국의 페미니스트들이 모여 시작한 가사노동임금 운동은 사람을 돌보는 것과 관련된 일, 주로 여성들이 한 모든 일을 두드러지게 강조하는 데 주력했다. 나는 페미니스트 운동가이자 교사 실비아 페데리치Silvia Federici, 페미니스트 운동가 마리아로사 달라 코스타Mariarosa Dalla Costa, 사회학자 조반나 프랑카 달라 코스타Giovanna Franca Dalla Costa, 사회학자 레오폴디나 포르투나티Leopoldina Fortunati, 흑인 페미니스트 운동가 윌멧 브라운Wilmette Brown, 사회운동가 루스 홀Ruth Hall, 페미니스트 운동가이자 작가 셀마 제임스Selma James 같이 이 운동에 동참한 저자들이 이론적으로 기여한 내용을 끌어다 쓸 것이다. 이들의 글은 자본주의 사회가 원활하게 기능하도록 돕는 가사 노동, 더 폭넓게는 재생산 노동의 본질적 특성을 강조했다. 가사노동임금 관련 저자들과 활동가들은 재생산 영역이 정치적으로 중요하며 가사 노동에 종사하는 사람들이 반자본주의 투쟁의 중심에 있다고 역설했다. 이들은 가사 노동이 자본 재생산에 반드시 필요하며 이를 붕괴시킬 잠재력이 있다고 서술했다. 이 운동의 핵심 요구는 무임금이나 저임금 상태에 있는 재생산 노동에 대해 자본주의 국가가 임금을 지불하라는 것이었다. 이들은 모든 재생산 노동에 임금을 지급할 경우 자본주의가 이윤을 낼 수 없다는 점을 이런 식으로 보여주려고 했다.

유럽과 북아메리카 국가에서 노동자계급 주부들이 차지하는 위치에서 시작된 이들의 분석은 웨이트리스, 성노동자, 보모, 비서 등 여성화된 직종의 다양한 재생산 노동 종사자를 포함했다. 이들은 또한 재생산 영역에서 젠더, 인종, 계급, 섹슈얼리티의 상호 연관성에 주목했다. 레즈비언에게 합당한 임금을Wages Due Lesbians과 흑인 여성에게 가사노동임금을Black Women for Wages for Housework이라는 단체 등 가사노동임금 운동의 일환으로 조직된 자율적 집단은, 자본주의 사회에서 벌어지는 착취와 억압의 갖가지 유형을 통합적으로 분석하는 데 이바지했다.

1970년대 마르크스주의 페미니즘의 전성기 이래 여성의 경제적, 사회적 지위가 변했다. 전후 시기를 지나 집단적 주체로서 '여성'의 개념과 마찬가지로 여성 노동의 지위가 달라졌다. 나는 국가와 자본이 노동시장의 탈규제와 국가가 소유하던 자원과 기관의 사유화를 추구해 온 현재의 정치적 국면을 포착하는 데 신자유주의라는 말을 쓴다. 실질 임금이 줄어들면서 맞벌이 가정과 여성의 임금 노동 참여는 점차 늘어났다. 더불어 신자유주의는 서비스 경제를 향한 전환을 불러왔다. 이에 앞서 전후 유럽과 북아메리카의 자본주의는 여전히 산업 생산을 지향했으며 재생산 노동의 현장은 대개 가정이었다. 이런 시대 구분은 지나친 단순화가 될 수 있고, 신자유주의라는 말이 온갖 현상을 설명하는 데 쓰였다.

그러나 1970년대 중반 이전 여성의 지위와 오늘날 여성의 지위는 크게 달라졌다. 가사노동임금 운동 관련 저술들과 동시대의 여타 마르크스주의 페미니즘 저술 및 운동은 1970년대 페미니즘과 좌파의 논쟁에 개입하고자 했다. 이 시기는 노동연령층 여성 가운데 주부가 많았다. 그래서 당시의 저술들과 운동은 오늘날 노동시장에서 여성의 지위를 완전히 설명하지 못한다. 하지만 여성의 일이라는 딱지가 붙은 것들에는 여전히 중요한 연속성이 있고, 이런 점은 저임금 서비스 부문에서 특히 두드러진다. 여성은 여전히 상당량의 무임금 돌봄노동을 수행하고, 남성에 비해 재생산 부문에 고용될 가능성이 크다. 나는 가사임금노동을 다룬 저술들을 통해 이 연속성을 이해하려고 한다.

재생산 노동의 감정적, 주체적인 면은 이 노동에 있는 파괴적 잠재력의 핵심이다. 감정 재생산이 젠더의 차이를 재생산하는 것과 결부되지만, 페미니스트 집단의 주체성을 만들어내는 데 감정 재생산을 동원할 수 있지 않겠나? 나는 사회적 재생산의 영역 안에서 투쟁할 수 있는 지점을 찾아내고, 착취하는 자와 착취당하는 자의 대립을 성립시키며 강화하려는 정치투쟁들에 근거한 이론을 만들고 싶다. 가사노동임금을 공동 창립한 페데리치는 '투쟁 개념'이라는 말을 쓰는데, 이것은 적대적 관계를 이름 짓고 드러내는 개념이다.[4] 감정 재생산이 투쟁 개념이고, 이를 통해 우리는 우리의 감정생활이 본래 정치적이라고 이해할 수 있다.

당신이 곧 그 노동은 아니다

감정 재생산이라는 말은 세상을 끊임없이 다시 만드는 데 감정이 참여하는 방식을 설명한다. 세상을 다시 만드는 것은 노동과 보상의 위계적 형태와 연관되지만, 세상을 다르게 만드는 기획으로 전환될 가능성도 있다. 우리가 아는 세상의 대표적 특징은 격차다. 여러 격차에서 어떤 사람들은 정서적 위안의 결핍을 경험하고, 결국 지속적으로 고독을 느끼고 정신적으로 허약해진다. 또 어떤 사람들은 다른 사람들의 고충과 감정 고갈을 경험하지 못할 정도로 보호받으며 넘치는 정서적 위안 속에 있다. 오늘날 노동 구조는 궁극적으로 인간의 정서적 안정에 해롭다. 재생산 전반과 마찬가지로 감정 재생산은 인종차별, 성차별, 동성애 혐오 같은 구조들만이 아니라 가치를 생산하라는 자본주의의 명령들에 심각한 제약을 받는다. 오늘날 감정 재생산은 가족 내 노동 착취와 가족 간의 유대 관계에서 제외된 사람의 정서 욕구에 대한 관심 부족에 기초한다. 따라서 다수의 감정생활 개선은 감정 재생산의 근본적 변화에 달려 있다.

자유시장에서 자기 능력을 팔아 노동계약의 독립적 주체인 것처럼 등장하는 이들은 사실상 자신의 노동력을 유지하기 위해 다른 이들에게 의존한다. 역사적으로 이런 형태의 주체로 사는 것은 백인 남성의 특권이고, 아동, 주부, 노예, 식민지 주민은 자신의 노동력을 팔 수 없었다. 오늘날 유럽과 북아메리카 국가의 여성들은 가정을 벗어나고 싶어서든 경제적 필요에 떠밀려서든 공식적인 노동인구에 속해 남성 못지 않게 활발히 일하고 있다. 평등을 추구하는 페미니즘과 재생산의 신자유주의적 재구성을 통해 어떤 여성들에게는 소유적 개인주의possessive individualism의 주체성에 (늘 불안하게 부분적으로) 접근할 기회가 부여되었다. 소유적 개인주의가 상정하는 자아는 사회에 진 빚이 전혀 없는 자기 능력을 갖춘 자주적 소유주다(소유적 개인주의는 캐나다의 사회주의 정치학자인 맥퍼슨C. B.Macpherson이 근대 자유주의에 팽배한 개인주의를 규정하고 비판하기 위해 고안한 개념이다. 이 개념에서 개인은 자신의 기술에 대한 유일한 소유권자로 이해되고, 이 기술은 자유시장에서 상품으로 사고팔 수 있다. 소유적 개인주의가 만연한 사회에서는 끝없는 소비 욕망이 인간 본질의 핵심으로 여겨지고, 이 때문에 개인은 진정한 합리성과 도덕성을 함양하지 못할 뿐더러 사랑과 우정조차 향유하지 못한다.－옮긴이). 그런데 여성이 소유적 개인주의에 접근할 수 있게 되었다고 해서 젠더 위계를 극복했다거나 가정에서 필요한 가사 노동을 시장에서 제공하는 서비스로 완전히 대체했다는 뜻은 아니다. 이전에 주부의 역할과 관련된 몇몇 가사 노동에 부분적이고 단편적인 개편이 있었다. 그러나 백인 남성을 비롯해 증가하고 있는 백인 부르주아 여성 등 자주적 주체로 보이는 이들 대부분은, 자신들의 재생산 노동이 평가절하되어 덜 자유로운 주체로 여겨지는 다른 사람들을 통해 자신의 욕구를 평온하게 충족했다.

정서적 안정을 생산하는 노동은 재생산이 주체성의 유형과 긴밀하게 연결되는 방식을 잘 보여준다. 감정노동자가 자신의 주체성뿐만 아니라 다른 이들의 주체성에 관련된 일을 하기 때문이다. 자본주의에서 주체성의 패권적 유형을 이루는 소유적 개인주의는 여성화된 돌봄의 주체성을 부정하는 동시에 그것에 의존한다.

감정 재생산의 급진 정치는 이 젠더화된 주체성 형태를 해소하려는 것이다. 이것은 이성애화된 감정 재생산의 주요 현장인 핵가족 폐지를 요구한다. 이성애화된 감정 재생산은 재생산의 동성애적 형태와 인종차별적 형태를 배제하지만, 이런 형태의 재생산이야말로 이성애화된 감정 재생산을 성립시키는 외부 요소다. 사랑에 관한 가족적이고 낭만적인 이상은, 어떤 사람들과 생활양식들을 재생산하는 데 기여하는 동시에, 다른 사람들과 생활양식들을 폭력과 방치에 취약하게 만들고 주거와 의료 같은 재생산 자원에 대한 접근을 막는다. 사회성의 지배적 형태인 가족을 넘어선다면 서로 공존하고 재생산하는 새로운 방식을 위한 공간이 열릴 것이다.

이 투쟁은 반노동 관점에 의지한다. 반노동 이론과 조직은 노동이 우리 삶에서 차지하는 중심부를 겨냥하되, 더 나은 노동조건을 창출하려는 것이 아니라 우리의 모든 시간을 다른 사람을 위해 일하는 데 쓰도록 강제하는 체제에 맞서 싸우려고 한다. 페미니즘의 반노동 관점은 임금 유무에 상관없이 오늘날 노동 구조를 비판한다. 이 관점은 고용계약을 통한 산업 노동의 착취에 대한 정통 마르크스주의의 비판을 넘어, 자본가가 시장, 국가, 가정에 걸쳐 재생산 노동에 의존한다는 사실을 강조한다.

자본주의 재생산 구조에 맞선 페미니즘 운동의 목적은 오늘날 우리가 노동이라고 하는 활동을 비노동이나 반노동으로 만드는 것이어야 한다. 나는 노동 개념을 우리가 우리 자신과 다른 이들의 욕구 충족을 위해 강요받는다는 점에서 부자유하거나 비자발적인 과정을 설명하는 데 사용한다. 이는 이 과정이 우리에게 노동을 수행하도록 강요하는 조건에서 분리될 경우 비노동이 될 수 있다는 뜻이다. 똑같은 활동이 한 사람에게는 노동이지만, 환경에 따라 다른 사람에게는 놀이나 취미일 수도 있다. 예컨대 사냥이나 바느질이 사냥꾼이나 재단사에게는 일이지만, 다른 사람들에게는 여가 활동이다.

노동이라는 말은 변하기 쉽고 불안정한 정치적 범주로 봐야 한다. 이것의 특징은 자신의 욕구와 타인의 욕구를 충족해야 할 책무와 특정한 활동들의 연결 관계를 통해 명확히 드러난다. 이렇게 볼 때 어떤 활동을 애초에 노동과 비노동으로 만드는 것은 없으며 우리가 노동이라고 여기는 것은 얼마든지 논쟁과 투쟁의 대상이 될 수 있다. 성관계와 사랑의 감정 표현같이 친밀한 활동도 자본주의적 재생산 영역에 강제적으로 연결되면 노동이 될 수 있다. 이는 또한 그런 재생산을 특징짓는 제약에서 벗어날 경우 친밀한 활동도 비노동이 될 수 있다는 뜻이다. 이런 해방은 사랑과 성관계를 이미 정해진 초역사적인 것으로 보지 않고 근본적으로 관점을 변화시켜 같은 현상으로 인식할 수 없게 할 것이다. 동성애 공동체를 비롯해 주변화된 공동체는 감정과 욕망을 위해 더 재미있고 자유로운 가능성을 향한 길을 보여준다. 여기에는 이 길을 따라 나쁜 느낌들을 다시 상상하고 용도변경하는 것도 포함될 것이다.

이 관점은 우리 삶과 역량을 지배하는 노동의 힘을 완화시키는 것으로 노동의 개념을 사용한다. 오늘날 노동의 구조와 우리의 현재 역량에서 어떤 것도 필연적이지 않다는 것을 인식해야 우리가 어떤 활동을 노동으로 바꾼 세계의 구조를 마주하고 다른 존재 양식을 탐구하는 방향으로 움직일 수 있다. 노동은 우리가 우리의 욕구와 다른 이들의 욕구를 충족하려고 하는 것이지, 진정한 우리 자신을 표현하는 것이 아니다. 노동이라는 개념이 대개 젠더화된 인격의 자연스러운 표현으로 여겨지는 활동의 비자발적 측면을 가리킨다면, 우리가 저항하고 재고하고 폐지하는 대상이 될 수 있다. 우리의 욕구와 욕망은 다른 식으로 충족할 수도 있기 때문이다.

페데리치가 쓴 것처럼 '당신이 노동하는 것은 당신이 그 일을 좋아하거나 그 일이 당신에게 자연스레 오기 때문이 아니라, 그것이 당신에게 허락된 유일한 삶의 조건이기 때문이다. 당신이 착취당할 수는 있어도 당신이 곧 그 노동은 아니다.'[5] 최근에 루이스는 임신을 노동으로 이론화하면서 노동이 반드시 의식적인 정신 활동을 포함해야 하고, 임신은 수동적이고 자연스러운 신체적 능력이라는 개념에 이의를 제기했다. 출산이라는 노동에 관해 작가 매기 넬슨Maggie Nelson의 설명을 인용하면서 루이스는 이렇게 말한다. '당신은 노동(노동을 뜻하는 영어 단어 'labour'는 분만도 가리킨다.–옮긴이)을 하지 않는다. 노동이 당신을 한다.'[6] 여기서 개별 주체의 자율성이라는 개념이 우리가 유용하게 받아들일 수 있는 방식으로 급격하게 전복된다. 이 과정을 서술하기 위해 노동이라는 단어를 쓰는 것은, 우리는 무엇인가와 우리는 무엇일 수 있는가 사이에 틈을 내는 방법이다. 노동이 당신을 하는데 당신이 그 노동이 아니라면, 우리가 무엇일 수 있는가는 근본적으로 열려 있는 물음이다. 페데리치가 쓴 것처럼 '우리는 결국 사랑이 무엇인지 재발견하고 전혀 모르던 섹슈얼리티를 만들어 창조하고자, 노동인 것을 노동이라 부르기 원한다.'[7] 마르크스주의 페미니즘은 우리가, 우리가 하는 노동 이상의 존재일 수 있다고 말하는 데 핵심 도구다.

노동의 폐지와 그에 따른 주체성의 형태를 폐지하려는 움직임은 우리가 노동과 젠더화된 존재 속에서 느끼는 즐거움에 의문을 제기한다. 젠더화된 작업과 감정노동이 즐거울 수 있지만, 이것이 착취가 아니라는 뜻은 아니다. 이런 맥락에서 우리는 특히 이성애와 가족의 사랑에서 얻는 즐거움에 대해 의문을 제기해야 하는데, 이는 이런 즐거움이 여성화된 사람들에 대한 착취를 기반으로 형성되었기 때문이며 이 즐거운 재생산이 배제와 제약을 만들어내기 때문이다. 그렇다면 사람들이 어떤 노동 유형을 즐기거나 즐기지 않는가보다는 노동이 우리를 어떤 주체로 바꾸는가가 중요하다.

어떤 노동 유형은 노동자에게 고도의 주체 투자를 요구할 수 있다. 그런데 이 주체적 투자는 우리가 될 수 있는 존재와 우리에게 유용한 즐거움의 유형을 제한하기도 한다. 내가 제안하는 젠더와 노동의 폐지는 그러한 주체적 투신과 즐거움을 고려할 뿐만 아니라 우리가 착취적 구조 안에서 그런 주체 투자를 강요받지 않는다면 무엇이 될 수 있는지를 묻기도 한다. 우리는 더 나은 다른 즐거움이 존재할 수 있다고 상정해야 한다.

노동은 생산적인 동시에 억압적이다. 노동이 분업에 따라 주체의 가능성에 한계를 설정하고, 이 과정을 통해 주체가 생성된다. 특정 유형의 노동을 능숙하게 하는 것이 주체성을 성립시키기도 하고, 규범적 노동 형태에 의해 확정되지 않은 다른 주체의 가능성을 제한하기도 한다. 노동하는 주체를 만드는 것은 그저 인간적 역량을 줄이는 데서 그치지 않고 그 역량을 성립시키고 특정한 방향으로 유도한다. 이는 지배적인 노동 구조가 지지하지 않는 방식으로 우리가 느끼고 행동하는 능력을 떨어트리는 데 기여한다.

젠더 폐기는 우리가 획득한 어떤 감정 역량을 잊고 다른 역량을 개발한다는 것을 포함한다. 이렇게 학습한 것을 잊거나 다시 학습하는 것이 사회적, 물질적 삶의 구조에 대한 정치적 개입의 핵심이다. 그러나 이 재학습의 잠재력이 영원한 인간 본성에 관한 개념에 갇히면 안 된다. 우리가 자본주의적 존재 유형을 벗어던지고 나서 발견할 수 있는 더 참되고 근원적인 주체성은 없다. 오히려 저항의 잠재력은 노동 구조의 부산물로서 나타날 수 있다. 저항은 현존하는 세계로 충족되지 않는, 다른 형태의 욕구와 쾌락에서 일어난다. 노동은 노동 자체가 거부될 수 있는 내재적 가능성을 만들어 낸다. 지금은 좋은 삶에 관한 패권적 개념에 의해 가장 주변화된 사람들의 행위, 욕구, 쾌락에 기초한 퀴어 재생산이 바로 이 가능성으로부터 나타날 수 있다.

감정 재생산

EMOTIONAL REPRODUCTION

THEY CALL IT LOVE

가족이 '위기'에 빠졌다는 보도가 자주 나오고, 사람들은 점점 더 원자화되고 고립되는 듯 보인다. 가족이 우리 삶의 중심에서 벗어난 듯 보여도, 가족 관계는 여전히 감정적으로 뭉클한 것으로 남아 있다. 이는 자본주의가 다른 많은 유형의 사회성을 가로막기 때문이다.

때로 자본주의는 점점 더 일시적이고 무의미한 사회적 만남을 이끄는 체제로 이해되는데, 사실 부르주아 사회는 감정이 무엇보다 중시되는 문화를 형성했다. 다만 이 문화에서는 몇몇 핵심 관계만이 우리의 감정생활에서 아주 중요해진다. 가족은 여전히 강렬한 느낌을 받는 '적절한' 장소이자 정서적 안정의 가장 중요한 원천이지만,

사랑과 노동의 이데올로기에 대한 자기 투자뿐만 아니라 고통, 트라우마, 실망을 끊임없이 만들어내기도 한다.

우리는 대개 친밀한 관계를 통해 우리 자신을 감정적으로 재생산하고 진정한 주체성에 대한 감각을 만들어낸다. 그러나 이런 관계 자체가 흔히 고통과 좌절의 원천이 된다. 사람들은 퀴어 페미니스트 철학자 사라 아메드Sara Ahmed가 '행복의 약속'이라고 한 것, 즉 어떤 삶의 경로가 좋은 느낌을 보장한다는 생각에 부응해 살아가는데 실패하기 일쑤다.[1] 정서적 만족을 얻는 가장 중요한 방법이라는 낭만적 관계가 고통과 나쁜 느낌을 일으키는 경우가 흔하다. 그래도 우리는 언젠가 제짝을 만나기만 하면 만족스러운 낭만적 삶이 펼쳐지고 영원한 진짜 사랑을 할 것이라는 희망을 놓지 않는다. 사랑은 좋은 삶에 대한 근현대의 이상에서 중심부를 차지해왔다. 사랑을 찾지 못하는 것은 곧 실패이며 개인적 결함으로 여겨진다. 특히 여성에게 로맨스는 인간적 가치와 동일시된다. 사회성의 이상적 유형으로서 가족은 그 자체로 여전히 사람들이 행복한 삶이라고 생각하는 것의 중심에 있다. 우리는 자기 가정을 꾸릴 수만 있다면 마침내 행복해질 것이라고 기대한다.

이런 관계 속에서 좋은 느낌을 만드는 데 들이는 노동뿐만 아니라 특정 형태의 사회성에 대한 감정 투자가 바로 감정 재생산이다. 감정 재생산은 노동 유형이자 노동이 생기는 장소와 방식의 틀을 형성하는 사회관계와 이데올로기의 체계이기도 하다. 감정 재생산은 가족과 로맨스의 이데올로기에 우리가 감정을 투자하는 원인이자 효과다. 이 말은 노동력과 자본주의적 사회관계의 재생산을 위한 감정노동의 본질적 성격을 강조한다. 감정노동은 분명한 노동 유형이지만 더 폭넓은 재생산 노동의 맥락을 벗어나면 이해될 수 없다. 오늘날 감정 재생산은 공과 사를 구분하는 일을 비롯해 임금의 유무를 다 포괄한다. 그러나 내가 특별히 관심을 두는 것은 가족과 낭만적 관계 속에서 정서적 안정을 생산하는 친밀한 노동이다.

감정과 개인, 사회를 둘러싼 연결고리

감정은 규정하기 어렵다. 우리가 쉽게 확인하고 다른 현상과 분리할 수 있는 대상이 아니다. 오히려 페미니스트 철학자이자 사회학자 앨리슨 재거Alison Jaggar의 말처럼, 감정은 능동성과 수동성의 단순한 이분법 바깥의 세상과 관계하는 습관이나 방식을 나타낸다. 감정은 언어와 사회질서를 상징하며 사회적 가치와 평가 방식에 긴밀히 연결되어 있다.[2] 행복과 애착을 느끼는 것처럼 분노나 수치 같은 감정은 어떤 사회적 평가를 암시한다. 이런 사회적 가치들은 학습되어야 한다. 느낌은 규칙에 얽매인 과정이다. 즉 저절로 일어나는 분출이라기보다는 주체가 학습하고 관리하는 확실한 사회현상이다. 흔히 내적인 것, 주체의 심리 상태로 이해되는 감정은 주체와 세계의 관계를 시사한다.[3]

감정은 우리가 그저 견디는 수동적인 상태가 아니지만, 주체가 완전히 제어하거나 일부러 만들 수 있는 것도 아니다. 감정은 주체를 구성하는 일부고, 사회적 존재로서 주체를 성립시키는 근간이다. 따라서 감정은 주체의 내부에서 나오는 것이 아니라, 주체와 사회가 상호작용하는 한 형태로 개념화되어야 한다. 주체는 바로 이 상호작용을 통해 사회적 세계에 참여한다. 여기에는 감정의 과정을 통해 내면화될 수 있는 권력관계가 포함된다.

우리는 기존 권력관계가 자연스럽고 좋은 것이며, 사회 변화는 그릇되고 비정상적이며 무서운 것으로 느끼도록 배운다.

우리는 자본주의를 느낌이란 전혀 없는 체제로 생각하는 경우가 많다. 우리의 관점에 따라 합리성이나 이윤에 대한 갈망으로만 작동된다고 보기 때문이다. 그러나 자본주의를 이렇게 이해할 경우, 좋은 기분을 만드는 노동이 젠더화된 것을 설명하지 못한다. 자본주의는 감정 재생산에 의존한다. 감정과 사회성은 우리가 어떻게 살아남아 때로는 큰 성공을 이루는지를 결정하는 요소다. 노동자는 정서적 안정이나 자기 일에 대한 만족을 기대할 수 없는 경우가 많다. 그런데 감정 재생산은 자본주의에서 살면서 겪는 상처, 권태, 스트레스에 대한 보상을 추구한다.

나는 감정노동이라는 말을 또 다른 사람에게서 감정적 효과를 생산하는 상호작용 노동이라는 뜻으로 쓴다. 이 노동에는 정서적 유대를 구성하고 재생산하는 것이 포함된다. 감정노동은 늘 그것을 받는 사람뿐만 아니라 노동하는 주체에게도 영향을 준다. 예를 들어, 이 두 주체는 노동관계를 통해 젠더화된 정체성을 재생산한다. 그러므로 자신의 정서 관리와 다른 사람의 정서 관리는 관련성이 있다. 감정은 기분을 표출하고 억압하고 형성하는 행동이 끊임없이 반복되고 관리되어야 하는 과정이며 특정 유형의 주체성 구성과 연결될 수밖에 없는 과정이다. 그래서 감정노동이라는 말은 자기 자신과 다른 이들의 감정을 관리하는 일을 가리킨다.

감정노동은 흔히 우리의 진정한 자아와 대척점에 있다고 여겨진다. 감정노동에 관한 연구 문헌에서는 관리되지 않은 '진짜' 느낌 같은 것을 이상적으로 여긴다. 주체의 내면이 자연적으로 주어진 것으로 보여도, 우리가 감정노동을 비판하기 위해 진정한 주체성이라는 개념에 기댈 필요는 없다. 여성학자 캐시 위크스Kathi Weeks가 말하듯이, 노동 행위에는 존재론적 실체를 만드는 효과가 있다. 즉 노동 행위가 주체를 존재하게 한다. 주체는 기억, 욕망, 습관을 통해 안정된 실체로 드러난다.[4] 이런 것들은 어떤 유형의 노동을 능숙하게 반복하면서 내면화된다. 주체는 사회적으로 성립된 자아를 사회보다 앞선 진정한 것으로 경험하게 된다. 감정노동의 경우에 특히 그렇다.

자아의 정서 관리와 다른 사람의 정서 관리가 연결되었다는 점에 초점을 맞추면, 어떻게 감정이 인지적이고 비물질적일뿐만 아니라 어느 정도 실체성을 갖는지를 볼 수 있다. 혹실드가 썼듯이, 감정노동에는 '공공연하게 관찰할 수 있는 표정과 몸짓'이 따른다.[5] 감정노동이 실체를 갖게 되는 것은 몸을 감정 소통의 도구로 쓴다는 의미뿐만 아니라 감정 자체가 인지적 성향은 물론 육체적 성향을 포함한다는 의미도 있다. 감정은 정신적 활동에 그치지 않고, 몸이 관여하는 어떤 것이다. 우리는 몸으로 감정을 느낀다. 화가 나거나 불안하면 몸이 긴장하고 즐거우면 몸이 따뜻해진다. 이는 능동과 수동, 정신과 육체라는 근대적 이분법에 이의를 제기한다.

우리는 흔히 느낌이 내면의 진실을 드러낸다고 이해한다. 그러나 감정을 경험하는 주체를 사회에 앞선 자아나 진정한 자아라고 이해할 필요는 없다. 오히려 이 주체는 구체적인 역사의 맥락에서 고려해야 하고, 특정한 노동 과정을 통해 만들어졌다고 봐야 한다. 문화이론가 레이먼드 윌리엄스Raymond Williams가 말한 '감정의 구조'는, 감정이 무작위로 생기거나 저절로 생기지 않고 다양한 역사적 과정과 관련된다는 점을 우리에게 상기시킨다. 윌리엄스가 말한 대로 감정의 구조는 이렇게 인식되기는커녕 "사적이고 고유하며 심지어 고립적인 것으로 여겨지지만, 분석해 보면 … 거기에는 창발적이고 연결적이며 지배적인 특성, 특히 구체적인 위계가 있다."[6] 감정을 우리의 핵심 정체성의 원천으로 상정할 필요는 없다. 우리는 감정을 이용하여 진정한 자아로 짐작되는 것을 찾으려 하지만, 감정은 다양한 형태로 관리된다. 혹실드가 쓴 대로, "우리는 우리의 '진짜 자아', 우리에게 고유한 소유물로 남아 있는 내면의 보석이라는 관념을 꾸며낸다."[7] 우리의 진정한 자아는 역사적으로 특정한 관행의 결과물이며, 여기에는 노동 과정도 포함된다.

감정은 정체성과 주체성에 대한 우리의 감각을 강화하는 데 중요한 역할을 한다. 자본주의 사회에서 주체성은 근본적으로 위계를 따른다. 부르주아 백인 남성에게 이런 형태의 주체성이 더욱 유효하듯이, 자기 능력의 주인인 일관된 주체라는 개념은 다양한 물질적, 사회적 불평등과 관련된다. 그러나 이런 불평등은 자주적 주체를 만드는 과정에서는 보이지 않는다. 주체 형성 과정 자체가 바로 사회적인 것을 얼마나 삭제하는가에 달려 있기 때문이다. 감정 재생산은 주체성과 지위 모두를 생산하는 데 중심 역할을 하며, 이는 정서적 안정을 생산해야 하는 책임, 그러한 노동 행위에서 비롯하는 주체성의 형태, 그리고 적절하고 합리적이라 여겨지는 감정의 종류를 통해 이루어진다.

우리가 알고 있는 주체는 자본주의 초기에 벌어진 사회관계의 변화와 관련된 역사적 과정의 결과다. 이에 대해 참여 비판이론가 친지아 아루짜 Cinzia Arruzza는 "고유한 개인이 된다는 것의 의미를 특징짓는, 사적 정서라는 강고한 개념이 자본주의 및 근대성과 더불어 부상한다"고 지적한다.[8] 역사학자 로런스 스톤 Lawrence Stone은 이를 '정서적 개인주의'라고 부르는데, 이는 개인의 감정적 자기표현에 초점을 둔, 사적이고 정서적인 내면생활이 있는 개인에 관한 관념이다.[9] 중세의 자아개념은 오늘날에 비해 '훨씬 덜 억제되고 개인화되고 통제된' 것이었다.[10] 감정이 제한된 개인이라는 개념은 젠더화된 노동 형태는 물론이고, 자본주의-식민지 권력 체제에 속박된다.[11] 따라서 권력과 위계의 사회관계가 우리 자신에 대한 우리의 친밀한 이해에 내포된다. 많은 현대 이론가가 일관되게 자주적인 주체라는 개념을 비판했어도 이 개념이 사라지지 않은 것은, 이런 자아에 대한 이해를 지성적으로 간단히 폐기할 수는 없기 때문이다. 이것은 자본주의의 실제 사회관계, 특히 젠더, 인종, 노동에 관한 사회관계에 얽혀 있다.

아루짜에 따르면, 존재론적으로 선험적인 주체로서 자신에 대한 우리의 감각은 자본주의 사회 내 또 다른 과정과 모순된다. 이 과정에서 감정은 그 주체로부터 떼어낼 수 있고, 사회적 맥락에서도 떨어뜨릴 수 있는 것처럼 보이기 때문이다.[12] 이것은 사물과 서비스의 상품화라는 전반적 과정의 일부다. 이 과정의 전개에서 서로 모순되는 듯이 보이는 두 가지 국면, 즉 사회에 앞선 진정한 것으로서 자아를 이해하는 것과 감정을 주체와 분리할 수 있는 것으로 보는 것이 모두 주체에 대한 근대적이고 자본주의적인 이해에 속한다는 뜻이다.[13] 이 과정은, 사람들이 소외를 경험할 수 있는 방식으로, 이른바 친밀한 느낌을 이용하는 상품화된 감정노동에서 특히 눈에 띈다. 웃음 지으며 따뜻하고 다정한 분위기를 만드는 우리의 능력은 노동시장에서 판매 대상이 된다. 우리는 진정한 자아와 사물화된 감정의 충돌을 자본주의 사회에서 공과 사를 이분법의 내적 충돌로 이해할 수 있다. 이 이분법은 역사적으로 구성되며 불안정한데도 실제 사회적 효과를 낳는다. 감정이 진정한 자아의 표현이 되는 동시에 상당히 가변적인 노동 소재, 곧 작업과 관리와 통제가 가능한 느낌으로서 나타나는 과정을 통해 주체의 내면은 구성된다.

사랑이라는 노동

감정노동의 주된 기능은 좋은 느낌 만들기다. 무임금 감정노동은 물론이고, 감정 서비스를 제품의 일부로 제공하는 기업 대부분은 참여자들 가운데 적어도 한 명의 정서적 안정을 증진하는 데 목표를 둔다. 감정노동은 육체적 유형의 돌봄에서 더욱 필수적인 돌봄 형태인 경우가 많다. 돌봄은 다양한 수준의 감정노동을 포함할 수 있다. 혹실드가 연구한 항공기 승무원들은 특수한 형태의 돌봄을 수행한다. 즉 웃음 지으며 승객을 편안하게 하는 것이 그들이 하는 일의 주요 기능이다. 육체적 욕구를 충족시키는 것이 주목적일 때는 돌봄에 감정노동이 덜 포함될 수 있다. 때로는 육체적 돌봄에 감정적 방치나 학대까지 따를 수도 있다.

우리는 돌봄노동이 반드시 육체 층위와 감정 층위에서 모두 작동하리라는 것을 당연시할 수는 없다. 감정노동은 사회적 재생산이라는 좀더 광범위한 측면에서 반자율적semi-autonomous이다. 그러나 식욕 같은 육체적 욕구를 충족하는 데도 감정 요소가 포함되는 경우가 많다. 예컨대 돌봄을 받는 사람의 취향에 맞춰 음식을 만드는 일은 그 사람에 대한 정서적 애착의 표지가 될 수 있다.[14] 시인 앤 보이어가 지적한 대로 "나를 사랑해주세요"라고 말하는 얼굴은 흔히 "내게 수프 좀 가져다주세요" 같은 것을 뜻한다.[15] 그런데 누군가에게 수프를 가져다주는 행동이 '사랑한다'고 말하는 방법이 될 수도 있다. 이런 일은 개인의 욕구에 맞춰지고 아주 친밀하기 때문에, 육체적 업무에서 감정 측면의 재생산을 분리할 수 없는 경우가 많다. 감정 돌봄은 대부분 다양한 육체적 돌봄 행위를 통해 일어난다. 어떤 일에는 더 분명한 형태의 감정노동이 요구되는데, 항공기 승무원들의 일조차 식음료 제공 업무가 포함된다.

감정 재생산은 돌봄의 원칙을 세우는 일로 작동할 수 있다. 누군가에게 마음을 쓰는 것이 그 사람에 대한 돌봄의 일면인 경우가 많기 때문이다. 친밀한 돌봄노동은 흔히 감정적 관여로 이어진다. 물론 이 개입이 사랑이나 공감같이 긍정적인 감정으로 이루어지지 않을 수 있고, 혐오, 권태, 분노 같은 감정을 일으킬 수도 있다. 감정노동은 사랑이나 애정의 느낌을 조성할 수 있는 만큼, 이런 부정적 감정에 대한 관리와 억압도 포함할 수 있다.

지속적인 돌봄 행위를 통해, 이질적인 행동들이 감정 유대로 통합된다. 대체로 돌봄에는 여러 가지 일이 포함되고, 그중 어떤 것은 다양한 욕구 충족을 조율하는 정신노동으로 이루어져서 눈에 띄지 않을 수 있다. 어떤 경우에는 이런 일의 실제적인 면 중 많은 부분을 가사 노동자에게 맡긴 백인 부르주아 아내와 엄마도 사랑의 노동을 수행하고 있는 것으로 여겨진다. 아내·엄마와 남편, 자녀의 감정 유대 때문에 그녀가 수행하는 감정노동이 더 잘 보일 수 있지만, 더 자연스럽게 여기기도 한다. 보모와 가사 노동자의 노동은 대체로 행복한 삶에 관한 이야기로 기록된다.

감정노동은 사회 위계의 꼭대기에 있는 사람들의 기호를 맞추려고 한다. 지위가 낮은 사람의 느낌보다는 지위가 높은 사람의 느낌을 더 중요하게 여기는 경우가 많기 때문이다. 이는 혹실드가 주장한 것처럼 사회계층의 상층부를 지향하며 특히 긍정적인 기분을 느끼게 하는 데 중점을 둔다. 그녀가 지적했듯이, 일반적으로 관계 안에서 종속된 사람들은 지배적인 상대방보다 더 많은 감정노동을 '해야 한다'고 생각한다.[16] 이성애 가족에서 여성은 가족 간 유대 관계를 유지할 뿐만 아니라 가족 구성원 각각의 정서적 안정을 지속하는 데 더 많이 기여해야 한다고 여겨진다.[17] 여성은 자신보다 다른 사람의 정서 욕구를 우선시하거나 심지어 다른 이의 욕구 충족을 행복으로 여기라고 요구받는다. 다른 이에 대한 돌봄을 즐기는 것이 일을 잘하기 위한 전제 조건이 되는 많은 서비스직에서 이런 상황이 그대로 재현된다. 감정 재생산은, 이미 편안한 사람들이 밑바닥 사람들보다 훨씬 더 많이 욕구를 충족하는 사회 위계의 재생산이기도 하다.

감정 재생산 노동의 일부는 이데올로기적 투자를 낳는다. 이것은 우리가 아는 세상에 대한 애착을 끊임없이 다시 만든다는 뜻에서 재생산이다. 이런 감정 투자에 의존하는 이데올로기는 정신적 믿음에 그치지 않고 세상을 느끼고 관계 맺는 방식이다. 이데올로기는 감정적 개입 없이는 *굳건해질* 수 없다. 어느 정도, 이데올로기는 느낌이다. 우리는 감정 재생산을 통해 올바른 대상과 올바른 미래에 감정을 투자한다. 감정 재생산의 개인화를 통해 나쁜 감정은 개별적인 것이 된다. 감정 재생산은 우리가 자본주의 사회에서 만족스러운 감정생활을 할 수 있고, 해야 한다는 믿음을 만들면서 지배 질서에 대한 불만을 가라앉히는 데 기여한다. 감정 재생산은 지금 이 세상을 있는 그대로 받아들이도록 해서 우리가 올바르게 선택하고 처신하는 한 바람직한 상태로 보이게 한다. 만약 불행하다면 그저 감정을 더 잘 관리해야 하는 것이다.

로맨스 이데올로기는 우리가 진짜 사랑을 찾을 수만 있다면 행복해질 수 있다고 말한다. 자본주의 사회에서 사랑은 고도로 사적인 자원이 된다. 사랑은 강렬한 감정 같지만, 제한된 영역에 갇힌 무엇이기도 하다. 이는 배타적일수록 정서적 유대가 더 강렬해지는 제로섬 게임으로 감정을 이해하는 것과 관련 있다. 로런스 스톤은 정서적 개인주의가 고조된 정서적 역량을 지닌 주체 개념을 가져왔으나, 이는 더 제한적인 집단의 사람들을 위한 것이었다고 주장한다.[18] 이 강렬한 정서적 관계에는 정서적 기대감이 고조되기도 한다.

우리는 우리가 사랑하는 이들의 모든 정서 욕구를 충족시킬 수 있어야 한다. 친밀한 관계란 개인화되고 고유한 욕구에 응하는 관계를 뜻하므로, 그러한 관계에는 잠재적으로 무한히 많은 일이 뒤따른다.[19] 이것은 감정노동이, 더 넓은 의미에서 재생산 노동이 업무 목록에 열거된 점검 가능한 일이 아니라는 의미다. 오히려 사랑하는 관계에 대한 우리 시대의 이해는 헤아릴 수 없이 많은 일이 그 관계에 뒤따라야 한다고 요구한다.[20]

그러나 무한하고 무조건적이라는 사랑의 본질이 사랑의 노동에 대한 균등 분배로 이어지지는 않는다. 이런 사랑에 대한 이해 때문에 여성들에게는, 사랑하는 사람의 정서 욕구를 언제든 충족시킬 수 있어야 한다는 기대가 따른다. 사랑의 노동은 절대 끝나지 않고, 사랑을 보여주기 위해 우리는 언제나 더 많이 일할 수 있다. 측량이 어렵다는 사실은 감정노동을 상품화하려는 사람들에게는 도전적인 문제지만, 늘 감정노동의 본질적이고 결정적인 면이었다. 사랑하는 마음에서 무임금으로 할 때 특히 그렇다. 이는 재생산 노동을 무제한으로 뽑아내는 방법이 된다.

죄책감에 기초한 노동관계

물리적인 재생산 행위는 흔히 감정 유대를 통해 작동하고 감정 유대와 함께 성립되기 때문에, 재생산 노동을 감정노동에서 완전히 분리하기는 어렵다. 조반나 프랑카 달라 코스타가 말했듯이, 사랑은 재생산 노동에 대한 보상으로 여겨지며 이 노동을 참을 만한 것으로 만든다.[21] 돌봄에 드는 노력과 기술을 감추는 것도 감정이다. 돌봄 노동이나 감정노동에 기초한 모든 관계에 사랑의 감정이 따르지는 않지만, 사랑은 우리에게 가장 중요하고 지속적인 많은 관계를 조직하는 원리다. 다른 형태의 돌봄은 가치 있거나 좋은 일로 구성되고, 그래서 그 자체로 보람이 있다. 간호사의 노동에는 사람들을 가정 내 무임금 노동에 묶어 두는 것과 똑같은 감정 구조가 많이 포함된다.[22] 그러나 우리는 친밀한 관계를 더 진실한 것으로, 즉 진짜 감정의 표현으로 이해하는 경향이 있다.

혹실드는 친밀한 관계가 그저 자발적인 사랑의 표현으로만 구성되며 규제에서 벗어나 있다고 생각된다는 점에 주목한다. 그러나 관계가 깊어질수록 그에 대한 애착이 커지기 때문에, 어떤 사회규범에 따라 우리의 감정을 규제하는 것이 더 중요해질 수 있다.[23] 일시적인 서비스를 위한 만남에서 감정 교환의 규칙을 어기면 기껏해야 짜증을 불러오겠지만, 친밀한 관계에서 정서적 태만은 주체에 대한 위협으로 경험될 수 있다. 문화 이론가 로라 벌랜트Lauren Berlant가 말한 대로, '계속 살아가고 세상에 존재하기를 바란다는 것의 의미에 관한 주체의 지속적 감각'에서는 친밀한 애착이 핵심이다.[24] 좋은 삶의 서사는 주체 자신의 자아와 밀접하게 관련된다.

현대의 사랑은 한 사람의 가치를 확정하는 것이 되었는데, 친밀한 재생산 영역에서 특히 그렇다.[25] 더 구체적으로 말하면, 사랑에는 상대방의 바람직한 자질에 초점을 맞추고 그 특수성과 고유성에 주의를 집중하는 일이 따른다.[26] 감정 재생산은 재생산 노동 행위가 개인의 욕구를 충족하는 데 기여할 뿐만 아니라, 돌봄을 받는 이가 고유한 개인으로서 자신을 긍정할 수 있도록 보장하는 경우가 많다. 따라서 이것이 개인주의의 구성에 관여한다. 여기에는 가족 구성원들의 구체적인 취향에 따라 음식을 만드는 일처럼 사소해 보이는 재생산 노동 행위도 포함될 수 있다.[27] 또한 반려자의 지위나 젠더화된 주체성, 즉 '진짜' 남자 또는 여자로서 자신에 대한 감각을 긍정하는 행동도 포함될 수 있다.[28] 이 모든 행동이 사람들의 기본 욕구 충족을 보장하는 데다 개인에 대한 감정적 평가에도 기여한다. 욕구는 고유한 자기표현으로 여겨지기 때문에 개인주의의 표현이 된다.

루이스의 지적처럼 어떤 일이 노동이라고 해서 사랑이 아니라고 할 수는 없다.[29] 핵심은 일과 느낌의 복잡한 관계다. 사랑은 감정노동과 재생산 노동을 거부할 수 있는 한계를 설정한다. 조반나 프랑카 달라 코스타가 쓴 것처럼, 사랑하는 이들에게 영향을 끼친다면 태업이나 파업을 실행하기가 매우 어려울 수 있다.[30] 따라서 사랑은 무한한 노동, 곧 평생에 걸친 노동관계를 끌어내는 데 쓰일 수 있다. 돌봄에 관한 페미니즘 저술들은 흔히 사랑의 귀결로서 죄책감을 언급한다.[31] 죄책감은 사람들이 피하려고 하는 부정적인 감정인데도 사랑에 밀접하게 연결되어 있다. 혹실드는 우리가 상황에 딱 맞는 올바른 감정을 느끼지 못하거나 상대방에게 의무감이 있다고 인식할 때 죄책감을 느낄 수 있다고 지적한다.[32] 죄책감은 사람들을 친밀한 노동관계에 얽어매, 이 관계에서 의무인 일이 수행되도록 보장한다.

죄책감은 자신을 너그럽고 사랑 많은 사람으로 여기는 데 위협이 될 수 있고, 그래서 긍정적 자기 평가를 약화시킬 수 있다.[33] 그 반면 죄책감이 자아감을 강화할 수도 있는데, 좋은 일을 못 했어도 죄책감 자체가 사실은 좋은 사람이라는 표시로 작용할 수 있기 때문이다. 대부분의 감정노동 유형은 주체가 자신을 감정 면에서 너그럽고 베푸는 사람으로 생각하게 만든다. 페데리치는 돌봄노동의 대상에 대한 감정 투자에는 책임감과 자부심이 따를 수 있기 때문에 노동자가 착취적인 애착마저 끊지 못하게 된다고 말한다.[34] 이것은 빚진 일을 하지 않으면 감정적 대가가 감당할 수 없을 만큼 커지기 쉬운 친밀한 관계에서 특히 그렇다.

많은 사람들이 정서 면에서 만족스럽지 못한 관계를 끊고, 지난 수십 년 동안 정서적 기대가 변해 이혼이 사회적으로 더 용인되고 있다. 그러나 많은 사람들이 경험하는 경제적 불안은 흔히 가족 관계 해체를 어렵게 하고, 감정 투자는 감정 면에서 만족스럽지 못한 경우에도 친밀한 노동관계를 유지하는 데 기여할 수 있다. 부르주아 이데올로기에 따르면, 정서 욕구는 가족 안에서만 완전히 충족할 수 있으며 불만이 있다 해도 가정을 떠나는 것이 위험하다고 느낄 수 있다.

가족은 대안적 유형의 돌봄 관계 형성을 더 어렵게 하는 식으로 돌봄을 독점해왔다.[35] 혹실드가 말하듯이, 집요한 젠더 불평등이 여성의 감정 채무를 심화하고 가족에 대한 의무를 다할 수 밖에 없다. 평등을 지향하는 이성애 커플이라도 더 넓은 맥락의 성차별이 있어서 여성이 남성에게 상대적 평등에 대해 고마워해야 한다고 생각한다.[36] 이런 상황이 친밀한 관계의 젠더 재생산에 이바지하면서 감정 교환의 기준을 정한다. 정서적으로 너그럽다고 인식되는 것과 사랑하는 사람들이 정서 면에서 잘 지내는 모습을 보는 것이 좋은 삶을 사는 여성으로서 이상적인 모습의 핵심이다. 반면에, 행복한 관계를 맺지 못하면, 좋은 여자가 되지 못한다는 신호가 된다.

주 양육자 개념과 엄마의 역할

로맨스 이데올로기와 더불어 자녀를 갖는 것이 특히 여성에게는 정서적 만족의 주요 원천으로 여겨진다. 현대 자본주의 사회에서는 아동의 정서 욕구가 사회적으로 중요하게 여겨진다. 근대의 태동기부터 아동은 점차 성인과 다른 부류의 인간으로 분류되었다.[37] 이제 아동은 차갑고 무정한 자본주의 논리로 더럽혀지지 않은 순수한 존재로 여겨진다.[38]

경제사회학자 비비아나 젤라이저Viviana Zelizer가 쓴 것처럼 아동은 더 이상 노동을 해서 가계소득에 보태지 않아도 되기 때문에 점점 더 경제적으로 가치가 없지만, 감정적으로는 값을 따질 수 없이 소중한 존재로 여겨진다.[39] 유년기는 강렬한 감정의 시기로 구성되고, 엄마는 특히 자녀의 다양한 정서 욕구를 채워줄 책임이 있다. 근대기에 자녀를 사회화하는 주요 수단으로 사랑이 부상하면서 부모의 역할을 수행하는 방법은 신체적 훈육을 덜 강조하는 쪽으로 바뀌었다. 부모의 사랑을 보여주는 것이 자녀에게 주는 보상이 될 수 있고, 사랑을 표현하지 않는 것은 자녀의 나쁜 행동을 벌하는 주요 수단이 되었다.[40] 사랑이 훈육하는 힘이 되었다.

이런 변화는 엄마를 겨냥해 주 양육자의 필요성을 강조하는 연구뿐만 아니라 유년기 애착에 관한 심리 실험이 나오면서 이루어졌다.[41] 그래서 아동의 정서 욕구는 오직 한 사람만 그것을 채워줄 수 있다는 식으로 구성되었다. '일하는 엄마'와 주간 돌봄 시설이 증가하고 더 많은 사람이 아이 돌봄에 참여하는데도, 개인화된 자녀 양육 개념이 유지되거나 오히려 강화되었다. 엄마가 감정적 온기에 대한 자녀의 욕구를 충족시킬 책임이 있는 주 양육자로 구성되었다.[42] 모성도 독특한 정서 경험으로 제시된다. 엄마가 자녀와 독특하게 강렬한 유대를 가진 존재로 여겨진다는 뜻이다. 특정인과 결부되며 다른 사람이 같은 방식으로 충족시킬 수 없다는 점에서 정서 욕구는 사적인 것이 된다.

감정 재생산은 감정적 만족이 배타적 관계와 연결된 제로섬 게임으로 나타난다. 이런 유형의 엄마 역할에는 노동 강도가 높고, 감정을 몰입시킨다. 이런 감정 재생산의 기준은 부르주아 문화의 부상과 긴밀하게 연결되면서 야망과 계층 이동이라는 개념과도 결부되기 때문에 노동자계급의 엄마 역할에 영향을 준다.[43] 또한 이 기준은 국가가 노동자계급의 엄마 역할을 규정하는 데도 이용된다. 노동자계급의 엄마들이 중산층과 부르주아지의 '충분히 좋은' 엄마 역할로 여겨지는 규범에 따라 평가되기 때문이다. 이런 엄마 역할은 주체의 강렬한 정서 역량에 점점 더해지는 집중이 폭넓은 자본주의 사회를 무감정한 사회로 보거나 기껏해야 감정을 상품으로 다루는 사회로 보는 개념과 맞물리는 모순에 기초한다.

감정을 제로섬 게임으로 보는 관념은 감정의 사유화에 기초한다. 많은 가정에서 가족 구성원의 정서 욕구를 충족시키는 일은 엄마가 맡는다. 사회학자 캐머런 린 맥도널드Cameron Lynne Macdonald가 쓴 것처럼 엄마는 자녀가 어떤 사람으로 성장하는가에 대해 '총체적 책임'이 있다고 여겨진다.[44] 모성은 흔히 자본주의적 합리성의 반명

제로 이해되지만, 자본주의와 별개가 아니라 자본주의 사회에서 감정 기준을 설정하는 중요한 측면이다. 엄마에게는 또한 아빠와 자녀 사이의 유대를 형성하고 유지하는 책임이 주어지고, 따라서 자녀의 정서 안정 아니라 가족 전체의 감정생활에 대한 책임도 주어진다. 엄마는 사랑의 전문가로 여겨지며 가족 구성원 각각의 정서 욕구를 이해해 가족이 계속 존재할 수 있게 한다.[45]

그러나 가족의 영역이 자연스러운 정서 유대의 현장은 아니다. 부모와 자녀 사이의 유대에 무엇이 수반되어야 하는지에 대한 정서적 기대는 현대사의 흐름에 따라 급변한 폭넓은 사회적 맥락에 자리한다. 가족의 감정생활은 임금 노동의 감정 규정 바깥에 있지 않고 오히려 이 규정과 함께 성립되고, 더 폭넓은 자본주의의 감정 기준 변화에 빠르게 반응한다. 혹실드는 부모의 사랑이 '자연적'이고 무조건이기 때문에 규정이 필요하지 않다고 한다. 그녀는 자연이 '우리에게 관습의 역할을 하듯이', 우리는 이 사랑이 저절로 생긴다고 생각한다고 말한다.[46] 그러나 이런 유래는 정서적 훈련과 시대마다 기대치가 달랐던 좋은 엄마의 역할에 의존한다.

정서 욕구는 역사적으로 성립되고, 잠재적으로 착취적인 노동을 수반하는 특정 사회성 형태에 결부된다. 이런 욕구의 구성은 엄마의 정서적 안정이 자녀를 위해 희생된다는 것을 뜻하기도 한다.[47] 그렇다면 엄마 자신의 정서 욕구는 가족 구성원의 정서 만족을 통해 충족될 수 있도록 조정되어야 한다. 그러나 엉켜 있는 이 욕구들을 하나씩 풀어내기 시작하면, 이것들이 흔히 상충하며 모두가 동시에 충족될 수는 없다는 점을 알 수 있다. 서로 충돌하여 함께 충족될 수 없는 욕구가 있으므로, 정서 욕구가 이미 주어져 있다고 볼 수는 없다. 돌봄노동자의 휴식 욕구는 마음이 편안해지고 싶어 하는 다른 사람의 욕구와 충돌할 것이다. 이것이 욕구를 급진 정치의 불안한 토대로 만든다. 우리는 단순히 사람들이 욕구하는 것에 기초하여 사회를 바꿀 수 없다.

아이의 정서적 만족을 어른의 정서적 만족보다 우선시해야 한다는 관념은 유년기를 특별히 강력한 감정의 시기로 구획하는 문화에 따른 것이다. 특히 정서적으로 굶주리고 그래서 주 양육자의 사랑이 필요한 아동이라는 사회적 구성이 엄마의 감정노동과 육체노동을 더 많이 끌어내는 데 오랫동안 이용되었다. 포르투나티는 엄마들을 겨냥한 심리학 문헌을 비판한다. 충분히 사랑받지 못한 아이가 '부적응'하게 된다고 주장함으로써 감정 기준을 설정한다는 것이다.[48] 아이 돌봄에 대한 이러한 이해는 아이의 현재와 미래의 안녕 모두를 도덕적으로 여성에게 책임지게 한다.

유년기의 감정 재생산은 더 폭넓은 새생산의 성공적 토대로서 구성된다. 사회문제는 자녀를 충분히 사랑하지 못한 여성 탓으로 여겨진다. 페미니스트 철학자 테리사 브레넌Teresa Brennan은 고아에게 사랑의 결핍이 끼치는 영향에 관한 연구서들을 읽고 감정 돌봄의 중요성을 강조한다. 이 연구서들에 따르면 이런 아이들은 신체적으로도 평균 수준으로 자라지 못한다. 브레넌은 이런 논의로 육제와 정신의 경계를 허물면서 사랑 자체가 생물학적 생명과 의식의 근간이라고 주장한다.[49] 그러나 현재의 사회관계에서 브레넌의 말은 감정과 육체의 성장 부진을 개인, 대체로 엄마 탓으로 돌리는 훈계가 되기 쉽다.

사회계층에 따라 달라지는 감정 재생산 인식

우리는 재생산 노동을 사람들의 재생산과 관련짓지만 계급 구분 자체도 계속 재생산되어야 한다. 아이의 정서적 훈련은 자본주의 계급 재생산의 기본적인 면이다. 부르주아 엄마 역할은 아이의 자연화되고 개인화된 정서 욕구에 바로 대응하면서 아이에게 이런 욕구가 중요하다고 가르친다. 혹실드에 따르면, 중산층 부모는 자녀의 의사결정 역량 계발에 초점을 맞춤으로써 자녀가 지위가 높은 전문직에 종사할 준비를 하게 한다.[50] 중산층과 상류층의 부모 역할에는 자녀가 고유한 감정생활을 통해 자신을 정서적 개인으로 경험하도록 격려하는 것이 들어가기도 한다. 이는 자녀가 미래의 직업에서 성공적인 이력을 쌓도록 준비시키면서, 가족의 계급적 이점을 유지하거나 향상하도록 보장한다.[51] 여러 가족이 얼마 안 되는 계층 이동의 자원을 두고 경쟁한다고 보는 이런 부모 역할 모델은 유년기의 정서 기준을 끊임없이 높이는 데 영향을 미친다. 부모는 자녀가 취업 시장에서 경쟁할 수 있게 가르치는 값비싼 서비스에 돈을 낼 뿐만 아니라 자녀의 정서 지도에 점점 더 많은 시간을 들이게 된다. 철저한 엄마 역할은 가족 안에서 시장 논리를 전환하는 방식이다.[52]

백인 부르주아 엄마 역할은 특히 '정신적' 노동에 대한 요구와 관련된다. 여기에는 자녀의 욕구와 욕망에 대한 도덕적 지도와 교육이 포함된다. 법학자 도러시 로버츠Dorothy Roberts가 쓴 것처럼 백인 여성과 자녀의 유대는 자녀가 보모와 함께 보내거나 주간 보육 시설에서 보내는 시간이 더 많은 경우에도 고유하고 배타적으로 여겨진다.[53] 이는 비정한 자본의 세계에서 여성성과 가족을 안식처로 보는 데서 비롯한다. 사회학자 샤론 헤이스Sharon Hays는 19세기의 백인 부르주아 엄마라는 이상이 나라의 고결한 미래 시민을 기르는 데 집중되었다고 말한다.[54]

백인의 나라이기도 한 부르주아의 나라는 자녀의 정신적 재생산을 인종적 이상과 연결한다. 실질적으로 이것은 사회적 재생산에서 인종과 계급에 다른 노동 분업과 관련돼, 피부가 검거나 어두운 노동자계급과 이주 여성들은 허드렛일을 하는 사람으로 강등되는 반면, 백인 부르주아 여성은 남성과 아이의 정신적, 감정적 지도를 맡는다.[55] 이 정신적 노동은 지금까지 늘 더 높이 평가되었다. 이는 폄하되는 동시에 찬양받는 엄마의 지위를 모호하게 만드는 데 기여한다. 엄마의 정신적 의무는 고결한 시민 양성이라는 노동에 대한 보상으로서 백인 부르주아 여성의 권리와 지위를 요구하는 수단으로 이용되었다.[56]

감정 재생산은 여성들 사이에 위계를 만드는 데 쓰일 수 있다. 몇몇 여성들만 엄마이자 나라의 도덕적 인도자라는 지위를 주장할 수 있었기 때문이다. 노동자계급과 다른 인종의 여성들은 미화된 평가에서 제외되었다. 아마도 이 여성들은 백인 부르주아 국가의 재생산을 보장하기에 알맞은 계급 전승을 수행하지 않는다. 그래서 이들이 하는 일은 비숙련 노동으로 여겨지며 갖가지 통제와 낙인의 대상이 되었다.

혹실드는 중산층 가정에서 느낌의 중요성을 강조함으로써 자녀가 감정을 관리할 수 있도록 오랫동안 훈련해왔다고 주장한다. 아이는 자신의 감정이 사회적으로 중요할 뿐만 아니라 도구화되고 조정될 수 있다는 것도 배운다.[57] 이런 형태의 부모 역할은 겉보기에 자유롭다. 중산층의 부모 역할은 그 중심이 자녀의 욕구와 욕망에 있기 때문이다. 그러나 이런 욕구와 욕망은 타고난 것이 아니다. 오히려 그것에 즉각 반응하는 부모의 양육 과정을 통해 만들어진다. 혹실드에 따르면, 중산층의 자녀 양육은 자녀의 의지를 거스르기보다는 그대로 따르며 작동한다. 부모 역할이라는 기획 전체가 자녀의 의지를 올바른 방향으로 이끌고 자녀에게 계급 재생산을 욕망하도록 가르치는 것과 관련된다. 아이는 부모가 이미 가졌거나 갖기를 열망하는 것과 아주 닮은 직업과 집 그리고 가족을 포함한 올바른 삶을 원하도록 배운다.

혹실드에 따르면 노동자계급 부모는 복종과 규율을 강조할 가능성이 더 크다.[58] 그녀는 이에 대해 설명하며 노동자계급이 사람보다는 사물을 대상으로 일하기 쉽기 때문에 중산층, 상류층 사람들과 같은 방식으로 정서 관리와 사회적 상호작용의 기술을 배울 필요가 없다는 사실을 든다. 하지만 그녀가 《감정노동》을 쓴 이래 점점 더 많은 노동자계급이 감정을 엄격하게 규제하는 서비스직에 고용되고 있다. 규율과 복종의 감정적 표현에 관한 요구가 여전히 노동자계급 직무의 중심에 있다. 그래서 노동자계급의 자녀들은 자신의 감정 표현보다 규율과 감정 통제를 배워야 할 수 있다. 페데리치가 주장하듯, 안정되고 잘 규율된 노동력의 가용성이야말로 생산의 필수 조건이다.[59] 따라서 이런 정서적 안정이 감정 재생산의 주요 기능 중 하나다. 포르투나티가 쓴 것처럼 '자본에 반드시 필요한 지속적인 노동자계급의 재생산은 이 관계에 좌우되며, 그 생산성과 노동 규율 및 복합적인 생활 조건 전반에 대한 적응도 마찬가지다.'[60] 자신과 타인의 부정적 감정을 관리하는 역량이 서비스 경제에서 노동자계급이 하는 업무의 핵심이 되고 있다. 이것은 고도의 자제력, 즉 정서 학대를 당해도 미소를 잃지 않을 수 있는 능력을 요구한다.

이런 감정 규정은 일터에서처럼 정서적 복종을 수행할 필요가 없는 일터 바깥 공간에 대한 욕구를 만든다. 감정 재생산은 단지 나쁜 감정을 억제하는 것만을 지향하지는 않는다. 임금 노동 바깥의 감정 영역, 아마도 노동 규율에서 자유로운 공간 창출에 관한 것이기도 하다. 감정 재생산에는 보상 기능이 있다. 이것은 감정에 관한 규율을 만드는 것뿐만 아니라 감정 규정을 벗어난 듯 보이는, 그래서 일터의 감정 억압을 보상할 수 있는 영역을 만드는 것과도 관련된다. 가정과 공동체는 노동조건에 전혀 만족할 수 없는 사람들에게 정서적 만족을 줘야 한다. 여성은 많은 임금 노동과 무임금 노동을 떠맡으면서도, 자신의 가사 노동을 드러나지 않게 가려서 집을 일과 상관없는 여가와 휴식의 공간으로 만드는 일도 해야 한다.

사회적 주변화에 직면한 집단도 억압의 해악을 치유하도록 설정된 더 보상적인 유형의 감정 재생산에 종사해야 한다. 인종차별, 동성애 혐오, 트랜스 혐오의 감정 비용은 극심할 수 있으며 주변화된 사람들은 흔히 자신의 공동체에서 이런 해악을 성토하려 한다. 이러한 상황은 재생산과 이데올로기의 지배적인 유형에 맞서 성립되는 공동성을 만들 수 있지만, 적대적 사회가 일으킨 감정적 해악을 치유할 책임을 진 사람이 더 많은 정서적 고갈과 압박을 겪을 수도 있다. 감정 재생산이 개인화되고 감정적 해악에 더 집단적으로 대응할 가능성이 줄어든 경우에 특히 그렇다.

감정 재생산에 관해 생각할 때는 돌봄이 일어나는 물

질적 현장도 고려해야 한다. 역사적으로 노동자계급의 사회성은 부르주아 감정 재생산과 마찬가지로 사적 영역인 가정에 한정되지 않았다. 그러나 가정을 넘어서는 형태의 사회성은 끊임없이 위협받는다. 노동자계급의 감정 재생산의 공간적 구조는 무너지기 쉽다. 덜 개인화된 갖가지 사회성 유형의 중요한 전제 조건을 성립시키는 공공 공간이 점점 더 드물어지기 때문이다.

가족학자 스테파니 쿤츠Stephanie Coontz는 20세기 초 노동자계급의 공간적 구조를 살피면서 가족 내 친밀한 생활과 이웃 간 사교적 생활의 구분이 없다는 데 주목한다.[61] 그러나 감정생활의 이런 공간적 구조는 환경이 점점 더 사유화되는 오늘날의 자본주의에서 유지되기 어렵다. 특히 젠트리피케이션은 노동자계급 공동체의 폭넓은 사회적 유대를 지탱하던 공간을 위협한다. 그리고 주택 건축은 핵가족을 가장 중요한 사회성 형태로 제도화하는 데 한몫했다. 가족이 물리적으로 다른 사람들과 분리되는 교외의 단독주택이 모두가 동경하는 좋은 삶의 표지가 되었다. 사람들의 정서적, 사회적 욕구는 구축된 환경에 사회성의 경계를 만들면서 성문화된다. 이런 핵가족 모델의 제도화가 가족에서 배제된 이들에게 종종 고독과 정서적 만족의 결핍을 불러온다.

노동자계급의 재생산은 부르주아 가치의 영향을 받기도 하고 그것에 저항하기도 한다. 노동자계급과 부르주아계급의 생활 조건에서 생기는 상이한 욕구가 이 일을 하는 이들에 대해 상이한 요구를 만들어내기도 한다. 중산층과 상류층의 감정 재생산이 계층적 열망을 만드는 일을 포함하는 경우, 노동자계급 생활의 재생산은 더 보상적인 감정노동을 포함할 수 있다. 감정 재생산은 계급에 따라 다르고, 다양한 역사적, 사회적 환경에 따라 바뀐다. 지난 몇십 년 동안 감정 서비스가 점점 더 상품화되었지만, 개인과 가족의 책임으로 이해되기도 했다.

느낌의 상업화

신자유주의 체제가 재생산의 상품화를 촉진하고, 민간기업에서 구매할 수 있는 재생산 서비스가 늘어나면서 감정노동도 우리가 구매하는 서비스의 일부가 되었다. 감정노동에 관한 어떤 연구서들은 성장하는 서비스 경제의 일부로 증가하는 상품화라는 틀에서 정서적 안녕이라는 정치 문제를 다룬다. 그러나 감정 재생산의 문제는 상품화와만 관련되지는 않는다. 가족 내 감정 재생산도 착취적이며 부자유하다. 감정노동을 하는 사람은 임금이 있든 없든 해롭고 제한적이며 착취적인 조건에서라도 일하지 않으면 자신의 욕구를 충족할 수 없는 경우가 많다. 재생산의 상업화가 감정노동의 재설정으로 이어지지만, 이것이 가족이나 공동체 안에서 무급으로 할 때보다 항상 더 나쁘거나 더 자본주의적이지는 않다. 재생산 노동, 특히 감정 재생산의 상품화에 대한 비평은 흔히 도덕주의로 흐르고 가족 내 무임금 노동이 낭만적으로 그려지며 원래 반자본주의적인 것처럼 보인다.

자본주의 사회에서 감정 재생산이 하는 구실을 더 복합적으로 이해해야 한다. 가정의 사유화가 자본주의 경제의 내부적 외부를 만들게 되었는데, 이것이 자본주의적 가치 결정에 더럽혀지지 않은 듯 보여야 한다. 예술가이자 교육자인 마야 곤잘레스Maya Gonzalez와 사회운동가 잔 느통Jeanne Neton이 주장하듯, 가치가 존재하려면 가치의 외부가 있어야 한다.[62] 가치와 비가치를 이렇게 가르는 조건은 정치적 투쟁을 통해 계속 재협상할 수 있지만, 사적 영역은 자본주의 생산의 구성적 외부로 남는다. 이 바깥은 자본주의가 기능하는 데 필수지만 겉보기에 그 외부로 남아 있다. 부르주아식으로 공과 사를 구분하는 태도는 곧 가족이 흔히 비정치적으로 여겨진다는 뜻이다. 특히 감정노동에 관한 저술들을 보면, 좌파 중 많은 이들이 가족과 감정 재생산에 대해, '일종의 자생적이고 기초적인 공산주의의 가능태'로 개명된 비정한 세상 속 안식처라는 부르주아적이고 감상적인 환상을 공유하는 것이 분명해보인다.[63]

돌봄노동자와 가사 노동자 같은 재생산 노동자들은 오늘날 재생산 노동에 관한 많은 논쟁의 중심에 있다. 유색인 이주 여성들과 이들의 노동은 흔히 무임금 노동에 반대하는 여성들이 투쟁하고 자본이 여성의 임금 노동을 더 많이 이용한 결과 드러난 사회적 재생산의 위기를 해결하기 위해 도입되었다.[64] 오늘날 재생산은 가사 노동을 폐지한 것이 아니라 그중 일부를 공적 서비스나 상품화된 서비스 또는 임금 가사 노동자들에게 전가했다. 이 일은 대부분 임금이 적고 매우 착취적이다.

돌봄노동은 흔히 돌봄노동자와 돌봄을 받는 사람의 정서 유대를 형성하는 데 달려 있다. 이는 곧 이런 유대가 착취적이기 쉽다는 뜻이다. 아이 돌봄을 예로 들면, 부모가 지불한 돈보다 많은 노동을 끌어내는 데 돌봄노동자와 아이의 유대를 이용할 수 있다. 많은 엄마들이 주양육자의 자리에서 보모나 돌봄노동자에게 '대체'되지 않으려고 저항하지만, 부모가 그들을 대신하는 돌봄노동자에게 높은 수준의 감정을 기대하며 돌봄노동자와 아이의 유대를 기꺼이 착취하기도 한다.[65] 이런 착취는 전혀 새롭지 않다. 부르주아 핵가족이 다른 사람의 보이지 않는 노동에 늘 의존해온 탓이다. 상품화를 향한 변동에 관해 단순한 서사들은 흔히 이런 사실을 간과한다.

돌봄의 상품화는 임금 노동과 가족의 설정만이 아니라 욕구 구성의 변화와도 관련된다. 노동자계급 전체는 생활수준 향상을 위해 투쟁하지만, 그 구성원들은 다양한 욕구를 가지고 있다. 예를 들어, 일반적으로 흑인 노동자보다 생활수준이 높은 백인 노동자는 더 수준 높은 정서적 위안과 돌봄을 기대할 수도 있다. 몇몇 감정 서비스의 상품화는 감정 기준이 높아지고 여가가 늘어난 결과일 것이다. 생활수준이 높아지면 부유한 이들을 위한 감정 서비스에 접근할 기회도 늘어나는 경우가 많다. 사회학자이자 정치경제학자인 에마 다울링Emma Dowling이 쓴 것처럼 부유한 고객에게 맞춘 서비스는 일반적으로 감정 서비스 전달에 더 무게를 둔다.[66] 사회 위계의 정상에 있는 사람은 자신의 정서 욕구에 대해 더 많은 관심과 더 수준 높은 정서적 안정을 기대할 수 있다. 부자는 자신에게 필요한 감정 서비스에 돈을 지불할 수 있기 때문에, 상품화 과정이 이런 경향에 한몫한다.

계량되고 통제되는 감정노동

서비스 부문의 성장은 임금 소득을 위해 수행되는 감정노동 형태의 증가로 이어졌다. 자본주의 노동시장이 변하면서 노동자에게 요구되는 기술도 변할 것이다. 개인의 정신적, 감정적 구성 기준의 변화도 따를 것이다. 어떤 노동자들은 아주 적은 규율만 지키면 되지만, 다른 노동자들은 여러 해 동안 갖가지 극심한 감정적 압박을 견뎌야 한다. 재생산은 임금 노동의 수요에 반응하기 때문에, 노동시장의 변화 또한 감정 재생산 유형의 변화를 불러올 것이다.

감정노동의 상품화에 따라 이 노동에 대한 통제권이 개인들에게서 자본가에게 넘어가고, 이것이 더 노골적인 통제와 계량으로 이어질 수 있다. 감정노동은 끝이 없어 보이는 특징이 있는데도 자본가들은 이 노동을 관리하고 계량할 방법들을 찾으려고 최선을 다해왔다고 페데리치가 말한다.[67] 감정노동에 대한 연구서들 중에는 이 통제권이 어떻게 생기는지를 탐구한 것이 많다. 하지만 많은 경우에 통제는 감정노동을 성문화해서 나타난 결과만은 아니다. 오히려 감정노동의 관리는 노동자에게서 어떤 인성을 계발하고, 그래서 감정노동과 감정노동자를 통합하는 일을 포함한다.[68]

혹실드는 항공기 승무원을 채용할 때 성격상 대인 업무에 적합한 사람을 세심하게 골라낸다는 데 주목한다.[69] 항공기 승무원 채용 담당자들에 관한 다른 연구에서는 참가자들이 감정 서비스를 전달할 수 있는 자연적 역량을 갖춘 사람을 채용하고 싶다고 보고했는데, 이들이 원하는 인물은 대부분 여성이었다.[70] 기업은 신중하게 성

문화된 외적인 규율만이 아니라 노동자의 개성으로 보이는, 내면화된 정서 관리에도 의존한다. 계량 가능성이 감정노동의 자본주의적 상품화와 규제의 핵심이 되는 동안 감정노동은 노동자의 자연적 인성에 계속 의지하는데, 어떤 의미에서 이것은 규율을 넘어 지나친 착취의 조건을 만들어낸다.

계량과 통제는 감정노동을 노동자가 완수해야 할 구체적이고 제한적인 업무로 만드는 효과가 있다. 어떤 경우에 상품화는 사랑의 무한성을 잃는다는 것을 뜻한다. 감정노동은 회사의 지침서에 글로 적히면서 계량 가능한 개별 활동들로 나뉜다. 고용주가 감정노동을 지시하고 통제할 때, 보통은 암시적인 감정에 관한 사회적 규칙이 분명하게 언급된다. 혹실드는 이것이 감정노동에 대한 비숙련화의 한 형태로, 이를 통해 노동에 대한 행위성이 점차 노동자에게서 제거된다고 말한다.[71] 그러나 사회학자 로빈 라이드너Robin Leidner의 주장에 따르면, 감정노동의 정례화는 노동자가 서비스를 둘러싼 상호작용을 통제하는 데 도움이 된다고 주장한다.[72] 감정노동의 성문화를 통해 노동자가 관리자에 대해서는 아니더라도 고객에 대해서는 어떤 통제권을 가질 수도 있다.

감정노동을 성문화한다고 해서 노동자가 반드시 지시받은 일만 하지는 않는다. 때때로 노동자가 명백하게 요청된 것보다 많은 감정 돌봄을 제공하도록 강요받는다고 느낄 수 있다. 의료와 교육을 포함한 공적 부문 전반에서 특히 그런데, 최근 수십 년 동안 상당한 감축에 직면했던 결과로 경영진에서는 속도 향상을 요구했고, 따라서 느낌을 만들어내는 노동 집약적 업무에 쓸 수 있는 시간이 줄었다. 따라서 노동자는 공식적인 직무 내용에서 벗어나는 일을 강요받는다고 느낄 수 있다.

다울링이 쓴 것처럼, 돌봄을 물리적 업무로 재정의하면 돌봄의 감정적 측면에는 보수가 주어지지 않는다.[73] 그래서 간호를 비롯해 돌봄노동의 몇몇 유형에서 노동자는 돌봄 대상자에게 개인화된 감정노동을 '선물'로 제공하게 된다.[74] 간호사와 간병인은 환자의 물리적 욕구뿐만 아니라 사회적 상호작용과 위안에 대한 욕구를 해소해주기 위해 환자 곁에 조금 더 머물 수도 있다. 물리적 업무를 완수하는 데 초점을 둔 서비스에 감정노동이 공식적으로 통합되지 않더라도, 경영진은 정서적 지원을 무상으로 제공하는 노동자들의 의무감과 공감에 의지할 수 있을 것이다. 이런 식으로 이미 평가 절하된 노동자 집단의 돌봄 역량에 대한 과도한 착취가 용인된다.[75]

사랑의 노동은 감정 서비스를 개인의 특수성에 맞춰 조정하는 일을 포함하므로, 그 과정에서 바로 그 개별성을 계속 재확인한다. 친밀한 서비스의 상업화는 이런 역량의 상실을 암시하는 듯하다. 경영진의 통제에 따라 서비스가 점점 표준화되기 때문이다. 그러나 자본주의적 생산이 자동으로 표준화를 낳지는 않는다. 지위의 생산과 서비스의 생산에 관해서라면 표준화 과정과 개별화 과정에 따라 자본주의 논리가 달라진다.

최고급 감정 서비스는 많은 경우에 상품화 과정에서 개인 맞춤형 서비스가 된다. 그래서 어떤 유형의 감정노동과 돌봄 서비스는 지불 능력이 있는 사람에게 한정된다. 이를테면, 지불 능력이 없는 사람은 정서적 안정을 향상하는 치료를 비롯한 돌봄을 받아보기 어렵다. 때로 정서 욕구의 충족은 상품과 서비스를 이용하는 기회와 결부되고, 자본주의는 시장을 통해서만 충족할 수 있는 새로운 욕구를 끊임없이 만들어낸다. 고도로 상품화된 여가 활동이 그 예다.

자본주의 사회를 지탱하는 단위, 가족

감정 서비스의 상업화를 비판하는 이들은 핵가족이 감정 재생산에 알맞은 장소라고 암시하는 경우가 많다. 이런 설명에 따르면, 가족은 비정한 자본주의 논리의 위협을 받고 있다. 혹실드는 '자본주의 정신의 내용 일부가 친밀한 생활로 *옮겨지고* 있다'면서, 그것이 전에는 그렇지 않았음을 시사한다.[76] 그러나 가족의 감정생활은 늘 자본주의의 재생산과 밀접한 관계에 있었다. 그리고 상품화된 서비스가 사람들 대부분의 욕구를 채워주지 못하는 한편 사적 영역도 우리의 욕구를 채우기에는 불충분하다.

핵가족이란 그저 여러 사회 형태 중 하나는 아니다. 오히려 핵가족은 사람들의 정서 욕구를 충족시키기 위한 배타적 장소로서 제도화되었다. 그래서 핵가족의 일원인 사람들만 무임금 감정 재생산에 접근할 수 있는 경우가 많다. 가족에서 배제된 사람들은 흔히 정서적 지원을 받지 못하고 고독을 경험한다. 다른 친족 형태에 대한 비난이 줄어들고 아빠 – 엄마 – 자녀 모델이 더 유연해졌지만, 핵가족의 패권적 지위는 다른 사회성 형태들을 잃은 대가로 이러한 사회성 형태가 촉진되었음을 의미한다.[77] 핵가족 형태는 법, 물질, 이데올로기 구조들 전반에 새겨졌다. 가족은 감정적 지원을 제공하기 위해 만들어진 것이라고들 하지만, 핵가족 밖에서 살거나 가족 중 주로 돌봄을 맡은 사람들은 그러한 정서 지원을 제공받지 못한다.

우리가 공과 사를 구분해 이해하는 방식은 감정 재생산에 대한 정치적 시각을 결정한다. 가정을 감정노동에 알맞은 장소로 보는 사람들은 사적 형태의 감정 재생산과 상업적 형태의 감정 재생산을 아예 다른 것으로 상정하기도 하며, 사적 형태의 감정 재생산이야말로 진짜라고 여긴다. 그러나 우리는 공적 영역과 사적 영역에서 상이한 자본 축적의 논리가 작동한다는 것을 강조하면서도 영역을 가로지르는 감정노동의 연속성을 인정할 수 있다.

페데리치와 공저자 니콜 콕스Nicole Cox가 쓴 것처럼, 공과 사를 대립시키는 이데올로기는 무임금 노동을 사랑의 행동으로 보이게 하는 탓에 가정 내 여성의 예속을 뒷받침한다.[78] 공사 구분은 아주 실질적인 효과를 발휘하는데, 그 주된 이유는 다른 유형의 착취를 낳기 때문이다. 임금 노동만 노동이라고 보는 통념은 무임금 노동을 보이지 않게 만들고 그에 대한 착취를 심화한다. 노동법 너머에 있는 듯 보이는 사적 영역의 구성도 임금 가사 노동자에 대한 착취를 심화한다.[79] 가사 노동자가 '가족의 일원'으로 제시되면서 이들이 하는 일도 사적 의무의 성격을 띠게 되고, 이것이 더 심한 착취를 수월하게 한다.

가족과 공동체의 구성에 늘 자본주의의 논리가 있고, 자본주의의 논리 구성에도 늘 가족과 공동체가 있다. 이는 감정노동을 비롯한 여러 형태의 재생산 노동의 상품화가, 사적 생활을 잠식하는 자본의 논리뿐만 아니라 무임금 재생산 노동에 대한 여성들의 거부에서 비롯한다는 것도 의미한다.[80] 여성학자 카밀 바버갤로Camille Barbagallo는 상품화된 재생산 서비스를 이용하는 것이, 복지국가가 제공하던 돌봄에 대한 책임을 사적인 가정에 부과하려는 신자유주의 논리에 수동적으로 맞서는 개인화된 형태의 저항으로 여겨질 수 있다고 주장한다.[81] 적어도 덜 계층적이며 덜 착취적인 방식으로 정서적 지원을 제공할 만한 다른 형태의 사회성이 부재하는 상황에서, 감정노동을 탈상품화해야 한다는 주장은 여성에 대한 지속적 무임금 착취를 상정한다.

모든 재생산 노동을 상품화할 수는 없다. 보통은 사랑을 돈의 반대라고 생각하기 때문에, 감정 재생산의 상업화에는 한계가 있다. 어떤 감정노동은 계속 사적 영역으로 격하되었지만, 다른 감정노동은 임금 노동과 서비스 경제로 옮겨졌다. 공적 영역과 상업 영역은 흔히 감정이 배제되고 합리성이 지배하지만 사실 그 안에는 감정이 퍼져 있다. 가족이 감정과 돌봄에 알맞은 영역이라는 낭만화된 관념에 이의를 제기하는 것이, 자본주의가 감정 재생산에 의존하는 방식을 이해하는 데 도움이 된다. 그리고 사실 가족은 자본주의 논리의 반대라기보다는 오히려 이 논리의 필수적인 부분이다. 이런 시각이 감정에 대한 자본주의의 논리에 저항하기 시작하는 데 꼭 필요하다.

사랑의 정치학

THE POLITICAL ECONOMY OF LOVE

THEY CALL IT LOVE

우리의 생명과 건강을 유지하는 데는 많은 노동이 필요하다. 음식을 준비해야 하고, 집을 청소해야 하고, 아이를 돌봐야 한다. 우리는 모두 우리를 돌봐줄 사람이 필요하다. 감정은 인간의 다른 욕구와 떨어트린 채 이해할 수 없다. 따라서 감정 재생산을 더 폭넓은 사회적 재생산의 맥락에 둬야 한다. 그러지 않으면 감정노동이 자본주의 사회의 다양한 장소와 관계에 걸쳐 발생하는 어떤 것이 아니라, 특정한 임금 노동자 집단에만 해당하는 문제처럼 보인다. 감정 재생산을 폭넓게 이해하면 우리는 이것을 신자유주의 서비스 경제와 함께 등장한 뭔가가 아니라 우리의 삶과 욕구와 욕망을 지배하는 자본주의의 내재적이고 필수적인 측면으로 볼 수 있다.

인간의 욕구를 충족하는 데 필요한 노동은 역사의 다양한 시기마다 매우 달라 보였다. 인간의 욕구 자체가 사회적이며 역사적이기 때문이다. 음식에 대한 욕구는 생물학적 실제지만 허기를 채우는 방식은 시대에 따라 그리고 같은 사회에서도 계층에 따라 상당히 다르게 나타난다. 게다가 사회마다 다른 유형의 욕구를 일으킨다. 이러한 점에서 욕구는 생존을 위해 필요한 것일 뿐만 아니라 근사한 생활수준에 대한 기대치로 이해해야 한다. 이것은 출근길 대중교통에 대한 접근성이나 주말에 한잔하러 나갈 수 있는 것 같은 무엇일 수도 있다. 사교적 생활과 감정적 안락에 대한 욕구를 포함해 우리의 모든 욕구는 특정 형태의 노동을 통해 충족되어야 한다. 지금 우리가 알고 있는 인간의 욕구는 가치를 축적하려는 자본의 충동에 따라 구조가 형성되었다. 대다수의 사람들은 임금을 받는 일자리를 찾아야 자신에게 필요한 것들을 구할 수 있다.

자본은 공장 조직이나 생산수단의 소유만이 아니라 삶과 일의 구조를 형성하는 일련의 사회관계다. 노동자를 그들이 살아가는 데 필요한 자원으로부터 분리하는 것은, 사물의 소유보다 권력관계의 문제로 이해해야 한다. 자본주의에서 가치는 노동을 통해 만들어지고, 권력은 노동에 대한 지배를 통해 드러난다. 한 상품의 가치는 평균적인 노동자가 그 물건이나 서비스를 생산하는 데 걸리는 시간에 따라 결정된다. 노동자가 생산하는 물건이나 서비스는 자본가가 그것을 생산하기 위해 지불한 것보다 가치가 더 크다. 노동자가 노동 자체가 아니라 노동력에 대해 임금을 받기 때문이다. 노동력은 노동할 수 있는 역량이다. 노동자는 고용주와 계약할 때 바로 이 노동력을 파는 것이다.

노동력의 가치는 노동자의 생존에 필요한 상품, 음식, 주거, 교통, 의복 등 역사적으로 특정되는 최소 수준의 기본 요소들에 따라 매겨진다. 이것은 노동자가 생산한 가치와 자본가가 노동자에게 지불한 가치의 차이인 잉여가치를 자본가가 뽑아낼 수 있다는 뜻이다. 잉여가치는 자본가가 얻는 이윤의 근간을 형성한다. 자본가가 부를 축적할 수 있는 토대는 지급받는 것보다 많은 가치를 생산하는 노동자다.

자본은 대부분의 사람들이 생존에 필요한 것을 갖지 못하게 한다. 이것은 사람들의 욕구를 충족시킴으로써 추동되는 체제가 아니다. 이것을 추동하는 유일한 힘은 가치를 축적하는 데 있다. 그러나 노동자의 노동이 1차적으로 가치를 만들기 때문에, 가치를 계속 뽑아내려면 대다수의 노동자가 계속 살아 있게 유지해야 한다. 물건이나 서비스는 노동자가 그것을 생산하는 데 들인 시간 때문에 가치 있는 상품이 된다. 자본가 개인은 노동자의 안녕보다 이윤 창출을 우위에 둘 것이다. 그러나 자본주의 사회 전체가 이런 식으로 작동한다면 노동자계급은 살아남지 못하고, 그러면 자본가도 인간의 노동을 이용해 가치를 만들지 못할 위험에 빠진다. 일반적으로 자본주의에서 재생산은 생산과 이윤 추구에 종속되어 있다. 그러나 이렇게 생산을 우위에 두는 것이 하나의 체제로서 자본주의의 전반적 재생산을 지속적으로 위협한다.

자본주의 경제의 중심에 한 가지 모순이 있다. 노동자는 개별적으로 대체될 수 있지만 집단적으로는 대체될 수 없다. 이 긴장은 곧 재생산이 갈등과 투쟁의 중심에 있다는 점을 의미한다. 재생산의 기준, 자원, 노동은 절대 간단하게 주어지지 않고 끊임없는 싸움을 겪는 탓이다. 자본의 욕구와 국가와 노동자는 서로 모순 관계에 놓이는 경우가 많다. 예컨대 노동자계급에게는 질병과 출산에 따른 수당을 가능한 한 넉넉하고 쉽게 받는 것이 이익이겠지만, 자본가의 이익은 대개 모든 복지 혜택을 노동자계급이 생존하는 데 필요한 최소 수준으로 줄이는 것이다. 그러지 않으면 노동자계급이 임금 노동의 규율에 충실히 따르지 않고도 편히 살 수 있을 테고, 자본가들은 이를 두려워한다.

가치를 인정받지 못하는 노동력

사적 영역을 공적 영역에서 완전히 분리된 비정치적인 영역으로 보는 부르주아의 이해에 대응하고자, 재생산이 생산 수요에 호응한다는 점에서 완전히 자본주의적이라고 결론짓고 싶은 유혹에 빠질 수 있다. 자본주의적 생산이 재생산을 지배하는 것이 사실이지만, 이 둘은 상호 의존적이다. 노동인구를 재생산하는 데 들어가는 노동 없이는 생산이 존재할 수 없기 때문이다. 우리의 욕구는 생산 수요에 호응하지만, 때로는 이를 넘어설 수도 있다. 자본 아래에서 재생산 자체에 모순과 대립이 있다는 사실은 그것이 생산 논리에 전적으로 종속될 수는 없다는 뜻이다. 재생산 현장에서 벌어지는 투쟁은 임금 노동의 구조에 영향을 줄 수 있으며 실제로 때로는 국가가 생산 경제를 규정하는 결과를 낳았다.

어떤 유형의 노동은 가치 계산에서 배제되며, 이런 배제 자체가 가치 생산에 반드시 필요하다. 자본주의 경제는 부분적으로라도 재생산 비용을 외부화해야 한다. 무임금 재생산 노동을 노동력의 가치에 포함하는 대신, 자본은 재생산을 노동자 개인이 책임져야 할 일로 상정한다. 무임금 재생산 노동은 자본주의 경제의 외부에서 구성적 역할을 한다. 즉 무임금 재생산 노동은 공식적인 임금 관계의 바깥에 존재하지만, 그것 없이 자본주의 자체가 유지될 수 없다. 자본주의 경제가 기능하려면 재생산 노동의 상당 부분이 무임금 노동으로 남아야 한다. 그러지 않으면 노동력의 가치가 그야말로 너무 높아서 자본가는 잉여가치를 뽑아낼 수 없다. 예컨대 우리는 으레 완전히 조리되지 않은 식품을 사는데, 우리에게 익숙한 수준에 맞추려면 추가적인 무임금 노동을 들여 요리를 해야 한다. 이 모든 노동에 임금이 지급된다면 매일 포장 음식을 사 먹는 것처럼 음식값은 엄청나게 비싸진다. 그렇게 되면 다시 노동력의 가치가 올라가고, 노동력의 가치와 노동으로 생산한 가치의 차이가 줄어든다. 따라서 만약 재생산에 여느 노동과 같은 가치가 매겨진다면, 자본주의는 더 이상 이윤을 남길 수 없다. 재생산 노동과 노동력 가치의 관련성은, 재생산 노동이 노동으로 인정된다고 해도 대개 비숙련노동으로 여겨지며 형편없이 낮은 임금을 받는다는 것을 뜻한다.

재생산은 노동 집약적이고, 대부분 상대적으로 낮은 수준의 기술로 수행된다. 20세기에 도입된 가사 기술이 재생산 노동에 걸리는 시간을 뚜렷하게 줄이지는 못했는데, 아이를 돌보는 데 써야 하는 시간에 대한 기대치가 늘어난 데다 새로운 기계를 도입하면서 위생과 음식 조리의 수준까지 높아진 것이 부분적인 원인이다.[1] 페데리치가 말한 대로 '1970년대에 여성들이 쓴 기구 가운데 실제로 노동(여기서도 노동과 분만을 모두 뜻하는 영어 단어 'labour'가 쓰였다. - 옮긴이)을 줄여준 것은 피임 기구밖에 없다.'[2]

어떤 재생산 노동을 할 때는 노동자가 한시도 자리를 뜰 수 없으며 이것은 이 노동을 더 효율적으로 만들기가 어렵다는 뜻이다. 아이를 돌보는 일만해도 누군가가 항상 아이 곁에 있으면서 아이의 욕구를 살펴야 한다. 지난 수십 년 동안 상품화된 재생산이 늘었지만, 재생산을 노동으로 충분히 인정하고 그에 따라 임금을 지급할 경우 자본의 축적이 위태로워지기 때문에 재생산을 자본주의 생산구조에 완전히 통합하기는 어렵다. 더욱이 재생산은 노동 집약적인 성격 때문에 수익성 있는 서비스가 되기 어렵고, 이 때문에 돌봄 부문의 업체는 국가보조금에 의존하는 경우가 많다.[3]

무임금 재생산 노동은 노동력의 가치에 포함되지 않는다. 임금은 자기 자신이나 다른 사람을 노동력으로 재생산하는 과정이 아니라 임금 노동을 하는 데 쓴 시간에 대해 정당한 보상으로 여겨진다. 고용 계약 자체가 재생산 노동을 은폐한다. 노동력 재생산을 주로 맡아 하는 사람은 상품 제조자로 인정되지 않고, 타인에 대한 인간의 의존성을 설명하지 못하는 자본주의의 자아 소유 모델을 통해 상품으로부터 소외된다. 오로지 노동자 자신만이 고용주와 계약을 맺을 수 있다.

재생산 노동을 해주는 사람이 누구에게나 있는 것은 아니다. 많은 노동자가 최선을 다해 스스로 재생산 노동을 한다. 하지만 모든 사람이 어느 정도는 다른 사람의 돌봄을 받는다. 노동력이 상품으로 팔리는 고용 계약은 이렇게 노동력이 생산되는 사회관계를 배제한다. 노동자의 역량은 역사에 따라 달라지며 후천적으로 습득하는 것이 아니라 노동자가 타고나는 것으로 자연화된다. 이런 역량은 사회적인 것이 아니라 노동자 개인의 자산으로 여겨진다. 정서 역량은 늘 사회적인 것이지만, 사회에 앞서 노동자가 타고난 진정한 인성이 드러난 것으로 여겨진다.

자본주의는 구조적으로 임금 유무와 상관없이 재생산 노동에 의존한다. 노동력이 자본주의 경제의 핵심 상품이므로 노동력 생산은 반드시 필요하다. 페데리치가 쓴 것처럼 '우리가 집에서 집안일을 하지 않으면, 그들의 공장, 광산, 학교, 병원이 운영될 수 없으며 그들의 이윤도 전혀 나올 수 없을 것'이다.[4]

오늘날 자본주의는 상품화된 재생산 서비스에 점점

더 의존하고 있지만, 이 서비스가 경제체제 전반이 기능하는 데 반드시 필요하다고 늘 인정되지는 않는다. 그런데 재생산의 상품화가 이런 활동을 노동으로서 더 잘 보이게 했을 수 있다. 어떤 활동이 보수가 지급되고 낯선 사람을 위해 수행될 때는, 이를 두고 순전히 사랑의 활동이라거나 노동자의 인성이 표현된 것인 양 계속 가장하기 어려운 경우가 많다. 하지만 이렇게 가시성이 향상되었어도, 가치를 생산하는 노동이 다양한 재생산 노동에 의존한다는 사실이 항상 인정되지는 않았다. 이런 가시성 향상이 임금 생산노동의 구조에 의해 주변화된 재생산의 물질적 조건이 바뀌는 상황으로 이어지지도 않는다. 재생산 서비스의 상품화는 자본주의 사회에서 나타나는 재생산의 본질적 모순을 해결하지 못한다.

오늘날, 많은 사람들이 상품화된 재생산 노동과 상품화되지 않은 재생산 노동의 결합에 기대어 산다. 상품화는 신자유주의 체제에서 재생산 노동을 재구성하는 과정의 일부지만, 재생산 노동력이 꼭 필요한 노동 중 많은 부분이 여전히 무임금으로 수행되거나 국가의 몫이다. 이 중 일부, 특히 요리와 청소 같은 육체노동일수록 저임금 파견 노동자에게 맡겨질 수 있다. 그런데 재생산은 개별화된 업무의 총합 이상이다. 상품화된 서비스와 국가가 제공하는 서비스의 결합은 전통적으로 여성이 가족 구성원을 위해 하던 노동을 완전히 대신하지는 못했다.

가족 내 재생산 노동은 일관된 돌봄 형태를 만들어내는 데 기여하며, 이는 개인의 특정한 욕구를 더 잘 충족시킬 수 있다. 이런 돌봄은 정서 욕구를 다루기도 한다. 정서 유대는 다양한 재생산 노동을 확실히 연결하는 핵심이다. 페데리치는 1975년에 나온 작은 책《가사 노동에 대한 임금 Wages against Housework》에 이렇게 썼다.

> 여성들이 자본을 위해 수행해야 하는 기능에 포함된 육체적, 감정적, 성적 서비스의 특이한 결합이야말로 가정주부라는 독특한 하인을 만들어, 그녀의 일을 정말로 힘들게 하는 한편 정말로 보이지 않게 만든다.[5]

가정주부의 역할은 어느 정도 없어졌지만, 대부분의 사람들은 적어도 자기 욕구의 일부를 채우기 위해 여전히 다른 가족 구성원에게 여전히 의존한다. 사람들의 재생산은 시간이 흘러도 지속되는 안정성에 달려 있다. 심지어 그들에게 필요한 꼭 맞는 돌봄 유형이 달라질 때도 그러하다. 뉴욕가사노동임금위원회 회원들이 쓴 것처럼, 나이 든 여성은 자녀가 임금 노동을 할 수 있도록 손주를 돌보는 경우가 많다.[6] 우리는 성인이 되고 더 독립적으로 보일 때조차 자신과 부양가족을 돌보기 위해 다른 가족 구성원에게 계속 의지한다. 개인주의를 편애하는 것으로 보이는 신자유주의 시대에도 재생산은 관계와 의존이 복잡하게 얽힌 체계다.

한없이 복잡하지만 단순해 보이는 돌봄노동

재생산 노동은 다양한 욕구를 살펴야 하는 복잡한 숙련노동이다. 다양한 욕구를 충족할 수 있으려면 수준 높은 재생산 업무를 할 기술뿐만 아니라 다른 사람의 욕구에 적절히 맞추어진 형태의 주체성이 필요하다. 이런 노동은 상품화되거나 국가가 제공하는 재생산 서비스로는 쉽게 포착되지 않는다. 이런 서비스는 (반드시는 아니지만) 보통 더 표준화되고 덜 개인적이기 때문에, 사람들의 집과 공동체에서 생기는 친밀한 돌봄노동과 똑같이 기능할 수는 없다.

1장에서 본 것처럼 돌봄을 받는 사람의 욕구에 맞게 돌봄 내용이 조정되기 때문에 재생산 노동은 사람들이 자신을 가치 있는 고유한 개인이라고 인식하는 데 일조한다. 이것은 개인적 인정을 원하는 우리의 정서 욕구를 채우는 데 무임금 재생산 노동이 필수인 경우가 많다는 뜻이다. 무임금 재생산 노동은 개별화된 욕구 충족을 통해 개개인의 차이를 형성하는 데 기여하기 때문에 한없이 복잡하다.

돌봄은 복잡한 일인데도 단순한 비숙련노동으로 보인다. 그건 아마도 사람들의 (특히 여성들의) 자연스럽고 자발적인 감정 재생산 역량 때문일 것이다. 사실 돌봄은 아예 노동으로 여겨지지도 않는다. 재생산 노동의 자연화는, 자본주의에서 생산에 종속된 재생산이 끊임없이 노동력 재생산을 방해하는 위협이 있어도, 혹은 이런 위협 때문에 작동한다.

자본주의하에서 노동자는 노동력의 담지자, 즉 임금을 받고 팔 수 있으며 역사적으로 특정되고 산출되는 기술과 주체성의 조합이 된다. 카를 마르크스Karl Marx는 '물리적 형태로 존재하는 정신적, 육체적 역량의 총합, 즉 한 인간 존재의 살아있는 인성'으로 노동력이 성립한다고 했다.[7] 포르투나티는 이런 역량은 '역사적으로 결정되는 후천적 속성이 … 모든 개인에게 동질적이지 않다'고 썼다.[8] 우리의 정신적, 육체적 역량이 철저히 사회적이고, 사회 위계에서 우리가 차지하는 위치에 따라 다르게 구성되기 때문이다.

부르주아 이데올로기에서 기술과 역량은 노동자가 타고나는 것으로 제시되는 경우가 많다. 그러나 사실 우리는 성과 인종에 따라 습득된 역량으로 노동력이 구성되는 방식을 볼 수 있다. 예를 들어, 인종차별적 자본주의에서 흑인 여성은 흔히 청소를 비롯해 '더러운 일'같이 하찮은 가사 노동에 어울리게 타고났다고 여겨졌다. 성과 인종을 가르는 것은 일련의 숙련화 및 탈숙련화 과정으로 이해할 수 있으며 이 과정을 통해 어린 시절부터 다양한 기술을 학습한다. 이것은 특정 역량이 자연스럽게 생긴다고 여기는 자본주의 체제에 이의를 제기한다.

노동시장의 수요와 노동 역량의 상품화는 역사적으로

특정한 재생산 노동 제도를 만들기도 하고 그것을 통해 만들어지기도 한다. 자본주의적 재생산 양식은 우리가 *노동력*으로서, 즉 그저 특정 노동을 위한 역량의 담지자로서 재생산하도록 강요한다. 페데리치가 썼듯이 재생산 노동을 노동력 생산으로 이해하는 것은 '자본주의 사회에서 재생산 노동이 우리의 욕망과 다른 이들의 욕망에 따라 우리 자신이나 다른 이들을 자유롭게 재생산하는 것이 아니라는 사실'을 두드러지게 한다. 또한 '긴장, 잠재적 분리'를 강조하며 '정치적으로 중요한 갈등, 저항, 모순의 세계를 암시'한다.[9] 노동력은 노동자, 즉 욕구와 욕망이 있으며 노동조건에 맞서 싸울 역량도 있는 사람들과 분리할 수 없다는 점에서 상품 중에서도 독특하다. 스스로 생산 조건에 저항할 역량이 있는 유일한 상품이다. 그러나 노동력으로서 재생산되는 것이 이런 욕망과 역량을 제한하기도 한다. 노동자가 가치를 만드는 노동력으로 성립되는 순간, 노동자에 대한 평가절하도 벌어진다. 더 많은 가치를 생산하려면 우리의 가치는 더 적어야 하고 우리의 욕구와 욕망은 더 적고 더 값싼 것이어야 한다.

우리는 전적으로 자본을 위해 재생산되지도 않고, 전

적으로 사람인 우리 자신을 위해서 재생산되지도 않는다. 재생산은 현 상태가 보존되는 현장이면서, 근본적으로 세계를 다시 만드는 가능성의 공간이다. 이런 긴장 때문에 재생산 영역에서 페미니즘의 투쟁, 자본주의 사회가 기능하지 못하게 할 잠재력이 있는 투쟁이 가능해진다. 가사노동임금 활동가들이 주장하듯, 재생산 현장에서 벌이는 투쟁은 '자본주의에 자연스럽고 순조로운 면모를 부여한 사회적 평화의 이미지'를 전복한다.[10]

그러나 재생산의 다양한 측면을 풀어내기란 쉽지 않다. '우리 자신을 위한' 재생산은 복잡한 문제가 아니다. 이것은 부분적으로 현재 우리가 사회적 분열을 유지하고 다른 사람에게 해를 끼치는 식으로 재생산하도록 강요받기 때문이다. 재생산의 사유화는 한 사람의 안락과 안녕이 종종 다른 사람의 손해와 충족되지 않는 욕구를 암시한다는 뜻이다. 여유 있는 노동자들은 자녀나 나이 많은 가족을 돌보기 위해 다른 노동자에게 굶어 죽지 않을 정도의 임금을 줄 것이다. 이런 착취 관계는 흔히 인종과 이주 상황의 구분에 따라 형성된다. 노동자계급은 같은 생활 조건의 일관된 집단이 아니다. 어떤 노동자들은 생활수준이 높고 여가가 더 많은가 하면, 다른 노동자들은 모멸적이고 해로운 조건에서 살고 일한다. 공동체나 가정을 낭만적으로 묘사해 자본과 완전히 구분되는 것이며 착취보다는 자유의 공간으로 보이게 할 위험이 언제나 있다. 그러나 노동자들 사이의 위계는 계층화된 노동시장만이 아니라 재생산 영역 내 위계에서도 비롯한다.

우리가 자본만이 아니라 자신을 위해서도 스스로 재생산한다는 사실은 남성이 여성의 재생산 노동을 착취하게 한다. 같은 계급에 속한 다른 구성원의 노동을 착취하는 것은 자본을 위한 재생산이기도 하다. 이런 착취가 인종과 젠더의 위계를 재생산하며 자본주의가 이를 기반으로 번창하는 탓이다. 강제에 의해서나 자신의 욕구를 채우기 위해서나 우리가 다른 사람들을 위해 일할 수밖에 없는데 그 일에 들인 것보다 적게 받는다면 그건 착취다. 다른 사람을 위해 노동하지 않고는 자신의 욕구를 충족할 수 없는 한 여성들은 착취당하기 쉽다.

많은 경우에 여성이 경제적으로 안정될 유일한 방법은 남성과 낭만적 관계를 맺는 것인데, 이 관계에 많은 재생산 노동이 따른다. 반면에, 남성은 이 노동에서 이익을 보는 경우가 많다. 남성은 여성의 돌봄노동을 받는 쪽일 때가 많고, 대체로 다른 사람을 돌보는 데서 자유롭기 때문이다. 흔히 남성은 여성의 돌봄에 제대로 보답하는 일과 자녀, 노인 등 부양가족을 돌보는 일에서 면제된다. 다른 사람의 노동을 착취할 수 있는 노동자는 임금 노동을 위한 시간과 노동 역량을 회복할 여가를 더 많이 가질 수 있기 때문에 그렇지 않은 노동자보다 유리하다.

페미니스트들은 흔히 재생산이 노동으로서 가시화되어야 한다고 주장한다. 그러나 핵심은 가시성 자체를 위해 재생산 노동을 눈에 띄게 하는 것이나 도덕적으로 재생산 노동을 가치 있게 평가하는 것이 아니다. 우리가 지금 알고 있는 재생산 노동을 그대로 가치 있게 평가하거나 미화하지 않도록 주의해야 한다. 오히려 페미니즘 투쟁은 이런 재생산 노동과 자본 자체를 모두 전복하기 위해, 자본이 재생산 노동에 구조적으로 의존하면서도 이에 대해 부정하는 현실을 강조해야 한다. 일상생활 속 권력관계를 강조함으로써 그 관계에 맞서 싸울 수 있다. 이런 식으로 반자본주의 투쟁의 현장을 일터에서 사적이라는 가사 영역으로 크게 늘릴 수 있다.

우리는 자본이 아니라 우리 자신을 위해 스스로 재생산할 길을 넓히려고 분투한다. 이런 점에서 우리는 노동자계급 구성원들 사이에서 발생하는 착취 관계에도 이의를 제기해야 한다. 이를 통해 노동자나 가족으로서가 아니라 자본주의에 저항하는 역량이 있는 사람으로서 서로 돌보는 법을 배울 수 있다. 재생산 영역에서 투쟁하는 주요 이유는, 노동자계급 내부에서 가장 심하게 착취당하는 이들의 욕구와 요구에 기초해 더 통합된 노동자계급을 만들기 위해 노동자들 사이의 위계에 도전하는 것이다.

재생산 위기를 완전히 해결하지 못하는 국가

전후 유럽과 북아메리카 사회에서 국가 서비스와 무임금 가사 노동의 결합으로 재생산 노동의 주요 형태들이 성립되었다. 그런데 오늘날 여성 대다수가 임금 노동자로 일하고 있고, 이는 무임금 가사 노동에 들이는 시간이 줄었다는 뜻이다. 긴축정책과 의료 및 교육 예산 삭감으로 사람들이 전반적으로 국가가 제공하는 서비스에 접근할 기회가 적어졌다. 더불어 상품화되지 않은 재생산 노동을 이용할 기회가 적어지는 현실에 대한 보상으로 사기업이 제공하는 상품화된 재생산 서비스가 도입되었다. 그러나 노동 집약적이고 대개 수익성이 적은 재생산 노동은 완전히 상품화되지 못했고, 그 전의 임금 재생산 노동 중 일부는 사실 무임금 노동 영역으로 밀려났다.[11] 대다수 노동자계급은 상품화된 재생산 서비스를 이용할 여유가 없기 때문에, 국가가 제공하는 열악한 서비스와 무임금 재생산 노동에 계속 의존한다. 오늘날 민관 협력으로 이루어지는 몇몇 재생산 노동은, 사기업이 서비스를 제공하도록 국가가 자금을 댄다.

이렇게 재생산 노동에 들어가는 자원이 부족해 결국 '돌봄의 위기' 또는 '사회적 재생산의 위기'가 발생했다. 복지국가의 퇴조와 더불어 남자가 밖에서 돈을 벌고 여자가 집안일을 하는 가족 모델도 퇴조했기 때문에 위기가 등장했다는 설명도 있다. 그러나 최근의 위기는 자본주의적 재생산의 뿌리 깊은 모순이 드러난 것일 뿐이다. 이 모순은 자본주의의 특징으로 늘 존재했다. 페데리치는 이것을 영속적인 재생산 위기라고 부른다.[12]

돌봄의 위기에 관한 어떤 설명들은, 재생산 위기를 늘

겪은 집단이 있었으나 이런 위기들이 고르게 표현되지 않는다는 사실을 모호하게 가려버린다. 돌봄 위기는 서로 다른 집단에서 극적으로 다른 결과를 가져온다. 돌봄 위기가 신자유주의와 등장했다는 생각은, 전후에 북미나 유럽 국가에서 조차도 재생산 구조에 위기가 있었다는 점을 숨긴다. 오히려 이런 재생산 모델은 차별적이고 계층적인 재생산 기준을 도입했다. 어떤 사람들의 욕구는 국가와 (돈 버는 가장과 집안일 하는 주부로 설정된) 가족 모델을 통해 충족되지만, 다른 사람들의 욕구는 간과되었다. 자본주의 아래 재생산은 늘 계급, 인종, 이주 상황의 구분에 따라 계층화된다. 이것이 임금의 계층화에 들어맞는데, 낮은 수준에서 재생산을 할 수밖에 없던 사람들은 자신의 노동력에 대한 임금도 더 적게 받는 탓이다. 이들의 노동 역량은 가치가 적지만, 더 많은 잉여가치를 생산한다.

노동시장에서 배제된 사람들은 국가, 가족, 공동체 서비스 또는 범죄 활동에 기대어 살아야 한다. 이런 재생산 유형은 흔히 '복지 여왕'이나 '혜택 사기꾼' 같은 이미지로 낙인찍힌다. 이런 이미지는 낙인찍힌 성적 행위와 나쁜 재생산을 연상시키는 인종차별적 고정관념이기도 하다. 임금 노동과 규범적 가족 양식 바깥에서 생존하는 사람들은 비정상적인 생활 형태를 재생산한다고 여겨진다.

다양한 재생산 노동은 누가 하는지, 누구를 위해 하는지 등이 노동의 본질에 따라 다르게 평가받기도 한다. 사회학자 에벌린 나카노 글렌Evelyn Nakano Glenn은 재생산 노동의 인종차별을 지적한다. 감정적이고 고객 지향적인 노동은, 흔히 유색인 여성과 이주 여성에게 떠넘겨져 보이지 않는 뒷공간에서 수행되는 '더러운' 육체노동보다 더 가치 있다고 평가되었다.[13] 낙인찍힌 집단들의 재생산과 생존은 자본주의 사회에서 덜 중요하게 여겨진다. 백인, 중산층, 그리고 부르주아는 더 건강하게 더 오래 살 것으로 예상할 수 있지만, 그 밖의 다른 사람들은 교도소 학자 루스 윌슨 길모어Ruth Wilson Gilmore의 말처럼 때 이른 죽음에 취약해진다.[14] 따라서 다양한 재생산에 대한 서로 다른 평가는 노동자계급 내부의 깊은 균열과 위계를 반영하고 재창조한다.

신자유주의적 자본주의는 재생산에 적대적으로 보인다. 신자유주의 국가들은 일반적으로 재생산 서비스 예산을 삭감했다. 그리고 오늘날 경제에서는 늘어난 자동화 때문에 자본주의가 인간의 노동에 덜 의존하게 되는 것 같다. 그래서 국가와 자본이 인간의 삶을 위한 재생산에 더는 관심을 두지 않는 듯 보인다. 하지만 오늘날 자본주의는 이전의 축적 형태만큼 재생산 노동에 의존하고, 그만큼 살아 있는 인간의 노동에 의존한다. 오직 인간의 노동만이 새로운 가치를 생산할 수 있고, 노동자를 기계로 완전히 대체할 수는 없다. 핵심 자본주의 국가들의 경제에서는 일시적으로나 영구적으로 임금 노동에서 배제된 잉여 인구를 만들고 있지만, 이들이 배제되었다는 사실이 자본주의 경제가 기능하는 데 이들의 존재 자체가 필요 없다는 뜻은 아니다.

잉여 인구에 속하는 사람들은 재생산 위기의 영속성을 더 잘 알고 있을 것이다. 이 위기 속에서 그들의 삶과 죽음은 자본이나 국가에 큰 문제가 아닌 듯 보인다. 그러나 자본은 취약한 잉여 인구의 존속에 의존한다. 중국과 멕시코에서 일하는 임시직 여성 노동자에 대해 연구한 사회학자 멀리사 라이트Melissa Wright는, 개별 노동자를 폭력과 죽음에 취약하게 만들기도 한다는 점에서 어떻게 전체 인구 집단이 쓰고 버릴 수 있는 일시적 자원으로 만들어지는지를 보여준다.[15] 이 집단은 노동시장의 단기 팽창과 위축에 따라 필요한 대로 고용되고 해고될 수 있다. 그리고 이들은 재생산 비용이 거의 들지 않는 값싼 노동력으로 생산된다. 국가는 흔히 이 집단의 재생산을 통제하는 한편, 복지에 대한 접근을 제한해 이들의 재생산 비용을 줄이려 하고, 무임금 노동에 기초한 생활 형태들을 범죄화하고 낙인찍어 이들이 계속 자본주의 노동 체제에 의존하도록 보장했다. 이들이 부분적으로 임금 노동에서 배제되어 있는 동안, 국가는 이 집단이 자본주의적 생산과 재생산의 순환에서 완전히 벗어나 생존하는 수단을 만들어내지 못하게 한다.

유색인 여성이 주도하는 단체들은 오랫동안 재생산의 계층화에 맞서 투쟁해왔다. 예를 들면, 임신중지권 획득만이 아니라 강제 불임 시술 반대도 포함하도록 재생산권의 문제를 확장하는 식이었다. '흑인 여성에게 가사노동임금을'의 공동 창립자인 브라운은, 20세기 미국에서 불임 시술이 복지 수당을 받기 위한 필요조건인 경우가 많았다고 말한다. 그녀는 인종차별적 자본의 긴 역사를 두고 이렇게 쓴다. "흑인 인구는 늘 국제 자본의 뜨거운 쟁점이었다. … 국제 자본은 노동력으로서 흑인 인구의 규모, 나이, 젠더, 가용성, 관리 가능성 그리고 필요한 경우에는 그 소멸까지 신경 쓰지 않은 적이 없다."16

그렇다면 자본주의적 재생산의 목적은 노동자의 물리적 생존만이 아니라 규율 잡힌 노동인구의 확보다. 성패가 걸린 것은 노동자의 수만이 아니라 재생산 노동자의 규율은 물론이고 노동인구의 가용성과 관리 가능성이다. 자본주의 국가들은, 안정적이고 훈련된 노동인구를 만들어서 사람들이 부분적으로나마 배제되었을 때도 노동과 현 사회 구조의 보존에 정서적으로 투자하는 특정한 재생산 형태들을 촉진하고자 한다. 국가정책은 특정한 재생산 형태들만 장려한다. 국가는 복지정책, 재생산 서비스에 대한 접근권 통제, 투옥 등을 통해 소위 나쁜 재생산 주체를 통제한다. 재생산 위기가 고조된 상황에서 특히 분명해지듯, 국가는 재생산 노동을 조직하는 데 중요한 역할을 하거나 규범적인 재생산 방식을 기꺼이 따르지 않은 사람들에게 관리자 역할을 했다. '레즈비언에게 합당한 임금을'과 '흑인 여성에게 가사노동임금을' 회원들은 재생산에 대한 국가의 간섭, 예컨대 흑인 여성에 대한 강제 불임 시술과 레즈비언을 비롯한 '나쁜 엄마들'의 양육권 상실에 맞서 싸웠다.[17] 재생산 영역의 특징이 모순과 긴장이기 때문에, 국가는 규범적 재생산의 기준을 유지하려고 개입한다. 이로써 국가는 현재의 재생산 질서에 저항하는 사람들을 길들이는 가족의 규범적 가치를 만든다.

국가는 복지정책과 규범적 가족의 가치를 통해 좋은 재생산으로 생각되는 것을 장려한다. 국가정책이 억압적인 데서 그치지 않고 적극적으로 임금, 무임금 재생산 노동을 조직한다. 마리아로사 달라 코스타는 이렇게 썼다.

> (물질적 의미에서만이 아니라 그 규율과 사회화를 포함하는 심리적 수준의 재생산에서) 대량생산의 시대에는, 그에 따른 새로운 노동력 생산에 가족과 노동시장의 특수한 관계가 필요하므로, 국가가 노동시장을 규제하는 한편 가족을 강화해야 했다.[18]

그녀의 결론은 미국을 비롯한 전후 복지국가들에서

가족이 뉴딜 정책의 중심에 자리 잡아, 상대적으로 건강하고 규율 잡힌 인구를 생산할 수 있는 재생산 노동 유형의 기준을 설정했다는 것이다.[19] 복지국가는 가족의 노동 일부를 대체하는 듯 보이지만, 실제로는 사적 영역에 종종 개입하면서 가족의 연장선상에서 작동했다. 그리고 신자유주의 체제는 전통적인 가족 형태에 덜 의지하는 것처럼 보인다. 하지만 사회학자 멀린다 쿠퍼Melinda Cooper가 보여주었듯이, 신자유주의가 규범적 가족의 가치에 근거를 두고, 개인에 대한 가족의 지원을 흔히 암묵적으로 상정하는 토대 위에서 작동한다.[20] 가족은 신자유주의가 상정하는 자유로운 개인을 논리적으로나 물질적으로나 보충한다. 현 정치체제는 재생산 노동에 대해 지속적인 관리를 요구하며 재생산과 경제적 지원의 단위로서 특정한 형태의 가족을 보존한다. 임금 노동이 더 불안해지면서 가족의 집과 같은 자산의 상속이 중산층의 경제적 안정에 점점 더 중요해졌다.

임금 노동과 열악한 생활환경에서 비롯한 위해 때문에 노동자계급이 자신을 재생산하기 위해 분투하는 공공연한 재생산 위기의 시기에는 국가가 생산 영역에 개입할 수 있다. 포르투나티는 19세기 자본주의 산업화로 야기된 공공연한 재생산 위기가 어떻게 현대 자본주의 국가를 형성했는지 보여 주는데, 당시 어린이까지 포함된 노동자들이 공장에 끌려가 노동자계급의 세대교체가 위태로울 정도였다. 그녀는 자본의 축적 단계인 이 시기에 어린아이를 방치하고 살해 비율을 높인, 엄마와 아이의 '자연에 어긋나는 분리'에 관해 마르크스가 한 말을 인용한다.[21] 노동자계급은 공장의 참담한 노동환경은 물론이고, 끔찍한 주거 환경, 부족한 의료 서비스 때문에 매우 젊은 나이에 죽었다.

개별 자본가들이 노동자계급의 안녕에 별다른 관심을 기울이지 않으면 대규모 재생산 위기가 경제에 지장을 줄 수 있다. 엄마들이 자연적인 모성 본능을 상실하고 청년들이 죽거나 일할 능력을 잃는 이 위기를 피하기 위해, 국가가 재생산 영역뿐만 아니라 임금 노동의 생산 영역에도 개입해야 했다. 국가는 노동자계급이 스스로를 재생산할 시간과 수단을 가지는 것을 보장하기 위해 노동시간을 제한하기 시작했다.[22]

재생산이 생산의 단기 이익에 전적으로 종속되는 것,

즉 노동시간을 늘려 가치를 뽑아내는 것은 자본 축적의 장기적 안정성을 약화한다고 밝혀졌다. 장기적 안정성을 추구하는 국가는 일반적인 노동환경뿐만 아니라 노동시간의 길이에 개입하고 규제해야 했다. 마침 부르주아의 자선 활동과 노동자계급의 투쟁이 더 안정적인 재생산 환경을 만들어 적당한 주거, 의료, 교육 같은 재생산 자원의 가용성을 높였다. 세계대전 뒤 번영의 시기가 오자, 일부 사람들을 위해서라도 재생산 위기를 '해결'하려는 복지국가가 만들어졌다. 하지만 이것은 자본주의의 예외적인 국면이고, 노동자계급은 늘 재생산의 위기 상황에서 살았다.

젠더에 기반한 매우 사적인 노동

자본주의 사회는 임금 유무와 상관없이 재생산 노동에 의존한다. 자본주의 사회에서의 재생산 노동의 모순된 본질을 가리기 위해 재생산 노동은 미화되고 비가시적인 것으로 여겨지고, 가격이 매겨지며 평가절하된다. 부르주아 이데올로기는, 좋은 삶을 위해서는 로맨스와 가족과 개인 주택을 욕망해야 한다는 이야기뿐만 아니라 자기희생적인 아내와 엄마의 이미지를 다 동원해서 특정 유형의 재생산을 미화한다. 우리가 좋은 기분을 재생산의 특정 유형 및 관계와 연결해 생각하듯, 감정 재생산은 자본주의 재생산이 다 좋고 바람직하다는 이데올로기적 개념과 긴밀히 연관된다.

재생산 노동에 대한 이런 가치 평가는 생산 노동과 재생산 노동 사이 균열을 강화할 수 있다. 이는 특히 빅토리아시대에 가족을 돌보는 백인 여성, 즉 개인주의와 이윤보다 사랑과 이타주의에 따라 움직이며 생산 노동 세계의 대립 항이자 '집안의 천사'라는 이데올로기적 인물에 대한 가치 평가에서 명백한 사실로 드러났다. 백인 부르주아 아내 및 엄마에 대한 찬양은 집안 하녀들을 비롯한 노동자계급 여성들의 기여를 가렸다.[23] 이런 가치 평가는 노동에 대한 여성의 자율성이나 그들의 노동환경에 대한 이의 제기로 이어지지도 않는다. 오히려 재생산 노동이 좋은 삶의 원천이라는 여성들의 믿음을 키우는 데 한몫한다.

부르주아 이데올로기에 따르면 공동체와 가족은 시장

논리와 상관없는 사생활의 일부다. 부르주아 이데올로기는 자본주의 재생산의 물질적 구조를 반영하기도 하고 은폐하기도 한다. 이것은 우리가 스스로를 어떻게 노동력으로, 즉 노동 역량을 자본가에게 파는 노동자로 재생산하는지를 가려버렸다. 이데올로기에 기반해 공과 사를 구분하는 일은 사람들이 살아가는 방식에 실질적으로 영향을 미치고 생산과 재생산의 분리를 강화하는 데도 기여한다. 공과 사가 공간적으로 엄밀히 분리되지 않지만, 공과 사라는 말 자체는 자본주의적 생활이라는 특정한 경험에 이름을 부여한다. 이를테면 돌봄은 사적 영역에 속한다고 상정하고, 많은 사람이 제도적 형태의 돌봄보다 가정에서 하는 돌봄을 더 나은 경험으로 여긴다. 재생산 노동의 현장이 다양한데도 사적인 가정 영역이 여전히 재생산에 적합하다고 여겨진다.

국가와 자본은 늘 노동자계급의 재생산을 통제하려고 했으나, 삶의 이 영역은 완전히 사적으로 보이는 경우가 많았다. 재생산은 그 모순과 대립을 감추는 방식으로 비정치적인 듯 보였다. 이런 재생산의 사유화가 현재의 재생산 형태들을 자연스럽고 바람직한 것으로 보게 하면서 자본주의 사회에서 재생산이 가진 역사적 특수성을 가린다. 핵가족이라는 재생산 제도는, 개인의 선택이면서도 모두가 원하는 어떤 것처럼 보인다. 생산을 우위에 두는 자본주의의 경향이 재생산 영역에서 뒤집히며 재생산 노동이 기본적이고 자연적인 것처럼 보인다.

포르투나티가 쓴 것처럼 생산 영역의 노동시간 제한은 재생산 영역의 노동시간 연장과 동시에 일어났다.[24] 19세기의 재생산 위기에서 노동자계급이 스스로를 재생하려고 분투한 결과, 인구의 많은 부분을 위한 재생산 조건이 개선되었다. 주거와 재생산 서비스의 수준이 높아지고 노동자계급 여성이 가족을 돌보는 데 들이는 시간이 늘어난 덕이다. 19세기 말에 등장한 자본의 새로운 축적 양식은 노동시간 연장보다는 노동강도 강화를 토대로 하며 훈련된 노동자계급이 더 많이 필요했다. 여성들은 자녀를 이상적 노동과 가정에 대해 감정적 애착이 있으며 규율 잡힌 좋은 임금 노동자가 되도록 훈련해야 했다. 임금 노동 현장에서 이렇게 강해진 규율에 대한 보상은, 이용할 수 있는 소비재와 여가 활동 상품의 증가뿐만 아니라 감정 면에서 더 만족스러워졌을 가정생활이었다.

여기에 이성애 로맨스와 가정이 삶의 궁극적 목적이라는 이데올로기의 홍보가 따랐다. 이성애 결혼이 곧 좋은 삶이 되었고, 모두가 핵가족이라는 규범적 재생산 제도를 원하는 듯 보인다. 이성애는 무임금 노동의 자연화다. 이성애를 통해, 젠더화된 노동은 자연스럽고 바람직하며 좋은 것이 된다. 로맨스 이데올로기는 감정노동을 일이 아니라 보상으로 보이게 한다.

포르투나티가 썼듯이, 가정주부는 재생산을 생산에 종속시키는 자본의 일반 논리를 뒤집는 기능을 한다.[25] 가정주부는 무임금 재생산 노동의 자연적 근원이며 그래서 임금 노동 바깥에서 책임을 맡은 사람으로 자본에 보여야만 노동시장에서 노동력으로 보일 수 있다. 여성들은 무임금 재생산 영역에서 임금 노동 영역으로 들어갈 때조차 재생산 노동자로 표시된다. 재생산 역량은 엄마나 가정주부가 아닌 여성에게도 가장 중요하게 여겨진다. 이렇게 재생산이 우선되는 탓에 여성 노동자는 이상적인 시간제 임금 노동자로 보인다. 여성에게는 돌볼 대상이 있다고 상정되기 때문이다. 결국 여성은 전일 근무직에 채용될 기회가 적어서 경제적 불안정성이 커지고,

이는 흔히 적당한 생활수준으로 살려면 남성의 임금에 기대야 한다는 점을 의미한다.

규율된 노동인구는 재생산 영역에서 이루어지는 개인화와 선택의 담론을 통해 형성된다. 시간제 노동의 '선택'이라는 표현이 재생산을 여성이 계속 책임지게 하는 데 핵심으로 보인다. 이런 담론에서, 임금 노동자인 엄마들은 돈을 덜 벌고 자녀를 돌보는 데 시간을 더 쓰는 쪽을 그저 '선택'한다. 개인의 선택이라는 담론은 재생산 노동이 계속 사적 영역의 개인 책임으로 격하되는 것을 가리킨다. 집 밖에서 하는 재생산 노동이 많은 오늘날에도 재생산이 본질적으로 사적인 문제라는 것이 여전히 상식이다. 하지만 이것이 재생산 영역에서 더 많은 자유로 이어지지도 않는다. 선택 범위가 매우 제한되어 있기 때문이다. 특히 다른 사람의 재생산을 책임지는 이들에게는, 가장 규범적인 선택이 아니라면 실질적 지원이 거의 없다. 이를테면 감당할 만한 비용의 육아라는 면에서 선택할 것이 거의 없고, 핵가족 밖에서 보육 제도를 지원할 만한 개인적 관계도 없는 이들이 많다.

국가가 끊임없이 개입하는데도 재생산 노동은 사적으

로 여겨지고 비정치적으로 보인다. 포르투나티가 쓴 것처럼 가족은 '실재하는 관계 중 가장 덜 자본주의적'인 듯 보인다.[26] 이렇게 자본주의적 관계의 '외부'을 만드는 것이 무임금 감정 재생산의 본질적인 면이고, 임금 노동의 규정과 다르게 자연스럽고 바람직하게 보인다. 우리가 앞 장에서 본 것처럼 이런 사유화는 감정 재생산에서 재생산 노동의 수혜자를 개인화하는 중요한 기능을 한다. 사적인 것이 된 무임금 돌봄노동은 모두 그들 개인에 대한 투자로 보이고, 그들의 어떤 욕구를 채워줄 뿐만 아니라 자아감을 강화한다. 육체노동 행위가 사람들에게 돌봄을 받는 만큼 자신이 가치 있는 존재라는 느낌을 주기 때문에 감정 재생산에 기여할 수 있다. 이런 돌봄은 사람을 개인으로 대하는데, 돌봄 행위가 고유한 개인적 욕구에 맞춰진 경우 특히 그렇다. 그리고 이를 통해, 많은 이들이 근본적으로 소모품으로 여겨지는 임금 노동에서 겪는 비개인화를 중화한다. 따라서 재생산 노동은 자본주의 시장 논리와 상관없어 보이고 보이고, 노동력으로서 비인간화되는 경험을 보상하듯 존중받는 느낌을 준다.

이 개인화는 사랑과 성의 이데올로기에 결부되어 있

다. 가장 사적인 활동일 성관계는 부르주아의 예의범절상 침실에 제한된다. 개인적이고 자연적이며 오로지 개별적인 매력에서 생긴다는 우리의 성욕은 흔히 사회에 앞선 것으로 그려진다. 페데리치가 지적하듯, 노동의 반대이자 개성과 쾌락의 자유로운 표현으로 제시되는 것이다.[27] 성 노동과 퀴어 섹슈얼리티는 오랫동안 가정에서 배제되었고 불온하게 공적이며 부적절하다고 여겨졌기 때문에 이런 사유화에 이의를 제기한다.

퀴어 섹스는 핵가족의 가정 영역에서 역사적으로 배제되었기 때문에 덜 사유화되었다. 그런데 핵가족에 동성애가 포함되면서 변화가 생겼다. 동성 간 성행위가 점점 더 사유화되어 개인적인 생활양식의 선택으로 보이기 때문이다. 2003년에 로런스 대 텍사스 재판에서 나온 미국 연방 대법원의 동성애 비범죄화 판결은, 가정 내 성적 사생활을 보호하기 위해 동성애를 합법화해야 한다고 명기했다.[28]

퀴어 섹스처럼 성 노동은 흔히 도덕적인 문제로 여겨졌다. 이는 성 노동이 가정 외부에서 일어나기 때문이기도 하며 섹슈얼리티를 사적인 문제이자 노동의 반대로 이해하는 데 이의를 제기하기 때문이기도 하다. 사적 영역은 단순히 가정의 환경이 아니라, 이성애를 규범으로 하는 무상 성관계를 위한 공간이다.

따라서 어떤 성행위는 재생산의 개인화에 대한 저항으로 이해될 수 있다. 성행위는 정치적 주체로서 우리 자신을 재생산하는 방식으로 동원될 수 있다. 섹슈얼리티는 (이성애 관계에 있는 여성에게 특히) 재생산 노동의 행위와 관련되지만, 전복적인 사회성의 공간을 만들 수도 있다. 특히 성적인 행위와 정체성이 가정의 이성애 규범에서 어느 정도 벗어난 사람에게는, 섹슈얼리티가 다른 재생산 방식이 될 수 있다. 퀴어 섹스는 자본주의적 재생산의 경계 안에서 재생산을 거부하는 것으로 이해될 수 있다. 그러나 이것은 우리가 퀴어 섹스를 단지 개인적 선택이나 개인화된 저항 방식으로만 보지 않고 오늘날 우리의 친밀한 생활 설정에 대한 폭넓은 투쟁의 일부로 볼 때만 가능하다.

우리에게는 투쟁이 필요하다

이성애는 재생산 노동의 자연화고, 재생산 노동에는 자본주의의 자연화가 따른다. 페미니스트는 이런 자연화에 도전해야 한다. 영국가사노동임금 회원들이 쓴 것처럼 '자본주의적 일상생활은 언제나 (마치 다른 생활 방식은 있을 수 없다는 듯이) 자연스럽고 (다른 것은 어떤 것도 작동할 수 없다는 듯이) 순조로운 겉모습을 자본에 부여했다.' 이들은 '서비스 노동의 중단은 이렇게 평화로워 보이는 사회의 기반을 약화한다'고도 했다.[29] 그렇다면 마르크스주의 페미니즘 이론과 조직이 해야 할 일은 재생산 영역에서 벌어지는 길항을 강화해 젠더화된 노동이 더는 자연의 섭리로 보이지 않게 하는 것이다.

자연스럽다는 젠더화된 역량에 노동이라고 이름 붙이는 것은 그것들을 자연스럽지 않게 만드는 전략이다. 이것은 분리와 해방의 한 형태, 즉 우리가 습득한 노동 역량 이상의 존재가 될 수 있다고 말하는 한 가지 방법이다. 이를 통해 재생산 노동의 수행을 거부하는 길이 닦인다. 그것이 더는 우리의 숙명으로 보이지 않게 되기 때문이다. 이것은 노동력이면서 노동력을 넘어서는 무언가이기도 한 우리의 이중적 실존을 강조하는 방법이기도 하다. 위크스의 말을 빌리면, 이런 이름 붙이기는 노동의 사회관계에 의해서 그리고 그 관계에 맞서서 만들어지는 페미니스트의 주체성을 성립시킨다.[30] 그녀가 말하듯이 재생산 영역에서 벌어지는 투쟁은 이미 만들어진 우리와 될 수 있는 우리 사이에 거리를 만들어내는 우리의 능력에 달려 있다.[31] 탈자연화는 세상이 완전히 달라질 수 있음을 보여주기 때문에 투쟁의 가능성을 활짝 연다.

재생산의 다양한 분야에는 투쟁할 수 있는 현장이 많다. 예를 들어, 임신중지권 투쟁은 자본주의를 위해 재생산하라는 명령에 도전하는 방법이었다. 하지만 (주로 인종차별을 받거나 장애가 있는) 일부 사람들은 인종차별적 자본주의의 재생산 규범에서 바람직하지 않은 재생산 주체로 표시된다. 브라운은 규범적 형태의 재생산에서 전형적으로 배제된 사람들에게는 자녀를 갖는 것이 국가와 자본에 맞서 재생산의 가치를 확인하는 방법이 될 수 있다고 주장한다.[32] 규율된 노동인구의 수요에 맞서 자녀를 키우는 것도 자본의 축적에 저항하는 방법이 될 수 있다.[33] 상사를 사랑하고 존경하도록 훈련되지 않은 자녀를 키우는 것으로도 우리는 직장 내 저항의 가능성을 높일 수 있다.

자본주의 재생산에 맞선 페미니스트 투쟁은 자본주의 회로 내 다양한 지점에서 투쟁할 수 있는 가능성과 주요 산업 부문의 노동자뿐만 아니라 어떤 일로든 자본주의 경제에 참여하는 모든 사람에게 있는 거부할 수 있는 잠재력을 강조한다. 여기에 학생, 실업자, 무임금 농민, 가정주부가 포함된다.[34] 국가와 적대적 관계인 계층의 '조직될 수 없는' 듯 보이는 사람들, 이를테면 갖가지 이유로 범죄자가 된 사람들도 있다. 재생산 투쟁은, 공식적이고 합법적인 경제의 외부에서 생존하는 룸펜프롤레타리아트에 속해서 전통적으로 무시된 이들을 포함할 만큼 확장될 수 있다. 돌봄을 받는 사람들의 투쟁은 재생산 노동자들과 이들이 돌보는 아동, 노인, 정신질환자 들의 연대 가능성을 만들어낸다. 재생산의 관점에서 자본주의는 비공식적 경제와 무임금 노동자를 포함하고, 따라서 투쟁할 지점도 많은 더욱 폭넓은 체계로 이해할 수 있다.

재생산을 노동이라고 부르는 것은 이 노동을 거부할

가능성을 열어준다. 그러나 재생산 노동을 거부하기가 쉽지 않을 수 있다. 자본주의의 노동력 재생산이자 스스로를 위한 재생산이라는 재생산의 이중성은, 사람들에게 해를 끼치지 않고서는 노동력 재생산을 중단하기가 어렵다는 것을 의미한다. 더욱이 재생산 현장에서 일어나는 다양한 유형의 투쟁들은 확장된 자본 축적의 일부가 될 수 있다. 이를 보여주는 전형적인 예가 아마도 19세기의 노동시간 단축 투쟁일 것이다. 이 투쟁은 부분적으로나마 재생산에 관한 우려에서 시작됐지만, 오히려 노동강도가 세지는 결과로 이어졌다.[35] 공장에서 노동시간이 줄자, 노동자들은 더 짧은 시간 안에 같은 양의 노동을 하기 위해 생산 속도를 높여야 했다. 이와 동시에 가정생활의 수준과 가족의 사랑에 대한 기대가 계속 높아지면서 가정주부들의 무임금 노동 시간이 길어졌다. 좀 더 가까운 사례는, 백인 중산층 여성들이 전일 재생산 노동을 거부한 것이 일부 이유가 되어 나타난 현재의 재생산 위기를 '해결'하기 위해 이주민의 저임금 노동을 이용하는 것이다.[36] 이를 통해 이주민은 더 착취적인 노동환경과 위태로운 상황으로 내몰렸고 수익형 돌봄 상품이 확대되었다.

따라서 무임금 재생산에 맞선 투쟁은 돌봄의 수혜자에게 해를 끼치거나 다른 재생산 노동자에 대한 착취를 심화하면서 정작 자본이나 국가에는 아무런 위협도 못 되는 위험이 있다. 우리는 수혜자든 노동자든 더 주변화된 집단에 이런 투쟁의 잠재적 위해를 끼치는 일 없이, 재생산 노동에 대한 우려를 다룰 수 있는 재생산 투쟁이 필요하다. 노동자계급은 현 자본주의 구조에서 가장 주변화된 이들의 조건에서만 하나가 될 수 있다.[37] 재생산에 관한 페미니즘 투쟁은 그저 재생산 노동의 책임을 재편하는 것보다 더 많은 일을 해야 한다.

자본은 무임금 노동, 값비싼 재생산 자원, '개인의 책임'을 통해 노동인구 재생산의 비용 중 많은 부분을 외부화했다. 자본의 축적은 임금 노동뿐만 아니라 노동력의 가용성은 물론이고, 상품의 유통과 소비에도 의존한다. 재생산을 둘러싼 투쟁은 단지 가치 생산을 막는 데 초점을 두기보다는 자본주의 생산의 전체 회로를 보게 한다. 재생산과 소비에 개입하는 방식은 임차료 납부 거부, 무임금 노동의 전략적 철회, '프롤레타리아 쇼핑'(조직적인 집단 절도), 재생산 자원 및 서비스 재전유 등으로 다양할 수 있다. 이런 투쟁은 주거와 의료 같은 재생산 자원의 탈상품화를 포함할 수 있다. 이는 자본과 국가가 치러야 할 재생산 비용을 늘리고 재생산에 대한 개인의 책임을 거부할 수 있다.

자본주의 사회구조에 맞서 투쟁하는 방법 중 하나는, 자본과 국가의 노동자계급의 재생산 비용을 지속적으로 늘리는 주거와 보육 서비스의 무상 지원같이 새로운 사회적 욕구를 만드는 것이다. 예컨대 우리가 가사 노동을 더 힘들고 사적인 것으로 만들기보다는 가사 노동을 쉽게 하고 최소화하는 주택의 공급을 요구할 수 있다. 요점은 그저 가사 노동의 환경을 개선하는 것이 아니라 사적 영역과 공적 영역, 재생산과 생산 사이에 그어진 물질적, 이데올로기적 경계를 지우는 것이다. 이런 구분이 지금 책임을 개인에게 지우고 착취를 가능하게 하기 때문이다. 이렇게 경계를 지우는 것은 자본주의 회로의 총체적인 구조에 대한 도전이다. 자본이 재생산 노동의 비용을 완전히 내부화한다면 이윤을 만들지 못할 것이다. 가사노동임금 활동가들의 목표는 '값을 매길 수 없을 만큼

귀중해지는 것, 시장 밖에서 우리 자신에게 값을 매기는 것, 가사 노동과 공장 노동과 사무실 노동이 비경제적인 일이 되는 것'이다.[38]

재생산을 바라보는 급진적 시각이란 노동자계급을 재생산하는 데 드는 비용과 노력을 내부화하지 않겠다는 의미다. 사람이 생존하고 품위 있게 생활하기 위해서는 노동자계급 구성원 중 일부는 다른 사람들에게 착취될 수밖에 없다는 생각을 거부해야 한다. 더 많은 돈, 더 여유로운 시간, 더 나은 재생산 서비스에 대한 요구는 사람들이 하는 모든 노동에 대해 부적절한 보상을 끝내고 재생산 노동의 비가시성과 평가절하에 기초한 임금 관계 wage relations(단지 임금만이 아니라 노동에 대한 보상으로 주어지는 모든 것을 말한다. 사회보장제도나 노동시장 규제 같은 간접적인 사항들도 포함된다. – 옮긴이)를 끝내라는 요구이기도 하다. 공동 재생산 자원을 조직할 때 이런 요구가 임금 영역과 무임금 영역에서 다양한 노동관계로 제한된 우리의 사회적 세계를 넓힐 수 있다. 오늘날 재생산 노동 구조가 사랑을 노동에 대한 보상으로 여기지만, 사랑 자체는 사람들이 서로를 위해 하는 재생산 노동의 일부다. 재생산 노동자는 자본주의적 노동으로 손상된 삶을 보상하기 위해 다른 사람들에게 좋은 삶을 만들어주려고 한다. 우리는 이 하찮은 보상보다 더 많은 것을 요구해야 한다. 노동자계급의 욕구를 확장하고, 집단적 형태의 재생산을 창출하고, 자본가들이 치러야 할 재생산 비용을 늘려서 이를 수행해야 한다. 가사노동임금 운동의 회원들이 말하듯, "이제까지 우리는 돈이 아니라 사랑을 위해서 이 일을 했다. 하지만 사랑의 비용이 커지고 있다."[39]

노동의 젠더화

GENDERING WORK

THEY CALL IT LOVE

느낌은 비정치적이거나 사적이지 않다. 느낌에는 깊이 젠더화된 함의가 있으며 사람들은 젠더에 알맞은 느낌을 수행하도록 만들어졌다. 여성과 남성은 감정 표현에 관한 사회적 규칙이 서로 다르다. 그런데 젠더는 사회에 앞선 진정한 느낌을 표현하거나 표현하지 않는 데만 관련되지 않고, 특정 감정에 대한 역량이 있어서 남성적이거나 여성적으로 느껴지는 젠더화된 내면 감각을 만들어 내기도 한다.

젠더화된 감정은 진정한 자아의 표지가 된다. 철학자 샤일로 휘트니Shiloh Whitney는 "정서적 노동자의 깊은 연기는, 그보다 앞서 존재하는 듯 보이지만, 사실 그것이 키워낸 내면을 표현하는 효과를 얻는다"고 썼다.[1] 감정노동은 감정을 육체로 수행해서 젠더화된 내면을 만드는 데 기여한다.

사회의 재생산은 사회적으로 적절해 보이는 특정한 일련의 느낌들을 요구한다. 서로 다른 사회적 환경에는 그에 맞는 다른 느낌들이 있다. 사람들이 기분 좋게 느끼려면 누군가는 좋은 느낌을 만들어야 한다. 다정한 느낌이야말로 부르주아 가족의 핵심 기능이다. 갈등을 피해야 하는 가족의 식사와 휴일에 좋은 분위기를 만드는 데는 많은 일이 따른다. 이렇게 갈등을 완화하고, 상처받은 마음을 어루만지며, 편하고 행복한 분위기를 만드는 것도 아주 중요한 여성의 일이다. 여성은 가정에서, 직장에서, 친구와 지인들 사이에서 이런 일을 하라는 요구를 받는다. 다정함은 여성이 가사 노동과 감정노동을 통해 만들도록 강요받는 부르주아 가족의 가치다. 이런 식으로 감정의 젠더화는 균열된 주체성을 재생산해 여성이 관계성과 정서적 안정을 도모하는 책임을 떠맡는 반면, 남성은 독립적인 개인으로 행동할 권리를 갖고 다른 사람에게 자신의 중요성과 가치를 확인시킨다.

감정 재생산이라는 렌즈를 통해 우리는 젠더와 노동

이 얼마나 긴밀하게 연결되는지를 볼 수 있다. 우리가 하는 노동은 우리가 자신을 주체로서 경험하는 방식의 일부다. 자신이 어떤 일을 할 수 있는지, 어떤 기술이 있는지 이해하는 것은 젠더화된 주체로서 자신을 어떻게 인식하는지와 밀접하게 관련된다. 더욱이 적절하게 젠더화된 주체가 되는 과정은 그 자체가 노동의 한 유형으로 이해될 수 있다. 그것은 우리가 젠더화된 규범과 맺은 관계를 관리하려고 스스로 하는 노동이다.

우리는 이런 규범에 맞춰 살기 위해 일할 때도 있고, 이 규범과 거리를 두기 위해 일할 때도 있다. 젠더화된 주체가 되는 노동은 절대 완료되지 않는다. 젠더는 사람들이 열망하도록 강요받는 이상적인 형태들로 이루어져 있다. 그 형태에 이르는 정도는 다양하지만 그 누구도 완전히 그 안에 머무를 수는 없다. 젠더의 형태는 이데올로기적이지만, 젠더화된 노동 형태의 결과이자 전제이기도 하다. 젠더의 이상은 복합적이고 모순적인 경우가 많다. 이상화된 젠더 규범을 완벽하게 지킬 수는 없다. 패권적인 젠더의 이상에 완벽하게 맞춰 사는 것이 닿을 수 없는 목표라는 게 사실인데도, 또는 사실이기 때문에, 이 규범은 일정한 양의 노동을 뽑아내는 방법이다. 여성은 남성보다 돌봄을 더 많이 한다고 인식되며 스스로 이렇게 인식한다. 그래서 여성의 개성이 특정한 노동 유형, 즉 감정 재생산과 융합된다.

사회적으로 학습되는 여성성

젠더는 어떤 노동을 하는 역량으로 이해될 수 있다. 여성성은 타고난 인성이 아니라 유년기부터 배우는 기술이다. 페데리치가 말한 것처럼 여성성은 노동 기능이다.[2] 하지만 이 역량은 뿌리 깊이 자연화되는데, 젠더 차이에 대한 근대적 이해가 젠더의 위계를 육체의 유형들에 고정했기 때문이다. 차이의 자연화는 젠더를 불가피한 생물학적 숙명으로 이해하는 결과로 이어진다.[3] 이것은 여성이 하는 노동을 감추는 데 일조하며 이 노동을 여성의 육체 및 개성과 융합한다. 노동을 의식적인 활동으로 구성하는 것도 여성성이 노동 기능이라는 사실을 흐릿하게 지웠다. 여성의 성이 육체적, 감정적 상태와 동일시되고, 이런 상태는 수동적인 것으로 구성된다. 젠더는 감정과 마찬가지로 수동적인 상태가 아니며 필연적으로 완전히 의식적인 활동도 아니다. 하지만 그렇다고 해서 이것이 노동이 아니라는 뜻은 아니다.

여성은 그저 가부장제의 피해자에 머무르지 않고, 젠더화된 관계에 적극적으로 참여한다. 대개 사람들은 자신이 선택하지 않은 조건에서 일하게 되기 때문에, 참여하는 바로 그 관계에 종속된다. 젠더화된 관계가 대부분의 여성에게 착취적이지만, 젠더를 잘 수행하는 사람은 보상받을 수도 있다. 특히 규범적 기준에 가깝게 여성성을 수행할 수 있는 백인 부르주아 이성애 여성이 그렇다. 브라운은 젠더화된 이상이 백인다움과 함께 어떻게 구성되는지를 탐구한다. '백인 여성들은 아름다움, 사랑, 여성성에 적당한 대상이다. 흑인 여성은 그렇지 않다.'[4] 현대 자본주의의 여성성 구성이 이상화된 백인 부르주아 이성애 여성 개념에 기초하지만, 인종과 계급을 넘나드는 규율 도구로 기능한다.

젠더는 대체로 끊임없이 반복해야 하는 노동 유형보다는 원래 있던 진정한 자아의 표현으로 여겨진다. 페데리치는 가사 노동이 '우리 여성의 육체와 인성의 자연적 속성, 우리의 여성성 깊숙이에서 나온다는 내재적 욕구와 열망으로 탈바꿈했다'고 쓴다.[5] 따라서 특정한 노동 유형은 외부에서 부과되는 것이 아니라 주체 내부에서 비롯한 어떤 것으로 여겨진다. 젠더가 노동하는 주체성의 한 유형이라는 생각은 어떻게 젠더가 우리에게 부과되었고, 우리가 적극적으로 어떻게 참여하는지를 이해하는 데 도움이 된다. 위크스는 노동의 개념이 제약과 지속적이고 창조적인 개작을 모두 불러일으키기 때문에, 노동에 기초해 젠더를 이해하는 것이야말로 우리가 임의론과 결정론을 넘어 나아가는 데 도움이 될 수 있다고 주장한다. 그녀는 젠더 노동이 상대적으로 일관된 주체의 경험을 성립시키는 요소로 이해한다.[6] 젠더는 노동의 전제 조건일 뿐만 아니라 노동의 결과로서 나타나, 젠더화된 주체성이 구성된 것이라는 사실과 그럼에도 상대적으로 안정되어 있다는 사실을 암시한다.

여성화된 주체는 재생산 노동을 책임지도록 만들어졌을 뿐만 아니라, 이런 식으로 젠더를 재생산하는 1차적 책임을 지려고 한다. 이것은 다른 사람의 젠더 표현을 긍정하고 향상하는 일을 포함한다. 특히 이성애 관계에서 여성은 상대를 '진짜 남자'로 긍정하는 역할을 맡는다.

남성도 젠더화된 노동을 하지만 그 노동의 유형이 다르다. 가정에서 남성은 무거운 것을 들거나 고장난 물건 고치기처럼 기술이 필요한 일에 전문화된다.[7] 남성적인 노동은 다른 사람의 욕구에 종속되기보다 주체의 독립성과 숙련도를 확인하려고 한다. 그래서 남성은 다른 사람을 돌보는 일에서 많이 제외되고, 일반적으로 감정노동을 더 적게 한다.

재생산 노동의 부담은 여성화된 주체들에게, 그 노동의 보상은 남성들에게 분배된다. 남성은 다른 사람이 한 재생산 노동의 혜택을 거두어들일 수 있다. 이것은 착취의 한 형태다. 젠더화된 이성애의 상호보완성을 상정함으로써 재생산 노동의 착취가 작동하는데, 이때 차이는 동반자에 대한 욕구를 중심으로 구성된다. 이런 관계에서 주로 노동하는 주체는 여성이다. 젠더화된 자본주의는 일련의 이데올로기적 반전을 통해 기능하기 때문에, 주체에 대한 착취는 능동적이고 독립적이며 보편적으로 보이고 노동하는 주체는 의존적이고 수동적이며 특수하게 보이는 결과를 낳는다. 이성애의 이런 상보성 개념을 통해 여성은, 능동적인 남성성과 반대로 수동적인 대상으로 보이게 된다.

젠더는 본래부터 착취적 관계다. 집단으로서 여성이 집단으로서 남성에게 착취당한다. 모든 여성이 착취당하지는 않고, 착취 정도가 모두 같지도 않다. 모든 남성이 비슷한 방식으로 여성 착취의 혜택을 보지는 않는다. 그러나 여성화된 주체는 모두 대다수 여성에 대한 착취에 영향을 받는다. 사회학자 디무트 엘리자베트 부벡Diemut Elisabet Bubeck이 말하듯, 모든 여성은 직접 착취당하지 않아도 젠더에 기초한 착취에 취약하다.[8] 이성애 제도는 자본에 이로울 뿐만 아니라 남성에게도 이로운 방식으로 착취한다. 이 특이한 착취적 관계가 실재하는 데는 이 관계가 자본주의 금전 관계 바깥에 있는 듯 보이고, 그래서 자연적이고 사적인 사랑의 유대로 보이는 것이 매우 중요하다.

가정 폭력이라는 노동재해

자본주의는 다른 모든 착취를 담고 있는 지배적 생산양식이지만, 자본가와 노동자의 임금 관계가 노동 추출에 기초한 유일한 관계는 아니다. 사용가치나 잉여노동의 추출처럼 다른 유형의 착취가 잉여가치에 기초한 착취보다 역사적으로 더 흔했다.[9] 오늘날 잉여가치의 추출이 지배적 착취 형태지만, 자본주의가 부상하면서 다른 착취 형태들이 사라진 것은 아니다. 사실 그것들이 자본주의 경제를 성립시키는 부분으로 남아 있다. 소위 비공식 경제구조에서 이런 사실을 볼 수 있는데, 노동이 노동관계 계약에 따라 조직되지 않아도 자본주의 생산에 통합되는 경우가 많다. 또 다른 예는 백인 부르주아 중산층 여성이 가사 의무를 더 주변화된 노동자에게 떠넘기는 경우다. 이것은 잉여노동에 기초한 착취로서 주로 인종, 이주민 지위, 계급의 구분에 따라 구성된다. 특히 인종, 젠더, 계급 면에서 복합적으로 취약한 유색인 노동자계급 여성은 가장 힘들고 가장 값싼 재생산 노동에서 착취되기 쉬운 상태에 남는다. 로버츠가 시사하듯 바로 이런 식으로 일부 여성들이 남성들과 더 동등해진 상황이 여성들 사이에서 위계와 착취를 키우는 결과로 이어질 수 있다.[10]

젠더화된 재생산 노동 착취가 잉여가치에 대해 우선적으로나 배타적으로 조직되지 않는다는 게 사실이지만, 그렇다고 해서 젠더에 따른 착취를 자본주의의 외부적 현상으로 볼 필요는 없다. 우리가 알고 있는 재생산 노동 착취의 조건들은 자본주의가 부상하면서 만들어졌다. 자본주의의 잉여가치 추출은 비가치 영역에 달려 있다. 따라서 젠더에 기초한 착취가 자본주의의 외부에 있지 않은데, 그렇다고 필연적으로 자본주의 생산을 조직하는 동일한 논리에 따라 작동하는 것도 아니다. 이것은 가부장제가 독립적인 체계라거나 자본주의보다 앞선 형식이라는 뜻이 아니다. 가부장제를 초역사적인 것으로 제시하는 경향을 논박하려면, 자본주의로 이행하는 과정에서 나타나는 젠더 관계들의 연속과 차이를 모두 알아야 한다.

우리가 알고 있는 젠더화된 착취는 초기 자본주의의 폭력적인 사회 변화를 통해 등장했고, 젠더화된 폭력이 젠더화된 노동을 유지하는 데 여전히 중요한 구실을 한다. 착취에는 폭력이 내재한다. 성폭력과 가정 폭력은 그 자체가 젠더화된 지배의 원인이 아니라 여성의 노동을 통제하려는 욕구의 결과다. 그러므로 남성의 지배를 남성적 가학성으로 규명할 수는 없다. 젠더화된 폭력은 그 자체를 위해서가 아니라 우리가 아는 세계의 지속적인 재생산을 보장하기 위해 발생한다.

조반나 프랑카 달라 코스타는 폭력을 이성애적 사랑과 분리해서 이해할 수 없다고 한다. 따라서 '정상적인' 이성애 관계에서 폭력은 '일탈적'이지 않다. 폭력적이지 않은 이성애 관계에서도 폭력은 무언의 가능성으로 드러난다. 낭만적이고 가족적인 관계에서 폭력은 사랑의 반대가 아니다. 조반나 프랑카 달라 코스타는 결혼 계약이 노동보다는 사랑의 계약으로 보이고 그래서 사랑이 배우자들의 관계에서 '빚'이 되기 때문에, 사랑으로 폭력이 허용된다고 주장한다. 남자들은 이런 감정 부채의 상환을 보장하기 위해 힘을 쓸 권리를 갖는다.[11] 폭력은 사랑이라는 옷을 입으면서 여성의 감정노동을 규율하는 도구가 된다.

페데리치가 말한 대로, 남성은 '우리가 사회적으로 인정받은 생산성 규범에 따라 성적 서비스를 제공할 것을 보장하기 위해 우리의 성적 노동을 감독'할 수 있다.[12] 그래서 남성은 여성의 몸, 힘, 시간을 자기 것이라고 주장할 수 있다. 젠더화된 폭력의 위협은 여성을 가사 영역에 가두기도 한다. 흔히 성폭력을 여성이 공적 영역에 들어가서 자연히 벌어지는 결과로 보기 때문이다.[13] 여성이 가장 많이 당하는 폭력이 친밀한 관계에서 벌어진다는 것이 사실임에도, 지배적인 이데올로기는 이것을 여성이 밤늦게까지 밖에 있거나 위험한 공공장소에 있어서 일어난 결과로 그려낸다.

여성이 젠더화된 노동을 즐기지 못하거나 그것에 맞서 저항하기 시작하면 육체적으로, 감정적으로 갖가지 폭력을 겪게 된다. 감정노동에 대한 여성의 저항을 병으로 보는 것도 폭력의 한 유형이다. 페데리치는 여성들이 가사 노동에 저항하면 제정신이 아니라는 소리를 듣는다면서, '미친다'는 것은 역사적으로 여성이 재생산 노동에 대한 책임에서 벗어나는 가장 나은 방법 가운데 하나였다고 말한다.[14] 자연화된 여성적 노동을 수행하면서 즐기지 않는 여성은 병자 취급을 받거나 심한 경우 범죄자 취급을 받기 쉽다. 젠더화된 노동을 규범적 핵가족 안에서 수행하지 않는 여성이라면 특히 그렇다. 브라운은 백인 부르주아 가족이라는 이상이 규율적 규범으로 작용하여, 흑인 가족, 특히 흑인 여성을 병적 존재로 규정한다는 점에 주목한다.[15] 결국 여성이 올바른 방식으로 재생산 노동을 수행하지 않을 경우, 자녀 양육권 상실,

강제 불임 시술, 복지 혜택 상실 같은 국가의 개입은 물론이고, 규범에서 일탈했다고 여겨지는 여성에 대한 국가의 강력한 감시를 정당화한다.

퀴어 여성도 이성애적 여성성 규범을 거부한 것에 대해 폭력과 배제의 형식으로 처벌받을 수 있고, 이것은 다른 여성들이 레즈비언이 되지 못하게 경고하는 효과가 있다.[16] 이성애는 일종의 규율이나 노동 윤리로 볼 수 있다.[17] 이 노동에서부터, 그리고 거기서 비롯한 인정에서부터 여성은 정체감, 즉 자신이 '진짜 여자'라는 감각을 끌어내는 법을 배운다. 퀴어 여성은 흔히 여성화된 노동을 규범적인 방식으로 수행하는 데 따르는 사회적 보상에서 배제된다. 이성애 욕망이 자연적인 육체의 본능으로 구성되는 반면, 퀴어 욕망은 자연적이지 않은 것으로 여겨진다. 이것은 퀴어가 행복한 삶에 대한 이성애적 이상을 흉내 내려 하지 않는 이상 퀴어 형태의 재생산은 계속 낙인찍힌다는 뜻이다.

자본이 잉여 가치를 끌어내려고 성 착취를 만들었다는 것은 전혀 사실이 아니다. 성과 인종 같은 구분이 노동자계급을 갈라놓기 위해 존재한다는 것도 사실이 아니다. 자본가가 노동자들 사이에 경쟁을 유발하고, 임금을 억제하며, 노동자계급의 정치적 역량을 떨어트리려고 노동자계급의 분열을 이용하는 것은 맞다. 그러나 이런 사실 자체가 노동자계급의 분열이 인종과 젠더를 비롯해 여타 위계적 차이를 따라 일어나는 이유를 설명하지는 못한다. 젠더가, 분할 통치하는 자본 권력의 도구라는 기능으로 축소될 수는 없다. 자본주의의 가치 축적에서 모든 지배는 단순한 기능적 쓰임을 넘어선다. 우리는 특정한 기술로 구성되는 특별한 유형의 노동과 주체성을 통해 젠더를 이해해야 한다.

소유적 개인주의라는 말에 가려진 노동

정치철학자 낸시 프레이저Nancy Fraser와 역사학자 린다 고든Linda Gordon에 따르면, 이전에 고용주에 대한 의존의 한 형태로 보이던 임금 노동이 19세기에 독립의 표지로서 문화적으로 재규정되었다. 그래서 백인 노동자계급 남성들은 다른 사람들, 즉 자신의 노동력을 팔 수 없는 사람들의 희생을 통해 독립적으로 보일 수 있게 되었다.

프레이저와 고든은, 독립할 수 없다고 인식된 다른 주체들과 대비되는 남성의 독립이 바로 이 임금 노동이라는 형태로 창조되었다고 주장한다.[18] 젠더가 사회적 범주가 아니라 내부에서 나오는 뭔가로 이해되면서, 다양한 주체성도 내재적으로 젠더화된다고 여겨지게 되었다.

행위성과 자주성은 남성적 형태의 주체성과 관련된다. 이런 맥락에서 자주성은 자기 자신의 지배자이자 소유주로서 행동하고 다른 사람이나 '비이성적' 감정의 영향을 받지 않는 능력을 뜻한다. 이런 주체성은, 남성적 자주성 생산을 통해 자신의 행위성을 줄이고 있는 여성화된 주체의 노동을 통해 생산되는 것으로 이해될 수 있다. 여성이 다른 사람에 대해 존경하고 순종하리라는 기대는 남성적 주체성의 보이지 않는 전제 조건이다. 어떤 여성들은 자본주의 사회에서 더 많은 권력에 접근할 수 있기 때문에 이런 자주성을 자기 것이라고 주장할 수 있게 되었다. 하지만 이런 주장은 어쩔 수 없이 부분적이고 불안정하다. 이것은 표면상 전통적인 젠더 규범보다 선택과 개인의 책임을 강조하는 신자유주의적 주체성과 페미니즘 선동의 결과다. 그러나 이렇게 개인의 책임으로 돌리는 것이 젠더화된 노동의 규범과 방식을 조용히 실행하는 한편 여성에게 더 많은 주도권을 허용하는 듯 보인다.

사회주의 정치학자 C. B. 맥퍼슨C. B. Macpherson이 만든 소유적 개인주의라는 말은 자본주의하에서 성립되는 패권적 주체성을 이해하는 데 도움이 된다.

> 그것의 소유적 성질은, 개인이 본질적으로 그 자신이나 역량의 소유주이며 이것들에 대해 사회에 아무 빚도 없다는 개념에서 발견된다. 개인은 도덕적 전체가 아니고 더 큰 사회적 전체의 부분도 아닌, 자기 자신의 소유주로 여겨졌다. … 개인은 자신의 인격과 역량의 소유주인 한 자유롭다고 생각되었다.[19]

이것이 자본주의, 특히 신자유주의 아래 주체에 대한 패권적 이해다. 그러나 모든 사람이 동등한 수준으로 소유적 개인주의를 실현하며 살아가는 것은 아니다. 자본주의의 패권적 지위를 차지하는 주체가 다른 유형의 주체성에 의존하면서도 그 주체성을 가린다.

정서적 개인주의, 소유적 개인주의, 노동력 판매를 통해 상정되는 주체성은 모두 서로 연결되어 있다. 부르주아지가 시작한 이 모든 개인주의 형태가 고용계약을 통해 노동자계급의 주체성에도 영향을 끼치게 되었다. 소유적 개인주의는 상품 형태와 관련해 이해할 수 있다. 마르크스는 상품이 생산관계에 있는 가치의 사회적 원천을 감춤으로써 내재적 가치가 있는 듯 보이게 된다고 주장한다. 상품의 형태가 그 상품을 생산하는 데 들어가는 노동을 비가시적인 것으로 만든다.[20] 소유적 개인주의는 우리 노동역량의 상품화에 따르는 결과이자 그것의 전제 조건으로, 마치 이 역량이 오직 자신의 것이어서 임금을 받고 팔 수 있는 소유물인 양 보이게 한다. 상품 형태의 경우와 마찬가지로 소유적 개인주의의 형태가 바로 그 주체의 지위를 형성하는 데 들어가는 노동을 가린다.

소유적 개인주의의 생산은 자본주의 경제 관계에서 자동으로 나온 결과가 아니기 때문에 지속적인 재확인이 필요하다. 프레이저와 고든이 보여주듯, 독립적인 주체성은 젠더화되고 계급화되고 인종화된(지위나 정체가 인종으로 규정된다는 의미.-옮긴이) 의존 양식들에 의지한다. 이 양식들은 서로 대조적으로 작동하며, 사회적 지위보다는 심리적 특징으로서 점차 구성되어 왔다.[21] 소유적 개인이 오로지 자기 힘으로 역량을 키운 것처럼 보이기 때문에, 개별성을 긍정하는 노동은 소유적 개인주의 형태를 통해 비가시적인 것이 된다. 소유적 개인은 소유적 개인주의로 살지 않는 주체에 의존한다. 쿤츠가 쓴 것처럼 "*여성*이 의존과 의무를 떠맡기 때문에, 자립과 독립은 *남성*을 위해 작동했다."[22]

감정적 이타주의

소유적 개인주의와 반대로, 여성화된 주체성은 관계적 존재 양식에 맞게 조정된다. 감정 재생산은 느낌을 만들어내는 일만이 아니라 사회적 관계를 형성하고 유지하는 일과 관련된다. 이 때문에 바로 감정노동의 주체가 소유적 개인주의의 반대로 보인다. 감정노동의 주체는 근본적으로 사회적 관계를 구축하는 일과 관련이 있다. 자본주의 사회는 소유적 개인주의와 감정적 이타주의의 구분, 즉 젠더화된 주체성을 갈라놓는 균열을 만든다. 일이라는 것이 친밀성과 감정의 반대로 보이는 세상에서,

정서적 관계를 구축하는 노동은 눈에 띄기 어려워진다. 소유적 개인주의의 구성은 여성의 감성이라는 것과 대비된다. 개인주의는 침착성self-possession(여기서 침착성은 말 그대로 '자신을 소유하는 것'이다.—옮긴이)과 감정생활의 통제를 중심으로 구축된다. 여성성은 바로 자기 감정의 주인이 될 능력이 부족한 것처럼 보인다.[23] 이것은 자주적 개인이기보다는 감정 상태의 수동적 희생자가 되는 조건으로 이해된다.[24]

개인주의는 스스로 존속할 수 없고, 모든 사람이 고유하고 자족적인 개인으로 여겨지지는 않는다. 우리의 욕구와 취약성은 우리 모두가 다른 사람에게 의존한다는 것을 뜻한다. 그러나 이 의존성은 관계와 사회성을 만들고 유지하는 일을 하는 사람들과 관련된다. 사회학자 미셸 배럿Michèle Barrett과 사회학자 메리 매킨토시Mary McIntosh는 자본주의하에서 '자립'의 단위는 개인이 아니라 가족이라고 주장한다.[25] 이와 마찬가지로 쿠퍼는 자주적이고 자유로운 인격의 성립은 그것이 부인한 것, 즉 공동체와 의존성을 만드는 주체성에 달려 있다고 말한다.

신자유주의 정치는 개인주의를 찬양하면서도 전통적인 가족 가치에 의존한다. 쿠퍼는 신자유주의가 "자유시장 체제의 역학에서 저절로 생길 것으로 기대하는, 가족 가치의 자발적 질서와 내재적인 덕의 윤리'를 사실로 상정한다면서 '가족 이타주의의 본질은 어떤 의미에서 자유시장의 내부적 예외, 즉 계약의 세계가 기능하는 데 꼭 필요한 비계약적 의무와 양도할 수 없는 서비스의 내재적 질서를 나타낸다"고 덧붙인다.[26] 그러므로 가족 가치의 전통적인 세계라고 하는 것은, 자유주의가 의존하는 자주적 주체성 형태의 생산, 그리고 계약적 의무 모델을 통한 자유의 장소로서 시장이라는 개념을 구성하기 위한 전제 조건이 된다. 개인주의는 스스로 존재할 수 없다. 사람들은 취약하고, 돌봄에 대한 욕구를 충족하기 위해 다른 이들에게 의존하기 때문이다. 그래서 자유주의는 주체성 형태를 패권적 형태와 그 패권이 지속되는 데 꼭 필요한 형태로 나눈다.

돌봄의 생산은 여성들만의 책임이 아니고, 여성화된 지위에 있는 다른 사람들에게로 확장된다. 사회학자 크리스토퍼 캐링턴Christopher Carrington은 동성애 관계에서 재생산을 주로 책임지는 더 여성화된 파트너가 만들어지는 경향을 조사한다. 누가 이런 지위로 살게 되는지는 흔히 고용 상태와 소득 같은 외부 조건을 따라 정해진다. 그러나 커플의 가사 노동 분업은 집안일에 맞는 인성과 성향 같은 내적 조건을 참고해 소급적으로 정당화되고 자연화된다. 이때 만들어진 위계에서 재생산 노동에 더 많은 시간을 투자하는 사람은 물질적 자원에 접근할 기회와 임금 노동에 참여할 시간이 더 적기 때문에 더 상대에게 의존하기 쉽다.[27] 자신들은 더 평등한 관계라고 말하는 커플도 재생산 노동 분업을 자연화하고, 주된 돌봄 제공자의 인성을 따르는 모습을 보인다.

자본주의 경제가 생산하는 분열된 주체성이 많은 여성의 삶 한가운데에 모순을 만든다. 여성은 갈수록 이 두 형태의 주체성을 모두 구현하도록 요구받기 때문이다. 사회학자 조안 애커Joan Acker가 쓴 것처럼 자본주의 사회에서 노동자는 사람들 사이의 유대가 부족한, 추상적이고 실체가 없는 존재로 인식된다.[28] 그런데 여성화된 사람들에게 바로 이런 유대를 만드는 일이 맡겨지는 경우가 많다. 여성들은 사회적 유대를 만들기도 하고 가리기도 하는 노동자들인 동시에 비노동자이기를 점점 더 많이 요청받는다. 신자유주의 체제에서 국가가 제공하는 재생산 서비스가 줄어들고 많은 재생산 노동이 다시 사적으로 여겨지면서, 많은 여성들이 임금, 무임금 재생산 노동을 부담하게 되었다.

여성성과 모성의 융합은, 아이가 없는 여성들에게도 이런 관계를 강화한다. 혹실드는 이렇게 썼다.

> 엄마와 같은 범주에 속한다고 여겨지기 때문에, (여성은) 일반적으로 심리적 욕구를 살피라는 요구를 남성보다 많이 받는다. 세상이 엄마 역할을 기대하며 여성들을 바라본다. 그리고 이런 사실이 많은 직무 설명서에 소리 없이 첨부된다.[29]

일터에서 흔히 '엄마'로 배치된다는 것을 고려할 때, 여성화된 노동자는 애커가 말하는 실체가 없는 노동자와 분명히 다르다. 모성은 돌봄노동에 종사하지 않는 여성 노동자에게까지 첨부된다. 곤살레스와 느통은, 모든 여성이 잠재적 엄마라는 가정의 자연화가 노동시장에서 여성의 가치를 낮게 매기는 근거를 형성한다고 주장한다. 잠재적 재생산 비용이 여성의 무가치를 드러내는 것이 되기 때문이다.[30] 젠더 임금격차가 사실은 '모성 처벌'이라는 주장이 이런 지적을 뒷받침한다. 자녀를 갖는 것이 남성의 소득에는 영향을 주지 않는 반면, 여성에게는 불리하게 작용하기 때문이다.[31]

모성 역량이 여성 신체의 본질적인 기능으로 보이지만, 사실 이것이 모든 여성에게 똑같이 있지는 않다. 아이를 가질 수 없는 여성도 많다. 모성 자체도 단순히 타고난 신체적 역량보다는 기본적으로 사회적인 범주로 이해되어야 한다. 로버츠가 보여준 것처럼, 노예가 된 흑인 여성들은 19세기의 여성성 구성에서 배제되었다. 그들은 강제된 생물학적 생산성의 체제에 종속되는 한편 자녀와 친족으로 관계할 권리도 부정당했다.[32] 이 유산이 오늘날에도 여전히 존재한다. 인종화된 여성들은 아이를 기르는 데 필요한 '정신적' 노동에 본래 적합하지 않다는 가정에 따라 모성의 지위를 부정당했다.[33] 가사노동임금 회원인 마거릿 프레스코드Margaret Prescod가 제시하듯, 이 여성들은 임금 재생산 노동으로 더 평가받았고, 백인 가정에서 '엄마 역할'을 수행하는 일을 떠맡아 하면서도 돌봄을 제공하는 사람으로서 눈에 띄지 않는 존재가 되었다.[34] 노동자계급의 많은 여성들에게, 특히 유색인 여성과 이주 여성에게 임금 노동과 가사 노동에 대한 모순적 요구는 새로운 것이 아니다. 이들 중 다수가 임금 재생산 노동 부문에 종사하는데 이 부문에서는 다양한 주체성에 대한 모순적 요구보다 부족한 자원과 시간이 더 중요한 문제다. 이는 노동자들이 임금 유무와 상관없이 돌봄노동을 하면서 감정 면에서 고갈되는 상황을 만들어낸다. 따라서 이 여성들은 적절하게 여성화된 (백인 부르주아) 주체로서 이해되는 보상도 없이 여성성 착취의 부정적인 면을 경험할 수 있다.

판매될 수 있는 상품으로서 노동력을 구성하는 것은 역사적으로 획득된 다양한 역량에 따라 달라진다. 쿤츠에 따르면, 자본주의 경제에서 젠더의 구성은 '다른 이들에 대한 억압을 대가로 일단의 행동, 기술, 느낌에 특화되는 것을 의미했다.'[35] 젠더화된 기술은 젠더화된 주체성을 존재하게 하는 반복된 수행을 통해 규정되는, 몸에 대한 지식이다. 퀴어 사회주의자 케빈 플로이드Kevin Floyd

는 "기술이란 완전히 신체화된 지식을 가리킨다"고 강조한다.[36] 자아의 젠더화는 어떤 형태의 활동을 반복함으로써 일어난다. 앞에서 본 것처럼 이런 활동은 습관과 기억을 통해 주체에 통합된다.[37]

노동은 흔히 젠더의 자연화에 기여한 방식으로 특별한 기술과 역량에 분명하게 결부되었다. 여성은 체력이 부족하다는 이유로 많은 노동 유형에서 배제되었고, 직장 내 차별을 금지하는 법이 제정되고 수십 년이 지난 지금까지도 이런 배제가 여전히 작용하고 있다. 전통적으로 남성적 육체노동 형태의 임금 노동과 관련해, 페미니스트 평화운동가 신시아 코번Cynthia Cockburn은 여성을 어떤 노동 유형에서 배제하는 과정을 통해 기술이 구성된다고 말한다. 즉 "남성들이 여성들에게서 힘을 제거함으로써 상대적으로 육체적이고 기술적인 그들 자신의 힘을 구축하고, 자신들이 구성한 차이에서 혜택을 받는 방식으로 그들의 직업을 조직했다"는 것이다.[38] 남성적 노동이 일반적으로 더 기술적으로 보이는 반면, 여성의 기술은 감정과 돌봄에 맞게 타고난 역량에서 나오는 것으로 보인다.

감정 기술은 체화된 지식이다. 이보다 앞서 존재한다는 내면 상태에 대해 말과 몸짓으로 소통하기 때문이다. 이것은 언어적, 육체적인 소통을 통해 감정을 성립시키는 과정이기도 하다. 어떤 역량이 있는 존재로 육체를 구성하는 것은 특별한 종류의 착취를 가능하게 하는 방법이다. 제임스가 지적하듯, 이것은 다른 사람들을 그 노동에서 벗어나게 해 노동자들 간 착취를 쉽게 하기도 한다.[39] 젠더 상보성이라는 틀을 통해 여성의 감정 기술은 남성에게 없는 어떤 것으로 여겨진다. 배럿과 매킨토시는 남성들이 가사 노동에 대한 책임을 피하려고 스스로 탈기술화했다고 말한다.[40] 남성들은 감정적 탈기술화 때문에 감정노동을 수행하는 데서 면제되며 그들을 돌본 사람들에게 신세 지지 않고 '스스로 이룬' 듯 보인다.

여성이 타고난다는 감정 기술은 남성을 재생산 노동의 책임에서 해방하는 한편 남성이 재생산 노동의 혜택을 누릴 수 있게 한다.[41] 남성성은 돌봄 역량이 부족하고 정서적으로 어울리지 않는 것으로 보이고, 그 때문에 남성은 다른 사람의 욕구를 무시할 수 있고, 여성의 돌봄을 보답 없이 누릴 권리를 갖는다.[42] 그래서 남성들은 다른 이들의 감정을 인지하고 그것의 영향을 받을 가능성도 낮다. 그들은 다른 사람의 정서 욕구에 주의를 기울이도록 훈련받을 필요가 없었고, 따라서 자신의 욕구를 우선시할 수 있다.

타고난 다정함

다른 사람의 정서 욕구에 맞추는 일은 일반적으로 여성에게 맡겨지기 때문에, 좋은 느낌과 좋은 삶을 만드는 것이 정서 관리를 위한 여성적 기술의 일부가 된다. 혹실드는 '자연스러운 다정함'을 만드는 것이 여성화된 기술의 핵심이라고 말한다.[43] 여성화된 임금 노동자들은 그들의 천성이라는 이 기술 때문에 고용되고, 그래서 임금 영역에서든 무임금 영역에서든 그들에 대한 착취가 쉬워진다.

여성화된 감정노동은 언제든 진정 어린 웃음을 지어 보일 수 있는 것과 같은 몇몇 육체적 기술에 의존한다. 때로는 전문직에 종사하는 여성들도 이런 기술을 교육받는다. 정서 능력이 저절로 생기지 않고 학습되는 것이라는 인식이 어느 정도 있는 듯하다. 하지만 혹실드는 이런 훈련이 흔히 비노동의 장소이자 자연스러운 감정의 공간으로서 가정의 이미지를 끌어다 쓴다고 지적한다.[44] 감정 기술은 여성화된 노동자들이 가정생활에서 직장으로 쉽게 옮길 수 있는 것으로 제시된다. 가정을 고객과 직장 동료를 포함하기 위해 확장될 수 있는 감정 영역으로 보는 것이다.

이 자연스러운 다정함은 여성이 규범적 여성성을 몸으로 표현하는 데 달려 있다. 흔히 여성의 소비 중 많은 부분이 여가가 아니라 몸에 공들이는 것으로 여겨진다. 젠더화된 몸은 자연에서 주어진 것으로 보이지만, 사실은 노동의 결과다. 포르투나티는 이것이 여성이 하는 비물질적 재생산 노동의 일부라고 주장한다. 여성화된 몸은 젠더화된 노동의 생산품에 속한다. 포르투나티는 이런 생산 유형에 대해 이렇게 쓴다.

> 원재료와 노동의 수단이 여성 가사 노동자 안에서, 그 개인 안에서 통합된다. 이는 비물질적 욕구가 남성 노동자와 자녀들의 비물질적 욕구를 충족시키려는 욕구로서

만 존재해야 하고 존재할 수 있다는 뜻이다. 또한 그녀가 노동력인 것은 차치하고, 비물질적 생산의 끊임없는 순환 속에 있는 기계일 뿐임을 암시한다. 이런 의미에서, 여성 가사 노동자는 자본의 가장 훌륭한 기술적 발명이다. 따라서 립스틱과 파우더를 비롯한 화장품은 비물질적 생산과정의 일부다. 이것들이 여성의 육체에 더해져 물질적 변화를 불러오기 때문이다.[45]

이와 마찬가지로 페데리치와 콕스는, 여성이 자신의 노동력을 재생산하기 위해 자기 몸에 공을 들여야 한다면서 "결혼 시장이든 임금 노동 시장이든 예쁜 옷과 머리 모양이 일자리를 구하기 위한 조건이기 때문에, 여성들이 이런 업무의 폭압을 잘 안다"고 말한다.[46] 이런 역량의 자연화 과정은 여성이 노동하는 주체에 대한 통제 바깥에 있는 것처럼 보이게 한다. 이런 활동을 노동이라 명명함으로써, 젠더화된 육체는 탈자연화된다. 그리고 이것이 육체적 역량이 구성되었다는 점을 상기시키는 데 기여한다.

사적 영역과 공적 영역 전반에서, 여성화된 감정노동

은 숙련된 기술로 수행되는데도 여성성은 근본적으로 수동적인 것으로 여겨진다. 여성적 노동의 자연화에는 활동이자 노동으로서 여성성을 교묘하게 삭제하는 일이 필요하다. 다른 사람의 정서 욕구를 관리하는 데 자연화된 여성의 기술이 여성 자신의 독립 및 자주를 향한 역량을 줄이는 것으로 보인다. 돌봄노동은 돌봄노동자의 인성을 표현하는 것으로 읽히면서 이 노동에 대한 다른 이들의 의존을 뒤집는다. 프레이저와 고든에 따르면, "여성 양육자들의 인격은 그들이 돌보는 사람들의 의존으로 가득 차게 되었다."[47] 이 두 사람은 남성에 대한 여성의 경제적 의존이 역사적으로 좋은 의존 유형으로 구성되었지만, 더 많은 여성들이 임금 노동에 진입하자 모든 의존이 점점 더 심리적 결함의 특징으로 여겨진다는 점을 지적한다.[48] 여성화된 정서 적응 기술은 갈수록 바람직하지 않고 후진적인 것으로 구성되는 한편 소유적 개인주의를 보완하는 구조적 필수 요소로 남아 있다.

여성들의 노동은, 특히 성적이거나 모성적인 노동은 그들의 육체와 합해져 자연스러운 본능으로 여겨진다. 이런 자연화는 자본주의가 재생산 노동을 이용하는 데 필수다. 재생산 노동 역량은, 주로 재생산 노동을 수행하는 특정한 몸의 자연적 자질로 바뀐다. 이것이 노동이 아니라면, 경제적으로는 가치가 없어도 자연스럽고 그래서 좋은 것이다.

여성화된 노동, 특히 감정노동의 자연화는 감정노동을 기술이 필요 없는 노동으로 보이게 할 뿐만 아니라 노동으로서도 눈에 띄지 않게 한다. 그것은 순전히 여성적인 인격의 영원불변하는 자질이다. 노동과 사람은 분리될 수 없다. 오히려 노동자의 인격이 노동을 포괄하기 쉽다. 여성들의 감정노동은 그들에게 저절로 생기는 감정의 자연스러운 표현으로, 그래서 이 노동을 더 착취하는 데 이용되는 어떤 것으로 여겨진다.

감정적이고 육체적인 노동 형태들이 본질적으로 비숙련 노동으로 보인다는 점이 재생산에 대한 일반적 저평가의 중심에 있다. 그러나 젠더, 특히 여성성은 기술의 결여보다 역량의 계발이다. 제임스에 따르면, 인종과 젠더는 명령으로 기능한다. "다른 모든 역량을 대가로 특정 역량을 계발하고 획득하라는 것이다. 그러면 이렇게 획득한 역량이 우리의 생존 기능을 고정하고 상호 관계의 성격도 고정하면서 우리의 본질로 여겨진다."[49] 젠더화된 노동의 탈기술화와 비가시성은 스스로를 사라지게 하는 마술 같은 기술이며 이 기술은 습득된 젠더 역량의 일부가 된다.

좋은 삶과 행복을 책임져야 하는 여성

좋은 느낌을 만드는 노동은 여성이 타고난 인성의 일면으로 여겨진다. 이 노동은 좋은 느낌 자체에 대해 감정을 투자하게 한다. 다정함에서 즐거움을 느끼고 그렇게 하기를 바라도록 배우는 것이다. 좋은 느낌을 만드는 것이 이런 식으로 행복한 삶, 즉 삶이 어떻게 보여야 한다는 규범적 이상에 감정을 쏟게 하는 방법이 된다. 사회적 배제와 처벌을 받을 수 있기에 좋은 삶을 의식적으로 외면하기란 어려운 일이다.[50] 우리는 좋은 삶에 감정을 쏟으면서 어떤 관계와 사물을 다른 것보다 더 욕망한다. 교외의 주택이 좋은 삶의 상징이 되고, 우리는 그것을 얻는 데 감정을 투자한다. 우리 삶에 의미를 줄 수 있는 참된 사랑의 영역으로 그것을 상상하는 것이다. 이런 가치를 지성적으로 비판하는 사람이라도 이 생활양식을 향한 욕망을 버리기는 어려울 수 있다. 특정 생활 유형에 대한 감정적 애착과 다정함을 만들어냄으로써 여성들이 수행하는 감정노동은 우리가 아는 사회의 재생산을 보장하는 아주 효과적인 방법이다. 우리는 어떤 생활양식과 그것에 어울리는 노동 형태를, 설사 그 노동 자체가 나쁘게 느껴져도 바라게 된다.

포르투나티에 따르면, 남성은 사랑을 소비하고 여성의 '너그러운' 인성은 사랑을 생산하는 것이 자연스럽다고 여겨진다.[51] 너그러운 존재로서 여성이 인식된다는 것은 사랑이 사랑 자체의 보상이라는 현실을 암시한다. 사랑의 노동을 수행하는 것이 충분히 기쁨의 원천이 되기 때문에, 다른 보수는 필요 없다는 뜻이다. 여성들이 사랑의 주요 생산자인데, 그들의 노동에는 파트너에게서 받는 사랑을 통해 동시적으로 대가가 지급된다. 페데리치는 '그들이 우리에게 여성으로서 우리 자신을 표현할 (즉 그들에게 봉사할) 기회를 주었기 때문에' 여성들이 남성 파트너에게 고마움을 표현해야 한다는 사실을 지적한다.[52] 사랑은 올바른 것을 바라는 것, 즉 젠더화된 노동 유형과 이성애적 상보성에 기초한 삶을 바라는 것에 대한 보상이 된다.

여성들을 그들의 일에 묶어 두는 것은, 이성애적 노동 윤리 바깥의 성적 관계에 비교되는 규범적 이성애의 적법성이다. 그것은 적절하게 젠더화된 주체라는 사실에 감정적 보상을 준다. 이 정당성이 이성애의 일부일처제에 감정을 쏟게 하고, 벌랜트가 시사하듯 행복한 삶과 이성애의 연합을 유지한다.[53] 그러니 징벌적인 폭력의 논리보다 사랑의 생산적인 힘이 위계와 착취를 유지하는 것이다. 많은 여성들이 이성애적 좋은 삶에 대한 투자를 통해 자신의 착취에도 참여한다. 우리는 모두 지금 이 세상에 어떤 애착이 있고, 이런 투자는 감정 재생산의 핵심적인 면이다.

여성은 남성보다 감정노동을 더 많이 하며, 대개 특별히 여성화된 방식으로 감정노동을 한다. 여성화된 감정노동 형태는 흔히 웃음 짓기, 경의를 표하기, 상한 기분 달래기를 포함한다. 여성은 사회에서 사회경제적으로 더 약한 위치에 있고, 자신보다 다른 사람의 정서 욕구를 우선시하도록 사회화된다. 혹실드에 따르면, 여성은 일반적으로 경제적 자원에 접근할 기회가 더 제한되기 때문에 감정에서 자원을 만들어낸다.[54] 그러나 이 자원은 주체가 소유하거나 완전히 통제할 수 있는 것이 아니라 다른 사람에게 주체가 종속되었음을 암시하는 것이다. 감정노동을 통해 여성화된 감정노동자는 주변 사람의 지위를 높이기도 하는데, 흔히 감정노동자 자신보다 그들이 중요하다는 것을 보임으로써 그렇게 한다. 다른 사람의 지위를 생산한다는 것은 여성의 감정노동이 여성 자신의 낮은 지위를 재생산한다는 뜻이다. 여성의 노동 역량에 대한 착취가 여성의 종속된 지위를 지속적으로 강화한다.

페데리치에 따르면, 여성은 남성에게 '육체적, 감정적, 성적으로' 봉사하며 '그의 아이를 키우고, 그의 양말을 꿰매고, 자본이 그를 위해 마련한 일과 사회적 관계(고독의 관계)로 부서진 그의 자아를 수습하도록' 만들어진다.[55] 자본주의의 위해를 보상하려고 하는 감정 재생산은 자본주의 노동관계를 지속하는 데 핵심 조건이다. 이것은 다른 사람의 욕구 충족을 책임지게 된 사람에게 특별한 효과를 낳는다. 마리아로사 달라 코스타에 따르면,

이성애 여성은 '성적 정체성 자체가 순수한 승화로서 다른 사람의 감정 표현을 받아내고 가족 간 반목을 완화하는 영웅적 엄마와 행복한 아내'의 이미지를 닮기 위해 노력해야 한다.[56]

여성은 행복을 수행하는 한편 부정적 감정을 받아들이는 쪽에 있어야 한다. 이것은 재생산 서비스직 종사자에게 익숙한 특성이다. 그러나 자본주의적 감정 재생산의 전제 조건인 가족 내 감정노동의 개인화는 여성들에게 이 일을 더 무거운 짐으로 만들기도 한다. 가정에서 돌봄을 받는 사람은 자신이 '사유화되고 개인화된 특정 상황에서 이 한 명의 여성을 통해서만 재생산될 수 있다'고 믿어야 한다.[57] 그녀는 사랑하는 사람들의 지속적인 재생산을 보장하기 위해 늘 대기 중이다. 이러한 그녀의 존재 자체가 긴장을 완화하는 데 일조하며 필요할 땐 돌봄을 받을 수 있다고 약속한다.[58]

여성성은 감정이 기본적으로 다른 사람을 위해 쓰여야 한다고 규정한다. 감정적 적응 기술을 가진 탓에 여성은 본래부터 다른 사람들의 욕구에 호응하는 존재로 배치되기 쉽다. 혹실드는 여성이 다른 사람의 사회적 기능을 향상하면서 '대화형 치어리더'처럼 행동하는 경향을 지적했다.[59] 이성애 커플의 대화 패턴을 연구한 패멀라 피시먼Pamela Fishman은, 여성 참여자가 자신이 귀 기울이고 있다는 것을 적극적으로 나타내면서 화제에 관한 파트너의 의견과 선택을 계속 긍정한다는 사실을 발견했다.[60]

여성은 작지만 반복적인 지지의 몸짓을 통해 자신의 종속을 영속화한다. 그리고 남성은 여성 파트너의 정서적 지지에서 얻은 자신감을 이용해 파트너보다 우월한 위치를 차지한다.[61] 그렇다고 해서 여성들이 억압받는 것에 대해 비난받아야 한다는 뜻은 아니다. 그리고 젠더 억압과 착취의 수동적 희생자라는 것도 아니다. 하지만 여성들은 젠더 위계에 기초한 현실의 지속적인 재생산에 적극적으로 참여하곤 한다.

남성은 이성적, 여성은 감성적인가?

감정노동자는 사회 현실을 만드는 데 참여한다. 심지어 그 현실이 자신을 지속적으로 주변화할 때도 마찬가지다. 여성들도 감정노동의 표지들을 없애는 데 적극적으로 나선다. 다시 말해, 여성들은 다정함과 타고난 여성성이라는 기치 아래 자신의 노동을 적극적으로 위장한다. 감정노동은 더 가시적인 노동과 생산을 가능하게 하는 비가시적 배경 조건이다. 그것은 '가사 노동과 마찬가지로 노동으로 치지 않는 보이지 않는 노력이지만, 다른 일들을 해나가는 데 결정적'이다.[62] 이 노력은 지속적인 젠더 재생산뿐만 아니라 감정 재생산의 전제 조건이다.

감정노동의 비가시성은 젠더에 따라 감정의 가치를 평가하는 데 전제되어 있다. 여성의 감정 표현이 감정으로서 가시적이라면, 이는 남성의 감정 표현이 사실의 진술로 해석되는 경향이 있기 때문이다. 혹실드에 따르면, 남성이 표현하는 분노는 '이성적이거나 이해할 만한 분노, 성격상 결함이 아니라 확고한 신념을 나타내는 분노로 여겨진다.' 이와 반대로, '여성의 감정은 실제 사건에 대한 반응이 아니라 감정적인 여성으로서 자신을 반영하는 것으로 여겨진다.'[63] 다른 사람의 감정을 살피는 비가시적 노동을 더 많이 하는데도 여성은 지나치게 감정적이라고 여겨진다. 여성성과 감정은 서로 꼬리를 물듯 연결되어 있다. 여성성은 감정과 연관되어 평가절하되고, 감정은 은연중에 여성적인 것으로 여겨지며 평가절하된다. 이는 부적절하고 지나치며 여성화된 감정을 표현한다고 생각되는 이들을 주변화하면서, 올바른 종류의 감정을 표현하는 이들에게 권한을 부여하는 데 기여한다.

남성들의 감정 표현은 감정적이라기보다 이성적인 것으로 읽히므로, 남성들은 일반적으로 수용되는 세계관을 구성하는 데 더 큰 권리를 갖는다. 여성들이 사회관계를 유지하기 위해 더 열심히 일하는데, 그 상호작용에서 만들어진 세계관의 내용에 대해 더 큰 통제권을 갖는 쪽은 남성들이다. 따라서 여성들은 꾸준히 그들을 종속시키는 세계의 구성을 긍정하는 일을 하는 경우가 많다. 그리고 이것이 젠더 위계와 이성애 관계에서 여성의 종속적인 지위를 재생산하는 데 기여한다.

혹실드는 여성이 남성과 친밀한 관계를 형성하는 경향이 있다는 사실이 인종이나 계급에 기초한 위계와 젠더 억압을 구분한다고 지적한다.[64] 이 친밀감이 젠더 억압 중 감정노동이 가장 큰 부분을 차지한다는 사실을 설명한다. 이 노동이 젠더 위계를 영속시키는 사회관계를 만들기 때문이다. 인종과 계급에 따른 억압과 착취는 주로 일터나 공적 영역에서 발생하는데, 젠더는 친밀한 가족관계를 통해 지속적으로 재생산된다. 감정노동은 여성들이 임금 노동에 더 많이 진입한 이래 점점 더 상품화되었지만, 사적 영역에서 형성된 관계를 통해 일터의 젠더 억압은 분명해졌다. 이것이 이성애 관계에 뚜렷한 성격을 부여한다. 즉 종속된 이들은 그들을 억압하는 사람과 친밀한 사랑의 유대를 형성하는 일을 맡게 되어, 진정한 자신의 감정 상태를 그들을 종속시키는 사람의 욕구에 맞춘다. 혹실드가 쓴 대로, '남성과 여성은 서로 사랑하려고 노력하기 때문에 (…) 그들이 받아들이는 바로 그 밀접한 유대를 위해 종속을 어느 정도 위장할 필요가 있다.'[65] 그래서 감정노동은 더 일반적인 젠더화된 착취와 억압을 재생산할 뿐만 아니라 억압을 사랑으로 제시하기도 한다.

여성에 비해 남성은 반려자의 돌봄을 받을 자격이 더 있다고 느낀다. 이는 친밀한 관계에서 여성이 감정 면에서 더 많이 요구한다는 통념에 어긋난다. 이성애에 대한 이런 이해에 따르면, 남성은 사랑을 다르게 표현하며 여성이 완전한 호혜성을 요구하는 것은 부당하다. 이런 생각이 남자는 감정을 잘 표현하지 않는다는 뻔한 말을 끌어온다. 심리학자 스테퍼니 실즈Stephanie Shields는 이것을 자제력으로서 남성성의 패러다임이라고 부른다.[66] 남성은 감정 표현을 억눌러서 자신의 힘을 강화할 수 있다.[67] 이것은 또한 흔히 여성이 정서적 지지를 받으려면 종종 다른 여성에게 의지해야 한다는 것을 의미한다. 레즈비언 활동가이자 연구자 탬신 윌턴Tamsin Wilton에 따르면, 이성애 여성들의 우정은 남성의 감정 호혜성 결여를 당연시해 남성 지배의 지원 체계로 기능한다. 이런 지원 체계는 감정적 위해의 원천에 이의를 제기하기보다는 이성애 관계에서 그 위해를 줄이려고 한다.[68] 따라서 우정은 감정 재생산의 원천으로 기능할 수 있으며, 이는 지속적으로 그런 우정을 주변화하고 낭만적인 사랑과 가족 간 유대보다 덜 중요한 것으로 상정하는 바로 그 관계를 떠받치는 데 기여한다.

일반적으로 여성이 자신과 타인의 감정을 다루도록 더 많이 훈련되어 있다는 사실이, 남성이 덜 감정적이라는 것을 함의하지는 않는다. 그러나 감정은 젠더화된 방식으로 표현되고 인지되고 해석된다. 남성과 여성이 같은 일의 다른 면에 특화되기도 한다. 혹실드는 남성 승무원과 여성 승무원이 부분적으로 다른 일을 한다면서, 좋은 느낌을 만드는 일이 여성에게 맡겨지는 것과 달리 남성은 더 물리적인 업무에 특화되기 때문이라고 한다.[69] 임금 노동을 하는 여성이 늘고 있다고 해서 이들이 꼭 남성적인 노동 문화에 속하게 되었다는 것은 아니다. 오히려 여성화된 노동이 갈수록 상품화되었다.

젠더와 지위는 노동과정에 미리 주어지기보다는 젠더화된 행위성을 통해 지속적으로 실행된다. 젠더는 어떤 업무에 노동자가 적극적으로 참여하면서 생산되고, 다른 사람과 맺는 관계를 통해 생산된다. 혹실드의 연구에서, 남성 승무원은 부정적 감정의 표적이 될 가능성이 적었다. 고객이 분노와 긴장 같은 부정적인 감정을 여성 서비스직 노동자에게 풀어 버릴 가능성이 훨씬 더 높았다. 휘트니는 감정노동이 고객의 기분을 반드시 좋게 하지는 않지만, 흔히 고객이 부정적인 감정을 노동자에게 풀도록 유도한다고 말한다.[70] 여성은 고객, 특히 남성 고객에게 경의를 표해야 하며 부당한 언행에도 미소로 응대해야 한다.[71] 감정노동이 요구되는 일을 시작하는 사람은 상업적이지만 사회화 이전 또는 진정한 형태의 주체성을 지니고 그 일을 시작하지 않는다. 대신 무임금에 사적인 것처럼 보이는, 이미 여성화된 주체로 이루어진 착취적 노동으로 진입한다.

이것이 젠더를 생산하는 과정의 일부다. 휘트니는 행위성이 흔히 '감정적으로 되는 것'의 반대로 구성되는 반면, 감정노동은 다른 사람의 행동 역량을 강화하기 때문에 여성은 "의도적이거나 행위적이거나 권위적이지 않게 구성된다"고 말한다.[72] 이런 형태의 노동은 종속적인 주체들이 그저 수동적으로 견디지 않고 참여하는 과정이다. 예컨대 사회학자 카린 홀름버그Carin Holmberg는 이성애 관계를 연구하며 인터뷰한 결과, 남성보다 여성이 전통적인 남성적 특징들을 높이 평가하는 경향이 있음을 발견했다.[73] 여성의 감정 표현이 세상에 뭔가 일어나게 하는 것이 아니라 그저 자신의 감정에 대한 민감성을 반영하는 것으로 여겨지기 때문에, 여성화된 노동 형태들은 노동하는 주체가 자신의 행위성을 덜 인식하게 한다.[74] 이와 반대로, 자신의 정서 욕구를 다른 사람을 통해 채우는 사람은 자신이 사회적으로 가치 있으며 상황을 바꿀 힘이 있다고 이해한다. 어떤 사람들은 덜 유력한 타인들과 상호작용하면서 자주적 주체로 살아간다.

그러나 모든 감정 표현이 개인의 자주성을 줄이지는 않는다. 아마 모든 감정 중에 가장 남성화된 감정인 분노는 흔히 권력과 자격의 표현이 된다. 분노는 행위성의 지위를 만들어낸다. 분노를 수행하는 남성적 감정노동이 다른 사람들의 안녕에 기여한다는 의미에서 재생산적인 것은 아니다. 그러나 현 사회조직을 재생산하는 특정 위계를 유지하는 데는 기여할 수 있다. 남성성은 육체적이거나 지성적인 노동을 통해서만이 아니라 정서 관리라는, 전형적으로 여성화된 일을 통해서도 생산된다. 여성화된 노동자는 분노와 좌절의 감정을 드러내거나 다른 사람에게 전가하지 않고 대부분 이를 흡수하도록 만들어진다. 반면에, 남성성은 공격과 폭력에 대한 독점권을 가진 것처럼 보이기 때문에 분노를 다른 사람에게 전가하도록 작동한다.

자연화된 젠더 지위는 특별한 감정 상태와 관계를 만드는 육체적 기술을 통해 지속적으로 재생산된다. 혹실드가 연구한 승무원들은 백인 부르주아지의 이상화된 여성성을 다양하게 수행했다. 이런 여성성은 (남성) 고객이 감정적으로든 성적으로든 이용할 수 있는 이상적인 엄마-여자친구상을 만들면서 성적 매력과 돌봄을 동시에 끌어낸다. 혹실드는 이렇게 말한다.

> 여성 항공기 승무원들은 여성의 두 가지 주요 역할을 연기해야 한다. (음식을 차리고, 다른 사람의 욕구를 살피는) 애정 어린 아내이자 엄마 그리고 (보이기 위해 차려입고, 낯선 남자들과 접촉하며, 전문적이고 조심스럽게 행동하고, 문자 그대로 집에서 멀리 떨어져 있는) 화려한 '직장 여성'이다.[75]

감정노동은 다양한 정서 욕구에 대응할 수 있는, 제한적이지만 유연한 일단의 젠더화된 규범의 수행을 기반으로 한다. 여성은 다른 사람들의 많은 욕구에 대응해야 하기 때문에, 여성성에는 복합적이고 때로 모순적인 여성다움이 반드시 포함되어야 한다. 혹실드는 항공기 승무원들이 '성적인 여왕'부터 '어린이 스카우트 지도자'에 이르는 여성성을 수행하기 위해 다양한 신체 기술을 어떻게 개발했는지 보여준다.[76] 이런 형태의 여성성은 규범적 양식들로 인해 상당히 제한되고 위축되었지만, 여성 노동자가 다양한 목표를 이루기 위해 상이한 여성성 유형들을 유연하게 활용할 수 있게 한다. 이는 여성 노동자에게 여성성을 통해 행동할 행위성을 부여하지만, 젠더화된 감정노동을 원래대로 되돌리지는 못한다.

스펀지처럼 행동해야 하는 여성들

많은 여성들이 무임금 재생산 노동자였기에 전후 유럽과 북아메리카의 가정주부에 관한 이상은 주요 자본주의 국가 여성들 사이에서 상대적으로 동질적인 경험을 만든 반면, 신자유주의 사회에서는 다양한 여성들 사이의 계급화가 갈수록 심해졌다. 많은 여성들이 사업, 정치, 법률같이 남성화된 영역에서 두각을 나타냈다. 제2의 페미니즘 물결은 여성의 법적 권리를 획득하고 경제적, 성적 독립성을 키웠다. 그러나 젠더 위계는 끈질기게 이어지고 있다. 감정 재생산이라는 개념과 그에 따른 주체성 형태는 우리가 젠더화된 권력과 노동의 양식을 통해 생각하는 데 도움이 될 수 있다. 감정 재생산은 오늘날 자본주의 사회에서 성차별이 존속하는 것을 설명할 수 있다.

여성성은 보상을 받기도 하지만 평가절하되기 때문에 전문직 여성들은 이중으로 속박받는다. 많은 경우에 이들은 젠더 일탈자로 보이지 않도록 그중 어떤 면은 지키면서도 재생산 노동과 전통적 여성성으로부터 거리를 두라는 압력을 받는다.[77] 이런 여성들에게 젠더는 폄훼된 여성성의 노동을 다른 여성에게 떠넘기는 일이 포함되는 경우가 많은 균형 잡기가 된다.

전통적 여성성을 부정하는 것은 인종과 관련되기 때문에, 유색인 여성과 이주 여성은 백인 부르주아 여성들이 자기 것이라고 주장할 수 있는 현대적이고 독립적인 주체성에 비해 후진적인 여성성 유형으로서 살도록 구성된다.[78] 사회학자 사라 파리스Sara Farris는 이것이 어떻게 우익 정치인과 몇몇 페미니즘 조직의 정치적 요구로 바뀌는지를 보여준다. 양쪽 모두에서 이주 여성이 이른바 그들의 후진성에서 벗어나려면 부득불 임금 노동을 해야만 한다고 주장한다. 하지만 이 여성들은 돌봄과 청소같이 백인 여성들이 벗어나려고 하는 부문에서 일하

게 된다.[79]

직업을 갖는다는 것은 평가절하된 전통적인 (여성적) 무임금 지위에 비해 현대적인 (또는 남성적인) 주체성을 판단하는 근거가 된다. 이것은 역사적으로 유색인 여성이 백인 여성보다 임금 노동을 하는 경우가 더 많았다는 사실을 무시한다.[80] 유색인 이주 여성은 직업 갖기라는 시험을 통과해도 기술이 필요 없어 보이는 돌봄노동에 결부된 탓에 평가절하된 형태의 여성성에서 벗어나지 못한다.

신자유주의 사회가 되면서 사회적 유연성이 더욱 중요하게 여겨졌다. 흔히 유연성은 젠더 표현을 덜 완고해 보이도록 하면서 젠더를 전통에서 벗어나게 하는 것으로 이해되었다. 그러나 이런 탈전통화가 꼭 젠더 위계의 소멸을 뜻하지는 않는다. 오히려 젠더 위계가 새로운 방식들로 재구성된다.[81] 오늘날 경제는 평가절하된 재생산 노동의 이용 가능성은 물론이고, 노동인구 내 위계 구분에 지속적으로 의지한다.

임금 노동을 하는 여성이 많아지면서 중산층이나 부르주아지에 속하는 백인 여성은 더 큰 힘과 독립성을 획득하게 되었다. 이 여성들은 고도로 숙련된, 가치 있는 노동력의 담지자가 될 수 있기 때문에 가치 있는 자신의 욕구를 더 많이 채울 것이다. 또한 이들은 흔히 재생산 노동 부담의 일부를 외부의 재생산 노동자에게 위탁하는 식으로 그 부담을 어느 정도라도 거부할 수 있었다.

자본주의 사회에서 재생산 노동은 자주적 주체성과 병립할 수 없다고 여겨진다. 이런 유형의 노동이란 다른 사람의 욕구를 우선시하는 노동이기 때문이다. 개인의 의지보다는 그러한 욕구가 노동 주체를 순응시키는 힘이 된다. 따라서 자주적으로 산다는 것은 다른 사람을 위한 재생산 노동을 거부한다는 뜻이다. 어떤 여성들이 자주성과 행위성을 요구할 수 있게 되었다는 사실이 재생산 노동을 하는 여성과 하지 않는 여성의 구분을 없애지는 않았다. 오히려 엄선된 여성 집단에게만 어느 정도 유연성을 허락하고 집단 간 경계선을 다시 그었다. 이 여성들은 소유적 개인주의에 따라 살아가기 위해 애쓸 것이다. 소유적 개인주의야말로 이들이 수행하도록 교육받은 여성성의 정반대로서 구성되고, 규범적 여성성에서 너무 멀어지면 처벌받을 위험이 있기 때문이다. 때로 전문직 여성들은 바람직한 여성답게 살기 위해 자신이 다른 무엇보다 엄마라는 사실을 강조하고 자신의 욕구보다 다른 이들의 욕구를 우선시해야 한다고 느낄 수도 있다.

여성화된 주체성 자체는 내적 일관성이 없다. 우리는 오늘날 자본주의 사회가 어떻게 여성들에게 모순된 요구를 하는지 보았지만, 여성성은 단순하거나 안정적인 의미를 가진 적이 없다. 페데리치는 자본으로 이행 중인 여성성이 통제할 수 없는 섹슈얼리티와 결부되어 순종과 순결 같은 기표로 바뀌었다고 주장한다.[82] 그러나 여성성은 그 모순된 의미 중 일부를 계속 유지했으며 이를 통해 여성성은 노동자를 통제하고 노동을 끌어내는 기술로서 유용했다.

라이트가 중국과 멕시코의 공장에서 일하는 여성들에 관한 연구에서 보여준 것처럼, 여러 가지 여성성이 공존한다는 것은 여성성의 다양한 측면이 젠더화된 지배와 착취를 키우는 방식으로 동원될 수 있다는 뜻이다. 즉 여성이 남성보다 유순하고 솜씨가 좋지만, 통제되지 않는 여성의 몸은 언제든 생산의 흐름을 깰 위협이 되는 만큼 끊임없이 통제해야 하는 자연적이고 미숙한 육체성이라고 여겨진다.[83] 여성적 수동성과 유순함은 불안정하고 유순하게 구성된다. 바로 이 유연성 때문에, 여성들이 공식적인 일터의 안팎에서 착취 대상이 되어 여성 노동자에 대한 지나친 착취가 가능해진다. 또한 여성들은 임금노동의 안팎에서 폭력에 취약한 존재가 된다. 젠더화된 주체는 젠더화된 생산과 통제의 결과로 나타난다. 가정에서든 공식적인 경제에든 일터에서는 젠더화된 주체성이 전제되는 동시에 재생산된다.

이 유연성이 반드시 젠더의 자연화에 이의를 제기하지는 않는다. 오히려 많은 경우에 사람들은 이원적 젠더 개념 안에서 더 유연하게 끼워 맞춰 젠더를 제시할 수 있다.[84] 다양한 여성성이 공존할 수 있으며 때로는 여성적으로 여겨지는 것에 대한 끊임없는 평가절하를 해소하지 못한 채 서로 충돌할 수 있다.

여성이 가정주부일 뿐 아니라 임금 노동자이기도 한, 젠더화된 노동의 한층 더 유연한 구성이 이런 평가절하를 반드시 위협하지 않는다. 지난 수십 년 동안 임금 노동을 하는 여성들이 많아지면서 이들이 무임금 서비스만이 아니라 값싼 노동력의 원천이 되었는데, 둘 다 재생산 노동에 대한 평가절하를 드러낸다. 이런 평가절하는 많은 재생산 노동이 무임금이라는 본질과 연결되고, 이것은 지난 수십 년 동안 재생산 노동의 상품화 경향이 있었음에도 여전하다. 사회학자이자 여성학자인 노나 글레이저Nona Glazer는 이런 경향이 단선적이지 않으며 재생산 영역에 상당한 유연성이 있다는 데 주목한다. 다양한 재생산 노동이 자본의 투자와 회수 및 국가가 제공하는 서비스의 확장과 축소 주기에 따라 임금 영역과 무임금 영역 사이에서 오락가락한다는 것이다. 글레이저는 여성들이 무임금 노동과 임금 노동을 흡수할 수 있는 '스펀지'처럼 행동해야 한다는 사실을 시사한다.[85] 여성성은 수용성 형태로 구성되며, 그 유연성은 가족과 시장과 국가의 욕구에 맞는 방식으로 임금 노동과 무임금 노동을 결합해 다른 사람의 변화하는 욕구에 맞출 수 있는 역량으로 이루어진다.

신자유주의의 유연한 여성성 구성은 임금 영역에서든 무임금 영역에서든 (일부) 여성들에 대한 착취가 증가한다는 것을 암시한다. 여성이 임금 노동을 하면 일시적으로 이들의 무임금 노동이 제한되고 상품화된 재생산 서비스를 이용할 수밖에 없는데, 그럼에도 많은 여성들이 무임금으로 가족과 친구를 돌보고 있다. 많은 경우에 이것은 이들에게 자기 자신을 위한 시간, 휴식을 취하고 자신의 노동력을 재생산할 시간이 적어진다는 뜻이다. 이런 여성들이 하는 재생산 노동은 이들을 다양한 사람과 조직의 욕구에 따라 탈상품화하고 재상품화하기 위해 여성성과 돌봄을 자연화하는 이해로 통합된다. 여성들의 유연성은 이런 욕구에 대응하는 노동이 되고, 현재 국가가 제공하는 서비스의 구조와 시장이 제공하는 부분적이고 제한적이기만 한 재생산 서비스 상품 유형에 따라 이전의 임금 노동이 사적 영역으로 돌아가는 것을 수용한다.

그러므로 신자유주의 사회에서 유연성은 서로 다른 주체에게 서로 다른 것을 의미한다. 여성화된 주체에게는 많은 사람들의 경제적 처지가 갈수록 불안해지는 데 따른 스트레스와 충격을 재흡수할 뿐만 아니라 공공 재생산 서비스가 줄어들면서 사적 영역으로 격하된 노동을 재흡수하는 능력을 의미한다. 페데리치는 이렇게 썼다.

> 여성들은 경제적 세계화의 충격을 흡수했다. 세계경제

의 자유화가 진행되고 노동인구 재생산에 대한 국가의 투자가 갈수록 줄어들면서 악화된 경제적 조건을 자신의 일로 메워야 했다.[86]

임금 노동 영역과 마찬가지로 유연성이라는 개념은 착취당하는 이들에게 부정적인 의미가 있다. 유연성은 상사의 요구에 응할 수 있다는 뜻인 경우가 많다. 부르주아 남성으로서는 유연한 주체성의 신자유주의적 구성이 더 바람직한 이동성과 반응성을 포함할 수 있다. 이런 유연성은 사회 위계와 규범을 해소하는 것으로 제시되지만, 어떤 사회 위계와 규범에는 더욱 쉽게 이용될 수 있다.[87]

신자유주의적 경영 기법을 도입한 병원의 간호사들을 연구한 여성학자 레베카 셀베리Rebecca Selberg는, 자아의 체제들 안에서 바람직하다고 여겨지는 젊고 현대적인 에너지와 개인주의에 따라 살 수 있는 몇몇 여성 간호사들에게는 이동성 증가가 허용된다는 사실에 주목한다. 자유주의 페미니스트들은 이것을 젠더화된 규범을 없애고 덜 엄격한 젠더 분업을 만들 수 있다는 신호로 본다.

하지만 이것은 평가절하되고 때로 보이지도 않는 노동인 간병을 하도록 남겨진 여성들의 부담을 전혀 줄이지 못한다.[88] 사실 공적 부문에서 신자유주의의 '합리성'이 긴축과 외주의 체제를 통해 이런 지위에 대한 압력을 강화한다. 자유주의 페미니즘은 여성이 경영자 지위에 오르는 것을 축하하면서 많은 경우 재생산 문제를 간과한다.

희생을 강요하는 노동

감정노동에 대한 설명에서 소외가 이 노동의 주요 문제로 보이는 경우가 있다. 감정노동은 긴장을 일으키고 진짜 감정적 역량을 줄이는 방식으로 더 진실한 자신의 감정으로부터 여성이 소외되기 때문에 문제로 여겨진다. 그러나 여성화된 주체가 감정노동을 한다고 해서 반드시 해를 입는 것은 아니다. 이런 노동은 노동하는 사람과 돌봄을 받는 사람 모두에게 양가적 효과를 낳는다. 우리는 어떤 감정노동자가 일을 통해 얻을 수 있는 즐거움에서 도덕적이거나 정치적인 가치를 도출하는 것을 경계해야 한다. 이런 즐거움이 반드시 노동의 착취를 늘리거나 줄이지는 않는다.

사실 사람들은 자신과 다른 사람에게 제약적이고 해로운 행동에서도 즐거움을 끌어낼 수 있다. 이성애 여성이 보상이자 착취의 원천인 친밀한 커플 관계에 참여함으로써 느끼는 즐거움이 바로 그 예다. 벌랜트에 따르면, 우리는 우리를 해치는 것에 긍정적 감정을 쏟는 경우가 많다.[89] 벌랜트는 여성들이 자신의 정서 욕구를 다른 사람의 정서 욕구로 돌리고 그들 '자신의 가치를 그녀가 수행하는 인정의 노동만이 아니라 그 영향의 감각적인 모습으로' 돌려받는 데서 어떤 즐거움을 끌어낼 수도 있다고 말한다. "이 담론의 장에서, 여성의 감정노동은 생활로 여겨지는 것에 관한 이야기의 중심에 여성을 데려다 놓는다."[90]

어떤 주체는 감정노동에 흔히 포함되는 여성성을 적절히 수행하는 데서 즐거움을 끌어낼 수 있다. 이와 반대로, 전통적으로 여성화된 감정노동을 하는 남성은 자신의 노동을 남성성에 대한 투자와 결합하는 데서 오는 인지적이고 감정적인 스트레스를 다뤄야 할 수도 있다.[91] 여성화된 주체에게 감정노동은, 아마도 진실하다는 여성성을 표현하는 (그리고 그렇게 해서 재생산하는) 즐거움을 수반하는 경우가 많다.

감정과 주체성의 이 긴밀한 결합은 감정노동을 직무 설명서에 성문화할 수 있는 개별 업무로 이해하기가 어렵다는 점을 의미한다. 감정노동이 심하게 자연화되었고 노동자의 타고난 인성으로 여겨지기 때문에, 그 판매자와 분리할 수 있는 시장성 있는 상품으로서 지위를 획득하지 못할 수 있다. 이것은 감정노동이 흔히 그 자체로는 서비스가 아니고 다른 서비스의 보이지 않는 구성 요소가 되는 부분적인 이유이기도 하다. 사회학자 스티브 테일러Steve Taylor와 멜리사 타일러Melissa Tyler가 주장하듯, '공식적이고 계약적인 교환 관계 밖에서 일어나지만 공식적이고 계약적인 상품 교환 관계가 의존하는 여성 노동의 측면들'이 있다. 감정노동은 강제적인 이타주의가 된다.[92] 이것은 노동자에게 받는 대가보다 더 많이 일하도록 요구하는 자본주의 생산에서 큰 가치가 있다.

이렇게 해서 젠더화된 착취는 자본주의 노동시장에 통합된다. 이것은 흔히 가정에서나 임금 노동 현장에서 남성과 여성의 대수롭지 않아 보이는 상호작용에서 발생한다. 마리아로사 달라 코스타는 "남성과 여성 사이에서 권리로서 권력이 성적인 애정과 친밀성을 *명한다*"고 말한다.[93] 자본주의 권력이 노동을 명령하는 권력이듯, 젠더는 친밀성의 노동을 명령하는 권력이다. 젠더화된 노동에 대한 이 명령이 외적인 것만은 아니다. 젠더는 감정 재생산 노동에 대한 명령을 내재화함으로써 기능한다. 자신을 희생하라는 요구야말로 규범적 여성성의 핵심이다. 여성은 다른 사람을 위해 자신을 희생하도록 훈련될 뿐만 아니라 이 노동에서 즐거움을 끌어내도록 고무된다.[94] 젠더 노동은 노동자가 그 일을 하는 데서 그치지 않고 즐길 것을 요구한다. 사랑의 노동에는 주체성 자체를 이 노동의 이미지로 개조하라는 명령이 따라온다.

여성화된 노동 주체는 노동을 즐기거나, 아니면 노동을 즐기지 못한 것에 대해 개인화된 비난을 받으라는 명령으로 규율된다. 페데리치가 쓴 것처럼, 당신이 그 일을 좋아하지 않는다면 '그건 당신의 문제고 당신의 실패이며 당신의 책임이고 당신의 비정상'이다.[95] 희생이라는 개념을 통해 여성성은 더 많은 노동을 끌어내기 위한 규율 도구 역할을 한다. 특히 이상적으로 감정노동은 본질상 무한해야 한다. 자기희생의 심리적 구조는 좋은 사람, 곧 좋은 여자가 되는 데 감정적으로 투자된 여성과 돌봄노동을 하는 여성에게 특히 강력하게 남아 있다.[96] 많은 감정노동, 더 일반적으로는 돌봄의 강제성은 돌봄이 탈상품화될 때 분명해진다. 국가가 공급하는 재생산 서비스가 중단되거나 수익성 없는 재생산 노동에서 자본의 투자가 철회될 때 가족과 친구가 아무 보상 없이 돌봄노동을 하게 되는 경우가 많다. 감정노동을 수행하라는 여성화된 명령뿐만 아니라 돌봄이 필요한 사람에 대한 감정적 애착이, 타인을 돌보느라 자신을 돌보는 역량이 제한될 때도 가족이나 친구를 돌보라고 여성에게 강요할 수 있다.

페미니즘의 감정

FEMINIST EMOTIONS

THEY CALL IT LOVE

그들은 그걸 사랑이라 말한다. 우리는 그걸 무임금 노동이라 말한다.

그들은 그걸 냉담frigidity(차갑고 무감각한 태도만이 아니라 여성의 성적인 불감증을 가리키는 표현으로도 사용된다. – 옮긴이)이라 부른다. 우리는 그걸 결근이라 부른다.

모든 유산은 업무상 재해다.

동성애와 이성애가 모두 노동조건이다. … 그러나 동성애는 노동자의 생산 통제 수단이지 노동의 목표가 아니다.

더 많은 미소? 더 많은 돈. 치유라는 미소의 미덕을 파괴하는 데 이렇게 강력한 것은 없다.

신경증, 자살, 중성화: 가정주부의 직업병

–실비아 페데리치, 《가사 노동에 대한 임금》

저항과 대립이 가능해지려면 페미니스트 주체성은 감정을 실천하는 형태를 바꾸어야 한다. 두려움, 죄책감, 불안감 등 여성성과 관련된 부정적 감정 상태는 집단적 주체성 성립을 통해 그 의미를 바꿀 수 있다. 이런 변화가 반드시 더 긍정적인 감정 상태를 의미하지는 않는다. 페미니즘 운동은 나쁜 감정을 활용할 수 있다. 하지만 이런 감정이 쓸모 있으려면 집단화되어야 한다.

이런 이동이 일어나게 할 방법을 생각하는 데 재거가 말한 일탈적 감정outlaw emotions 개념을 참고할 만하다. 재거는 감정이 사회적으로 성립되지만, 모두가 똑같은 것을 느낀다는 의미에서 완전히 사회구조에 따라 결정되지는 않는다고 말한다. '현상 유지를 위해 지나치게 높은 가격을 지불하는' 이들은 일탈적 감정, 즉 어떤 사회적 상황에서 용납되지 않는 감정을 경험하기가 쉽다.[1] 억압과 착취를 겪는 사람들 중 일부는 겁을 먹거나 체념하지 않고 분노할 수 있다. 혹실드의 말대로, 이런 감정은 특정한 개인이 진 사회적 '빚'을 갚아 주지 않는다.[2]

고립되어 있을 때 일탈적 감정을 겪는 개인은 정서상

규범적인 사회적 유대의 기대 및 압력과 조화를 이루지 못하는 사람으로서 정신이상이나 감정 불안으로 여겨질 수 있다.[3] 페데리치에 따르면, "많은 여성들이 이렇게 저항했으며 저항하고 있다. 이들은 정신 나간 여자라고 불린다. 실제로 이들은 자신을 쓸모없게 해 이용하지 못하게 하는 것 말고는 착취당하는 걸 거부할 방법을 찾지 못한 여성들이다."[4] 여성들의 '정신이상'을 암묵적인 거부로 읽을 때, 규범적이지 않거나 바람직하지 않은 느낌들은 '(인식론상 전복적이기에) 정치적으로 전복적'일 수 있다.[5] 다르게 느낀다는 것은 다르게 아는 방법, 세계가 다를 수 있음을 아는 방법이기도 하다. 감정의 집합이기도 한 페미니스트의 집단적 주체성을 형성하면, 사람들이 집단적으로 거부할 방법을 찾을 수 있다. 이런 거부는 착취의 영향을 내재화하기보다 외부로 돌리려 한다.

분노에는 정치적인 힘이 있다

제네바의 가사노동임금 단체인 콜렉티프 랭수미즈 Collectif l'Insoumise에서 한 가지 거부 방법을 탐구한 적이 있다. 이들은 직접 행동, 점거, 집단 무임승차, 재소자 연대를 실행했다. '나쁜', '성난' 엄마들의 조직이 갖는 집단적 형태에 초점을 맞춘 모임으로서 투쟁의 감정적인 요소에 더 직접적으로 호소하는 방식도 있었다. 자기희생으로서 모성에 대한 찬양을 거부하면서 콜렉티프 랭수미즈는 '국가, 가족, 교회, 경찰이 바라는 것을 하지 않는다는 이유로 올바르게 생각한다는 사람들과 사회가 나쁘게 보는' 엄마들을 찬양했다. 이 여성들은 '체념과 희생의 냄새는커녕 저항과 자유의 향기를 풍겼다!'[6] 정치적 행동으로서 분노를 되찾은 콜렉티프 랭수미즈는 위험한 행동과 일탈적 감정에 따른 처벌에 대한 개인적 두려움을 넘어설 수 있었다. 이들은 글쓰기를 통해 분노, 좌절, 불만 같은 집단적 감정을 북돋웠다. '좋은' 엄마가 되기를 거부하면서, 즉 자기희생적인 백인 부르주아 엄마라는 이상이 요구하는 노동을 거부하면서 이 집단은 자신을 위해 더 많은 것을 바라는 여성들을 모으려고 했다. 이들은 '자기가 뜻대로 살려고 하는 여성, 실업, 세금, 직업 등 모든 면에서 불평하는 여성 … 아이들을 위해서만 살지 않는 여성'에게 호소했다.[7]

이들은 이미 경험한 분노보다 '더 좋은' 감정을 품는 것이 아니라 해방 가능성을 확대하는 방식으로 자신들의 감정을 동원했다. 재거는 일탈적 감정이 그 자체로는 전복적이지 않아도 혁명적 가치를 통합할 때 혁명적 정치 기획에 이용될 수 있다고 주장한다. 일탈적 감정은 인간의 고통과 착취가 줄어든 사회의 특성이 될 때 급진 정치에 적합하고, 아닌 경우에는 그러한 사회를 건설하는 데 도움이 된다.[8] 재거는 '우리가 관습적으로 설명할 수 없는 감정에 이끌려서 전복적인 발언을 하기 때문에' 감정에는 소중한 인식론적 기능이 있다고 말한다.[9]

일탈적 감정은 감정 재생산을 거부하는 데 핵심적이다. 감정노동은 사회적으로 적합한 감정을 키우기 위해 금지된 감정을 억누르거나 감추는 노동이라고 할 수 있다. 페미니스트의 집단적 분노 표출은 여성화된 감정노동을 거부하는 한 가지 방법이다. 분노는 남성의 감정 표현에서는 흔하지만, 여성화된 감정노동에서는 다정함의 정신을 살리기 위해 다른 이들로부터 흡수해야 할 뿐만 아니라 관리하고 억압해야 하는 감정이다.[10]

페미니스트 기획 내에서 분노를 되찾는 것은 단순히

더 남성적인 감정 양식을 긍정하는 것처럼 보일 수 있지만, 본질은 여성화된 감정노동을 거부하는 데 있다. 이것이 분노가 증폭할 가치가 있는 유일한 감정 상태라거나 더 여성화된 감정들을 폐기해야 한다는 뜻은 아니다. 오히려 우리는 착취되고 억압받는 사람들, 폭력에 순응해야 하는 사람들이 분노를 이용할 때 발휘될 분노의 정치적 힘을 인식해야 한다. 이는 다양한 감정 상태에 좀더 공평하게 접근하는 것과 감정 표현을 통해 진정한 젠더화된 존재로 여겨지는 요소들로부터 돌아서는 일을 수반한다. 이런 식으로, 여성화된 주체가 이용할 수 있는 감정의 폭을 넓히다 보면 젠더 폐기의 지평을 열 수 있을 것이다. 폭넓고 다양한 감정의 실천은 소유적 개인주의의 감정 실천을 긍정하지 않고도 여성화되지 않은 다양한 주체의 잠재력을 펼칠 수 있다.

분노는 양가적인 느낌이어서, 남성뿐 아니라 여성도 다른 여성에게 억압적인 목적으로 분노를 이용하는 경우가 많다. 감정은 그 본질상 맥락이 있기 때문에, 우리는 분노의 정치적 뉘앙스에 주의를 기울여야 한다. 〈분노에 관한 소고A Note on Anger〉를 쓴 철학자 매릴린 프라이

Marilyn Frye는 여성의 분노 자체가 일탈적 감정은 아니라고 말한다. 여성이 여성 '본연의 영역', 즉 부엌에서 분노를 표현하는 것은 허용된다.[11] 여성의 분노가 세상의 감정 질서에 위협이 되려면 개인화된 재생산 영역을 넘어야 한다. 집단적인 분노 표출은 이런 현 상황에 이의를 제기하는 잠재력이 있다. 시인이자 페미니스트인 오드리 로드Audre Lorde가 말한 것처럼, "모든 여성이 가득 찬 분노의 무기고를 가지고 있으며 이것은 그 분노를 낳은 개인적, 제도적 억압에 맞서는 데 잠재적으로 유용하다. 초점을 정확하게 맞출 경우 이것은 진보와 변화에 도움이 되는 강력한 에너지원이 될 수 있다."[12] 로드는 다른 여성들에 대한 억압을 영속화하기도 하는 백인 이성애 부르주아 여성성에 저항하기 위해 분노를 사용하는 데 찬성한다. 이 여성성은 갈등과 위계를 영속화하는 동시에 감추려고 하는 다정한 행동들을 통해 성립된다.

그러나 분노는 공포와 죄책감이라는 개인화된 감정 때문에 약해질 수 있다. 페데리치는 여성들이 이 노동을 거부하지 못하게 하는 주요 장애물 중 하나가 '파업하는 노동자가 아니라 나쁜 여자로 보일까 하는 두려움'이라고 말한다.[13] 로드도 이와 비슷하게 말한다.

> 두려워하도록 키워진 여성에게는 분노가 흔히 절멸의 위협이 된다. 남성의 적나라한 폭력 구성에서, 우리는 우리의 삶이 가부장적 권력의 선한 의지에 달려 있다고 배웠다. 다른 사람의 분노는 어떤 대가를 치르고라도 피해야 하는 것이었다. 왜냐면 그로부터 알게 될 것은 고통뿐, 우리가 나쁜 여자였으며 부족했고 해야 할 것을 하지 않았다는 판단밖에 없었기 때문이다. 우리가 우리의 무력함을 받아들인다면, 어떤 분노든 우리를 파괴할 수 있다.[14]

사실 여성들은 무력하지 않기 때문에 무력함을 인정할 필요가 전혀 없다. '나쁜' 여자로 여겨져서 치러야 할 감정적 대가에 공동으로 대항할 수 있다. 여성들은 노동을 거부해 자신의 힘을 과시한다. 혹실드가 연구한 여성 승무원들은 웃음 짓지 않거나 '진짜' 웃는 척하는 부가적인 노동을 거부하는 것처럼 작은 저항을 통해서도 할 수 있다.[15] 이것은 집단적 분노가 고조되면 페미니스트

슐라미스 파이어스톤Shulamith Firestone이 말한 '여성운동을 향한 꿈의 행동', 스마일 보이콧이 될 수도 있다.[16] 또는 가사노동임금의 공식 문구처럼, 우리가 보수를 받을 때만 웃음 짓겠다는 것, 그래서 여성의 감정 표현의 진정성을 약화시키겠다는 의미일 수도 있다. 혹실드는 여성이 웃지 않으면 화난 것으로 보이기 쉽다는 데 주목한다.[17] 화가 나 있으며 험악하다고 여겨지는 일이 많은 흑인 여성의 경우 특히 그렇다.[18] 긍정적 감정을 보여주지 않으면 자동적으로 분노로 이해된다. 이것은 분노와 거부의 관련을 분명하게 보여준다. 다정해 보이기를 거부하는 즉시 감정적 일탈로 찍히기 때문이다.

가사노동임금 관련 저자들은 많은 행동 유형을 여성화된 노동의 거부 형태로 해석한다. 이혼과 좀도둑질 같은 개별 행동, 냉담과 우울 같은 상태가 모두 젠더화된 노동의 이데올로기적 힘과 감정 투자에 대한 더 일반화된 환멸의 증상으로 읽힌다. 노동, 특히 대개 노동으로 여겨지지 않는 노동에 대한 거부를 통해 페미니스트의 집단적 주체가 알려지지 않던 힘의 원천을 까발릴 수 있다. 하지만 거부는 다양하게 표현될 수 있고, 특정 주체에게 요구되는 노동의 종류에 따라 달라진다. 브라운은 흑인 여성의 높은 출산율에 대해 이들의 성을 규율해 백인 부르주아의 규범적인 재생산 노동으로 만들려는 인종주의적 시도를 거부하는 것이라고 해석한다.[19] 따라서 지배적 재생산 질서에 저항하는 데는 그 맥락에 따라 달라지는 다양한 방법이 있다.

가사노동임금의 거부 전략은 감정 재생산이 개인화되고 소외되는 측면을 거부하는 것으로 이해될 수도 있다. 가사노동임금 관련 저자들은 자본주의 환경에서 반드시 소외되는 노동력 재생산의 조건을 겨냥한다. 자신과 다른 사람을 노동력으로 재생산하기를 거부하는 것은 다른 형태의 사회성을 가능하게 한다는 뜻도 있다. 위크스는 페미니스트의 거부를, 현재 협소한 가족과 낭만적 사랑에 놓여 있으며 점점 더 임금 노동 영역으로 들어가는 정서적 역량의 확산이라는 관점에서 해석한다.[20] 이는 더 폭넓은 감정의 지평을 열고 감정의 사유화에 이의를 제기한다. 노동 거부를 집단적 돌봄 형태를 발명하는 방법으로 보면, 재생산 노동의 거부 대 가치 평가라는 이원적 틀을 넘어설 수 있다. 그럼 거부가 다른 생활 형태의 가치를 평가하는 도구가 된다.

가사노동임금 관련 저술에서 거부는 탈자연화의 전략이다. 사랑의 노동에 대한 거부는 여성성과 재생산의 단절, 곧 가사 노동의 가치 평가와 가시화로는 할 수 없는 어떤 것을 뜻한다. 사랑을 위한 노동을 거부함으로써 여성들은 명백해 보이는 여성성의 자연스러움을 약화시킨다. 《가사 노동에 대한 임금》에서 페데리치는 우리가 '*우리 본성의 표현으로서 노동을 거부하고* … 그럼으로써 자본이 우리에게 발명해준 성 역할을 확실히 거부'해야 한다고 주장한다.[21] 페미니스트의 반노동 정치를 통해 여성성은 자본에 기능하기를 멈춘다. 젠더의 탈자연화는 젠더화된 노동이 지시하는 것이 아니라 우리가 하고 싶은 것을 시작할 수 있다는 뜻이다.

그러나 트리베네토가사노동임금위원회Tri-Veneto Wages for Housework Committee가 1974년에 지적한 것처럼 "우리 여성들이 이 거부로 치르는 대가가 크다. 남성들이 우리의 투쟁을 막고, 우리를 협박하고, 우리를 때리고, 우리를 죽인다."[22] 폭력으로부터 여성들을 보호하기 위해 페미니스트 집단에는 분노는 물론이고, 대안적 사회성의 근거인 연대가 필요하다.

연대는 대안적 감정 실천의 개발에 달려 있다. 가사노동임금 관련 저술과 행동이 여성들의 정서적 연대를 북돋웠다. 《여성의 힘과 공동체의 전복The Power of Women and the Subversion of the Community》에서 마리아로사 달라 코스타가 연대란 방어가 아니라 공격을 위해, '이웃과 친구로서만이 아니라 노동 동료이자 반노동 동료로서 다른 여성들과 함께'하기 위해 존재한다고 주장한다.[23] 더 취약한 사람들과 함께 느끼는 감정인 공감만이 아니라 동맹 결성을 방해하는 인습적 감정 반응을 버리는 것도 연대하는 데 중요하다는 뜻이다.

가장 무력하다고 여겨지는 이들에게 강한 힘이 있다고 다시 쓰는 가사노동임금의 정치적 전도에 따르면, 감정 실천에 대해서도 이와 비슷한 재해석이 필요하다. 우리는 가사노동임금 관련 저자들이 무시되기 일쑤인 '뒤떨어진' 가정주부의 지위와 자신을 강하게 동일시하는 것만이 아니라, 가정주부, 저임금 서비스 노동자, 복지수당 의존 여성, 성 노동 여성의 연합을 주장하는 것에 대해서도 생각해볼 수 있다. 연대는 더 주변화된 사람들에 대한 여성들의 분노와 반감을 확인하는 것으로 작동할 수 있다. 가정주부가 복지 수당에 의존하는 여성에 대해 분노할 때처럼 말이다. 페데리치는 이런 가정주부들에 대해 '그녀의 분노는 그녀, 가정주부가 자기 일을 거부할 수 없고 수중에 돈도 얼마 없다는 사실 때문에 생긴 시기심을 곧바로 표현한 것'이라고 쓴다.[24] 이런 가정주부의 감정 상태는, 억압하는 사람이 아니라 억압당하는 사람에게 나쁜 감정을 돌리는 부정적 연대의 한 예다. 하지만 더 많이 낙인찍힌 사람을 향한 분노의 감정은, 스스로 거부할 수 있는 사람에 대한 시기의 감정으로 재해석된다. 더 주변화된 듯해 보이는 지위가 부러움을 살 만한 것으로 재구성된다. 개인화된 분노의 감정적 반응은 집단적 분노와 나아가는 힘을 위해 버려야 한다.

투쟁의 힘을 더하는 자율성

이 장을 열면서 인용한 짧은 시는 가사노동임금이 이런 조건을 신비화하는 '그들'과 여성화된 주체들의 집단적 상황의 일부로 동떨어진 듯 보이는 사건들을 드러내는 '우리'의 적대 관계를 보여준다. 신경증과 유산은 이제 개인의 불운이 아니라 직업병이자 업무상 재해다. 미소는 사랑의 표현이 아니라 노동이기 때문에 더는 공짜로 생기지 않는다. 임금 투쟁은 이 미소의 의미를 근본적으로 바꾸고, 그것의 치유 효과도 없애 버린다. 여성의 냉담은 결근이라는 이름이 새로 붙는 순간, 성 노동에 맞서는 투쟁의 계기가 된다.

가사노동임금 관련 저술은 자신이 처한 환경에 대한 여성들의 불만 표현이 어떻게 전형적으로 개인화되는지 보여주고, 그래서 이를 재해석하고 정치적 저항의 틀에 다시 끼워 넣어야 한다고 말하는 예로 가득하다. 페데리치는 "우리는 투쟁 중인 노동자가 아니라 바가지를 긁어대는 암캐로 여겨진다"고 말한다.[25] 가사노동임금은 이 '바가지 긁기'를 재해석해, 여성들이 이미 이 집단적 '우리'의 감정 실천에 참여하고 있으며 지금까지 개인화된 불만을 집단적 대립이라는 새로운 지평으로 끌어올릴 준비가 되어 있다고 스스로 이해할 수 있도록 만든다.

이런 재해석은 가사 노동의 조건을 설명하는 데서 그치지 않고 행동을 불러일으키는 데 꼭 필요하다. 페데리치는 이렇게 주장한다.

> 이제부터 우리는 그중 일부를 거부하고 마침내는 전부 다 거부할 수 있도록, 그것의 모든 순간에 대한 돈을 원한다. 그 어떤 것도 우리 여성의 덕목에 이미 계산 가능한 금전적 가치가 있음을 보이는 것만큼 효과적이지는 않다. 이 금전적 가치가 오늘날까지 오직 자본을 위해 우리가 패배한 만큼 증가했지만, 이제부터는 우리를 위해 우리가 자본에 맞서 우리의 힘을 조직한 만큼 증가한다.[26]

자본이 주적이라고 분명히 말함으로써 가사노동임금은 노동자계급의 투쟁에서 스스로 중추적인 역할을 맡고 인식론적, 감정적, 정치적 전복을 시작할 수 있다. (미소와 유산처럼) 가장 친밀하고 내밀하게 보이는 것이 이제는 가장 정치적이다. 패배와 억압과 착취의 경험에서 새로운 정치적, 정서적 실천이 부상할 수 있다. 구태의연한 현실 수용이 다른 세상에 대한 욕망으로 바뀐다.

이러한 기획은 기존 좌파의 진부한 정치적 언사에 이의를 제기한다. 제임스의 글은 좌파의 정치 담론에 새롭게 개입하는 좋은 예로서, 주변적인 것들이 중심이 된다. 이런 움직임이 노동자계급을 다시 정의하게 하는 가운데 임금 노동에서 배제되었던 사람들이 자본에 맞선 정치투쟁의 핵심 인물이 된다. 제임스에게 페미니스트 투쟁의 목표는 충분한 힘을 길러 남성들을 페미니스트의 반자본주의 혁명에 참여시키는 것이어야 한다. "이제 우리는 우리의 조건에 따른 단결을 요구한다. 그들은 *우리*를 지지해야 한다."[27] 노동자계급은 부분적으로 공유된 착취의 경험과 이 착취를 쉽게 하는 임금 계약에 대한 적대적 관계에 따라 구성되는 균열된 집합체라고 이해할 수 있다. 모두가 임금을 받지는 않아도, 노동자계급에게서 그들이 살아가는 데 필요한 것을 빼앗는 임금 관계는 모두의 삶에 영향을 끼친다. 공공의 적인 자본은 균열된 보편성을 만들고, 오늘날 노동과 자원의 분배에 따라 가장 큰 해를 본 사람들 뒤에서 단결하라고 요청한다. 이 운동이 혁명적 정치의 장에 개입하려 했던 것은, 동일성에 의존하는 것이 아니라 상이한 위치에서 착취를 끝내려는 욕망을 공유하는 집단들에 의존하는 정치적 주체를 세우기 위해서였다.

더 폭넓은 공산주의 운동처럼 가사노동임금 운동은 '경제적으로 불충분하고 지지받기 어려워 보이지만 운동 과정에 반드시 기존 사회질서를 더 깊이 잠식하고 생산양식을 완전히 혁신하는 수단으로서 불가피한' 요구를 만들어내려고 했다.[28] 가사노동임금의 표현에서, (재)생산양식 혁신에 대한 요구는 그 본질상 반노동적이라는 특징이 있었다. 제임스가 〈여성, 노동조합, 노동Women, the Unions, and Work〉이라는 팸플릿에서 이 운동의 요구 사항 여섯 가지를 제시하는데, 처음에 제시한 두 가지 요구는 다음과 같다. ① 우리는 더 적게 일할 것을 요구한다. ② 우리는 일을 하든 하지 않든, 결혼했든 하지 않았든 여성과 남성에게 보장된 소득을 요구한다. 우리는 가사 노동에 대한 임금을 요구한다.[29] 1974년에 배포된 가사노동임금의 전단에는 이런 글이 실렸다.

이제 우리는 우리가 언제 일하고 어떻게 일하고 누구를 위해 일할지 결정하기를 원한다. 우리는 아예 일하지 않겠다고 결정할 수 있기를 원한다 … 이제 우리는 우리가 생산한 부를 돌려받기를 원한다. 우리는 과거의 것까지 현금으로

즉시 돌려받기를 원한다. 우리는 이 모두를 원한다.[30]

이 선언은 가사노동임금 관련 저자들이 주장하는 정서적 위협이 자본주의 사회에서 여성들이 처한 조건이 지닌 특성이라는 사실을 뒤집는다.[31] 오히려 '우리'가 노동과 자본의 교환을 장악하겠다는 말이다. 부를 반환하라는 요구는 자본을 계급 간 대립에서 그저 노동을 감독하고 노동자들이 생산하는 것을 손에 넣기만 하는 수동적 상대로 상정한다. 과감히 요구하는 목소리를 통해 가사노동임금은 집단적 감정 실천을 할 수 있는 자율적 페미니스트 주체를 구성하려고 한다. 이들의 작업은 필연적으로 그 힘을 정치적 압박에서 끌어오는 것이 아니라 주관적 상태를 조성하는 역량에서 끌어온다. 이 요구가 일으키는 흥분과 집단적 페미니스트 주체를 창조하기 위한 역량은 요구의 내용만큼이나 중요하다.

가사노동임금 관련 저자들에 따르면, 혁명적 페미니즘이 재생산 영역에 내재하는 구체적 모순을 드러낼 수 있는 적대적 실천을 일으키려면, 남성이 지배하는 좌파 조직으로부터 반드시 자율성을 획득하는 것이 중요하다.[32]

여성들이야말로 그 모순의 영향을 가장 직접적으로 받는 노동자이기 때문에, 여기에는 여성들의 자치 조직이 반드시 따랐다. 가사노동임금 회원들이 같이 쓴 〈가사노동임금에 관한 논고Theses on Wages for Housework〉에서 말한 것처럼 '남성에게서 벗어나는 자율은 남성의 권력을 사용하여 우리를 통제하는 자본에서 벗어나는 자율'이다.[33] 이런 실천은 젠더화된 관계의 정서적 압박, 즉 남성의 권위에 응해 좋은 여성이 되려고 하는 내재화된 욕망 및 죄책감을 단절하려고 했다. 자치는 다른 운동과 연대를 발전시키고 남성이 지배하는 좌파가 혁명적 페미니즘의 요구와 전망을 수용하도록 강제하는 충분한 힘을 기르는 데 목표를 두기 때문에 분리주의와 다르다. 자치의 목표는 남성들과 조직하기를 포기하는 것이 아니라, 재생산 노동의 구체적 착취를 지우지 않고도 남성들과 조직할 수 있는 요구를 찾는 것이다.

그렇다면 핵심은 남성들에게 탄원하거나 그들을 계몽하는 것이 아니라, 임금 노동 바깥의 자율적 조직이 노동자계급을 위한 힘의 원천이라는 것을 보여주는 데 있다. 페데리치가 간명하게 말하듯이 "힘이 가르친다. 남성들이 처음에는 두려워하고 다음에는 배울 것이다. 자본이 두려워할 테니까."[34] 여성이 남성의 힘을 두려워하고 존중하도록 배우는 자연화된 젠더의 감정 구조는 자율적 힘을 쌓는 페미니스트 기획을 통해 뒤집힌다. 따라서 페미니스트의 자율성은 감정 재생산의 지배 질서와 단절을 표시하고 새로운 감정을 실천할 공간을 창조한다. 이것은 우리가 남성들을 설득해서 페미니스트 행동에 끌어들이겠다는 합리적 주장을 통해서가 아니라 감정의 위계와 구조를 뒤집기에 충분한 힘을 키움으로써 이루어진다.

흑인 여성과 레즈비언 여성들은 가사노동임금 네트워크 안에서 자율적인 집단을 만들었다. 성 노동자들도 영국매춘여성공동체English Collective of Prostitute같이 가사노동임금과 연계된 집단에서 자율적으로 조직되었다.[35] 브라운은 자율이라는 개념을 가장 강력하게 공식화했다. 그녀가 〈흑인 레즈비언 여성의 자율성The Autonomy of Black Lesbian Women〉에서 자율적으로 조직을 이루고 '우리 투쟁의 특별한 이점'을 내세움으로써, 흑인 레즈비언 여성들이 흑인 여성으로서 주변화되거나 보이지 않게 되거나

이성애자로 상정되지 않고도 다른 여성들과 연결될 수 있다고 주장한다.[36]

페미니스트 운동에서 흔히 주변화를 겪는 여성들에게는 자율적으로 조직을 이루는 것이 돌봄을 정치화하는 방법이 된다. 억압과 착취의 피해를 보상하기 위해 정서적 회복력과 상호 돌봄의 체계를 발전시켜야 했던 억압받는 집단에서는 이미 돌봄의 정치화가 일어나고 있다. 이것은 돌봄이 정치적 실천의 중심에 있는 강력한 운동을 만들어내는 방법이기도 하다. 그러므로 자율성이 좌파 운동에서 전통적으로 주변화된 집단을 위한 힘의 원천이 되어, 노동자계급 전체가 자본주의에 맞서는 데 꼭 필요한 힘을 얻을 수 있다.

이성애를 거부하는 목소리

성매매 노동자들과 연대한 가사노동임금 집단 몇몇이 이들에 대한 국가의 탄압이 증가한 것에 대응하겠다는 성명을 내놓았다. 가사노동임금은 이런 탄압이 의존과 무임금을 거부하는 여성에 대한 또 다른 형태의 폭력적 반응이라고 보았다. 샌프란시스코가사노동임금위원회에서는 이렇게 발표했다. "정부가 우리의 투쟁을 고립시키려 해도 우리는 분열되기를 거부한다. 모든 노동이 매춘이고, 우리는 모두 매춘부다. 우리는 숙식을 해결하고 현금을 구하려고 결혼 생활에서, 거리에서, 타자수 무리에서, 공장에서 몸을 팔 수밖에 없다."[37] 이것은 성 노동을 여성에 대한 폭력의 예외적 유형으로 보고 성 노동자를 '비일탈' 여성과 구분하는 페미니스트들과 대조된다.

성 노동을 반대하는 존경성 정치respectability politics(주변화된 사회적 약자에게 차별받지 않으려면 주류의 잣대로 존경받을 수 있게 처신하라고 요구하는 태도나 주장을 말한다. – 옮긴이)를 반대하는 가사노동임금 관련 저자들은 성매매 노동자가 성 노동에 맞선 투쟁의 최전선에 있다고 본다. '흑인 여성에게 가사노동임금을'에서는 과도하고 일탈적이라는 흑인 여성의 성에 대한 단속과 성매매 노동자에 대한 탄압의 관련성을 이끌어낸다.[38] 이와 비슷하게 '레즈비언에게 합당한 임금을'에서는 "레즈비언 여성으로서 우리는 매춘 여성과 마찬가지로, 남성과 자는 것, 그리고 사랑받고자 남성과 자는 것을 여성의 본성으로 받아들이길 거부한다"고 말한다.[39] 가사노동임금에서는 여성 동성애와 유급 성 노동을 사랑의 노동을 무급으로 수행하길 거부하는 방법으로 이해했다.

레즈비언이 남성과 자지 않겠다는 것은 성 노동을 명령하는 남성의 권력을 침해한다. 이것이 여성 동성애가 부정적 의미에서 금욕이나 거부로 축소될 수 있다는 뜻은 아니다. 거부는 노동을 철회하는 수동적 행위가 아니라 대안적 존재 방식의 구성이다. 여성 동성애는 사랑의 노동에 대한 거부로서, 순전히 개인화된 레즈비언 정체성에서 멀어지고 정치적 실천으로서, 퀴어를 향해 가는 방법으로서 등장한다. 가사노동임금 관련 저자들은 레즈비언 관계를 이성애의 노동 윤리에 대한 저항으로 서술한다. '레즈비언에게 합당한 임금을'에서 기술한 이성애란, 모든 여성이 '자연스레' 남성에게 성적으로나 감정적으로 봉사한다고 말하는 도덕이다.[40]

이 단체가 1975년에 창립 문서 〈섹스는 노동이다Fucking Is Work〉에서 밝혔듯이 여성 동성애의 존립이 성관계를 노동으로 보이게 하고, 이런 노동을 거부하는 여성은 부분적으로나마 여자로서 자신의 일을 거부하는 것이다.[41]

'레즈비언에게 합당한 임금을' 회원인 루스 홀Ruth Hall이 주장하길, 이성애 거부는 섹슈얼리티가 사적인 문제라는 생각에 대한 거부이기도 하다고 주장한다.[42] 그래서 여성 동성애는 가사노동임금의 종합적인 관점으로 통합될 때 명백하게 정치적인 의미가 있다. '레즈비언에게 합당한 임금을'의 이성애 비판에서 사랑이란, 위크스가 표현한 대로 사람이 자신의 부자유를 욕망하는 방법이다.[43] 편협하고 제도화된 형태의 사랑을 거부하는 것은 저항을 실천할 공간을 열어준다.

가사노동임금 관련 저자들에게 여성 동성애는 주어진 정체성 범주보다는 정치적 실천으로서 중요한 구실을 한다. 레즈비언들이 가사노동임금 투쟁에서 중추를 이루는데, 이들이 이 운동 전체의 방향을 미리 보여주기 때문이다. '레즈비언에게 합당한 임금을'은 여성 동성애를 '반노동 여성 투쟁의 조직 형태'로 제시한다.[44] 레즈비언은 대부분의 여성에게 부과되는 성적, 감정적 노동의 일부를 거부하면서 레즈비언은 그런 저항이 가능하다는 사실, 다른 존재 방식이 있다는 사실을 보여준다. 페데리치가 말하듯, 레즈비언으로 커밍아웃하는 것은 파업을 의미한다.[45] 이런 거부가 레즈비언을 여성성 노동에서 완전히 자유롭게 하지는 않아도 가족과 그에 따른 노동관계의 구조를 공격한다.[46]

따라서 여성 동성애는 젠더화된 노동관계의 핵심에 자리 잡고 있다. 이는 이성애 제도를 분리시키는 것에 대한 거부다.[47] 그리고 남성과 형성하는 로맨틱한 관계가 여성 사이의 우정과 근본적으로 다르다고 규정하는 성 영역의 축소에 대한 거부이기도 하다. 페데리치는 이렇게 말한다.

> 우리는 살면서 우리가 사랑할 수 있는 사람과 그냥 대화할 수 있는 사람, 몸을 열어줄 수 있는 사람과 '영혼'만 열어줄 수 있는 사람, 우리의 연인과 친구 사이에 선 긋는 법을 일찌감치 배워야 한다.

'우리의 육체와 감정은 나뉠 수 없고, 우리가 언제나 모든 수준에서 소통하기 때문에' 이런 구분은 절대 온전히 지속될 수 없다.[48] 여성 동성애는 이 경계선과 이 경계선에 따라 갈라진 감정 영역을 모두 해소하기 시작하는 작업이다. 이것은 경계선이 절대 처음 그려진 대로 안정되게 유지될 수 없다는 것을 보여준다. 홀은 젠더화된 노동 분업이 동성애의 잠재력을 배제하면서 동성 사회성을 권장하고 이성애적 여가라는 것을 조직한다는 점에서 자본주의의 조건이 모순적이라고 말한다.[49] 여성 동성애는 이성애 노동 윤리가 정서적, 성적 행동에 부여하는 제약을 거스른다.

하지만 가사노동임금은 여성 동성애에 따르는 여러 형태의 폭력과 노동도 언급했다. 레즈비언 관계는 사회가 (이성애적이고 낭만적인) 사랑을 미화하면서 비가시적인 것이 되고 레즈비언은 종종 육체적, 정서적 폭력을 당하기 때문에, 여성 동성애에는 자체적인 형태의 감정 재생산이 따른다. 레즈비언이 남자를 사랑하는 노동을 거절할 때 시작하는 거부 때문에 레즈비언은 징벌적 폭력의 대상이 되기 쉬워진다. 이런 폭력은 결국 다른 종류의 감정 재생산에 대한 욕구를 키운다. 홀은 '우리 모두가 계속 서로 꼭 잡은 채 제정신을 유지하려고 애쓸 만큼 늘 억압받기' 때문에 여성 동성애가 더 많은 노동을 불러올 수 있다고 주장한다.[50] 하지만 이 감정적 압박은, 패권에 맞서는 집단적 주체성을 만들고 유지하는 데 부정적 감정을 이용할 수 있다는 것을 가리킬 수도 있다. 문학비평가 헤더 러브Heather Love는 "현대적 동성애 정체성은 사회적 피해 경험으로부터 또 그 경험과 관련되어 형성된다"고 말한다.[51] 홀이 말하는 경험은 어떻게 피해가 새롭고 집단적인 돌봄 유형을 만들어내는 일로 이어질 수 있는지에 관해 우리에게 이야기해 줄 수 있다.

여성 동성애는 유토피아적인 요소를 포함하지만, 그 자체가 혁명적 형태의 사회성은 아니다. 그것이 여전히 자본주의적 재생산의 구조적 폭력 체계 안에 존재하기 때문이다. 이 체계에서 빠져나오는 것은 개인의 선택이 아니다. '레즈비언에게 합당한 임금을' 관련 저자들은 분리주의적 레즈비언 공동체로 가는 것이 재생산 노동의 모순을 해결할 수 있다는 생각을 거부했다.[52] 탈퇴와 분리 전략에 맞서고자 '레즈비언에게 합당한 임금을'은 부분적으로 공유한 물리적 조건에 기초해 이성애 여성들과 연대를 실천했다.

'레즈비언에게 합당한 임금을'의 자율적 구조는 레즈비언의 우려가 가사노동임금의 행동주의 안에서 들리게 했고, '레즈비언에게 합당한 임금을' 회원들은 '여성'

이라고 통칭하며 차이를 무시하는 대가로 연대가 이루어질 수 없다는 것을 깨달았다. 그런데 이들은 레즈비언 여성들이 여성화된 노동의 요구에서 자유로워지지 않은 방식에 주의를 기울였다. 다양한 재생산 노동을 하라고 요구받는 만큼 레즈비언은 여전히 여성의 평가절하된 사회적 범주 안에 있다. 재생산이 이성애 관계에 국한되지 않고 임금 노동을 포함하는 다양한 다른 사회관계에 걸쳐 있기 때문이다. 레즈비언은 낭만적인 이성애의 친밀한 노동을 거부하기 때문에 '진짜 여자'라는 이름표를 달지 못해도 젠더화된 재생산의 폭넓은 논리에 사로잡힌다.[53]

가사노동임금 관련 저자들에게 가장 중요한 레즈비언 분리주의의 한계는 여성 동성애가 재생산 영역의 자본주의 구조 바깥에 존재하지 않는다는 점이다. 남성과 관계를 맺지 않겠다고 개인적으로 결정하는 것만으로는 충분하지 않다. 이성애 구조가 사회 전체를 지배하는 한, 레즈비언 관계가 이성애 가족에서 작용하는 재생산 노동의 구조 중 적어도 일부는 재생산하기 쉽다. 페데리치의 표현처럼 '동성애는 노동자의 생산 통제 수단이지 노

동의 목표가 아니다.'[54]

레즈비언 정체성이 이성애 창출로 가능해졌기 때문에, 여성 동성애는 일종의 내재적 저항이다. 따라서 여성 동성애가 이성애적 자본주의 재생산에 도전하는 정치적 주체성이 존재할 수 있게 하지만, 여성 동성애 자체로는 자본주의 재생산의 모순이나 재생산 노동의 착취를 해결하지 못한다. 이것은 자본주의적 노동 구조에서 만들어진 주체성을 이겨내고 그 반대쪽으로 나오길 바라는 방법이다. 자본주의 생산과 재생산의 종말만이 이성애 핵가족, 가정, 젠더 노동 분업 등의 현재 구조를 근본적으로 바꿀 수 있으며 그 역도 마찬가지다. 즉 가족의 폐지만이 자본주의의 종말을 불러올 수 있을 것이다.

"우리는 충분히 일했다"

가사노동임금은 많은 급진적 페미니스트들과 같은 방식으로 정치적 여성 동성애를 옹호하지 않았다. 페데리치는 이 운동의 목표가 자기결정권이라면 이 운동이 새로운 섹슈얼리티 모델을 도입할 수 없다고 말한다.[55] 가사노동임금 관련 저술에는 사회관계가 달라지면 남성과의 관계도 달라질 수 있다는 의미도 있다. 남성은 여성을 통제하는 구실을 맡은 경우에만 여성의 적이다. 더 심각한 문제는 남성과 여성을 대립하게 하는 젠더화된 노동 분업이다. 이성애 관계는 노동 분업을 전복해서 근본적으로 재구성해야 한다. 가사노동임금 관련 저자들에 따르면, 이를 위해 우리가 알고 있는 자본주의 체계를 뒤집어야 한다. 하지만 가사노동임금 관련 저자들은 가정 내 노동 분업을 바꾸는 것만으로 이성애를 바로잡을 수 있다고 생각하지 않았다. 이것은 특히 우리가 알듯 젠더의 아주 많은 부분이 이성애 제도를 중심으로 조직되기 때문에 진실이다. 그리고 이런 젠더의 구성이 근본적으로 뒤집히지 않는다면 이성애에 대해 말하는 것조차 호도될 수 있다.

'레즈비언에게 합당한 임금을'은 얼마나 많은 여성이 레즈비언인지 (또는 레즈비언일 수 있는지) 우리가 모른다고 주장했다. 많은 여성들에게 동성애는 아직 선택 사항이 아니기 때문이다. 이 단체가 가사노동임금을 지지하는 근거는, 이를 통해 동성애자인 여성과 (현재) 이성애

자인 여성 모두에게 감정적, 성적 관계를 다르게 구축할 시간과 자유와 선택 사항이 더 많이 생길 것이라는 데 있다.[56] '토론토 레즈비언에게 합당한 임금을' 회원들에 따르면, '가사노동임금은 이성애에 대한 임금 지급을 뜻한다.'[57] 가사 노동에 대해 임금을 요구하는 것은 여성적인 노동 일부를 거부하는 방법일 뿐만 아니라 이성애 제도를 약화하는 도구다.

따라서 가사 노동에 대한 임금 요구는 기존 사회관계에서 자원의 재분배를 바라는 개혁적 요구로서 의도된 것이 절대 아니다. 페데리치는 적은 돈으로는 큰 차이를 만들지 못한다는 주장에 이의를 제기하면서, 우리가 '가족과 사회관계를 모두 (그 돈을 얻기 위해 투쟁하는 과정에서) 동시에 혁명하지 않고는' 그 돈을 구할 수 없으리라고 주장한다.[58] 이것은 현재의 무임금 감정노동에 특히 맞는 말이고, 이 감정노동의 의미는 임금 노동이 되는 과정에서 바뀐다. 하지만 우리가 이미 본 것처럼 감정노동의 측량 불가능성이 상품화를 제한한다.

가사 노동에 대한 임금이 하나의 요구로서 갖는 정치적 잠재력은 바로 가사 노동에 대한 임금의 비합리성이다. 현재의 모든 무임금, 저임금 노동에 충분한 보수를 지급하기는 불가능하다. 자본주의의 임금 노동은 사회성과 안녕을 생산하는 무임금 노동에 의존하므로 완전한 상품화가 불가능하다. 가사 노동에 대한 임금 요구는, 특히 감정노동 전체에 보수를 지급해야 한다는 요구는 현 상황에서 실현될 수 없다. 수당에 대한 개혁적 요구와는 거리가 먼 정치적 요구로서 가사 노동에 대한 임금 요구는 가치 생산에서 구조적 배제를 지적하는 도구가 된다. 측량할 수 없는 노동 전체에 대한 보수를 소급 지급하라는 것은 지나친 요구다. 가사노동임금에서는 노동을 통한 해방이라는 신화를 거부했다. 가사 노동에 대한 임금 요구는 여성들이 '우리는 충분히 일했다'고 말할 수 있게 하려는 것이었다.[59]

임금 요구는 그 유용성이 이론적으로 결정될 수는 없다. 하지만 마리아로사 달라 코스타의 지적대로, 하나의 요구로서 집단적 페미니스트 주체를 구성하는 데 꼭 필요한 '힘과 확신'을 낳을 정도의 효과가 있다.[60] 정치적 요구와 운동의 구성은, 탈육체화된 지적 노동을 통해 단독으로 발생할 수 없으며 반드시 감정적이고 집단적인 반패권적 주체성의 생산을 포함해야 한다. 나쁜 엄마, 성 노동자, 퀴어, 그리고 그밖에 다른 일탈적 재생산 주체의 연합을 통해 우리는 또 다른 세계를 만들기 시작할 수 있다.

가정과 공동체의 영역을 투쟁의 장으로 만들면서 가사노동임금의 회원들은 재생산에 관한 정치적 투쟁이 비정치적이고 비생산적인 영역이 되기보다는 자본주의 회로에 상당한 차질을 불러올 수 있다는 것을 강조하려고 했다. 가사노동임금 운동은 절대 대중 운동이 되지 못하고 재생산 노동의 전면적 거부라는 목표를 절대 이루지 못했지만, 그 구성원들은 재생산 현장에서 반노동 투쟁이 지닌 잠재력을 이해했다. 마리아로사 달라 코스타가 주장하듯, *"어떤 파업도 총파업인 적이 없다."* 즉 무임금 노동이 인정받지 못하고 거부되는 한, 우리는 사용할 수 있는 방해 수단을 모두 이용하지는 않은 것이다.[61] 조직화된 노동 거부의 정치적 잠재력은 아직 충분히 검토되지 않았다. 그러나 이제 시작된 페미니스트 조직화라는 물결은 재생산 노동의 거부, 불가능한 동시에 필수적인 이 거부를 언급하며 파업이라는 이름을 쓰고 있

다.[62]

가사 노동에 대한 임금 요구는, 거부 역량이 있는 적대적 페미니스트 주체를 성립시키려는 시도라는 맥락을 떠나서는 이해될 수 없다. 우리가 본 것처럼 이것은 감정의 정치에 의존하기도 한다. 그 안에서 연대의 감정적 실천과 분노가 다른 세계를 위한 투쟁에 아주 중요한 거부의 방법을 형성한다. 이런 감정 실천에는 나쁜 감정을 회복하는 것과 습관적이고 억압적인 감정적 반응을 잊는 것이 모두 포함된다. 가사노동임금 프로젝트는 감정 활동의 지평을 넓히기 위해 일탈적 감정을 목적에 맞게 활용한다. 감정이 공동의 것이 된다. 이제 감정은 개인의 내적 진실이 아니라 정치적 도구가 될 수 있는 집단적 습관으로 이해된다.

위크스가 지적하듯, 페미니스트 집단은 욕망하는 주체이기도 하다.[63] 이 주체는 제공받는 것보다 많은 것을 원한다. 재생산의 현장을 개혁하는 데 만족하기를 거부하고, 남성에게 가사 노동을 '도와달라'고 요청하기를 거부한다. 이런 요청은 가사 노동의 사회관계를 그대로 두고, 이는 여성이 계속 재생산의 일차적 책임을 지는 이유가 된다. 가사노동임금은 다른 세상을 요구할 역량이 있는 집단적 페미니스트 주체를 낳기를 원했다. 이 주체가 원하는 것은 무엇인가? 여성화된 노동과 그것이 수반하는 노동관계의 폐지다.

다른 느낌
A DIFFERENT FEELING

페미니즘은 흔히 성평등 운동이라고 분명하게 표현된다. 하지만 근본적으로 물질적, 사회적 자원에 접근하는 데 제약이 있고 차별적 노동 분업에 기반을 둔 사회경제적 체제에서 평등 담론은 늘 제한적이다. 평등은 다양한 물질적 조건들 사이의 실질적 차이를 삭제하는 데 의존하는 부르주아적 정치 개념이다.[1]

평등 개념이 절대 급진적인 방식으로 이용될 수 없다는 말은 아니다. 페미니즘 역사에서 이 말은 남성이 차지하던 영역에 대한 접근성과 남성으로부터 어느 정도의 독립성을 여성에게 부여하기 위해 쓰였다. 그러나 오늘날 많은 여성이 임금 노동과 무임금 노동에서 착취당하고 있다. 평등은 자유주의의 정치적 상상력에서 핵심이 되는 용어이기 때문에 제한적이면서도 유용할 수 있다. 평등은 주변화된 다양한 집단의 법적 권리를 증대하는 데 이용될 수 있다. 그러나 페미니스트 정치에서 우리를 극한으로 몰고 간 평등 담론이 이제 여성화된 노동, 가족, 젠더의 폐지를 향한 움직임으로 바뀌어야 한다.

평등의 정치는 주로 여성이 임금 노동에 접근할 기회를 늘렸지만, 실제로는 여성들의 노동인구 참여를 더 많이 강요하는 결과를 낳았다. 노동자계급 여성으로서는 착취당하는 남성 노동자와 평등해지는 것이 대단히 매력적인 정치적 전망은 아니다. 가정을 떠나 경력을 쌓으라고 여성들을 부추긴 대부분의 자유주의 페미니스트들과 달리, 1970년대의 마르크스주의 페미니스트 사상가들 중 일부는 대다수의 여성들이 공식적인 노동인구로 편입되고 나면 반복적인 저임금 노동을 하게 될 것이라고 예언했다.

반노동 관점에서 등장한 가사노동임금의 이론가들은 더 많은 노동이 여성을 더 많이 종속시키는 방법이라고 주장한다.[2] 무임금 노동의 기준이 축소될 수는 있어도,

이 노동 자체가 철폐될 수는 없다. 대부분의 사람들이 자신에게 필요한 모든 재생산 서비스에 돈을 지불할 수는 없기 때문이다. 그래서 임금 노동은 여성들의 무임금 노동 위에서 수행된다. 이런 이중 부담 때문에 착취에 저항할 시간이 줄어든다. 가사노동임금 관련 페미니스트들이 무임금 노동 거부를 추구했어도, 이들의 목표는 여성이 진로 선택의 기회를 동등하게 갖거나 집 밖에서 또 다른 일을 하는 것은 아니었다. 오히려 이들은 자신을 위해 쓸 수 있는 더 많은 시간, 투쟁 중인 다른 여성들과 함께할 수 있는 시간을 요구했다.

가사노동임금은 복지 혜택을 받는 흑인 엄마들이 주축을 이룬 전미복지권기구National Welfare Rights Organization, NWRO의 작업에서 영감을 얻었다. 이 여성들은 자신이 이미 엄마로 일하고 있다는 것을 근거로 임금 노동을 거부했다. 흑인 여성들은 주로 백인 가정을 재생산하는 임금 노동자로서 가치를 인정받기 때문에, 엄마로서 이들이 하는 노동은 평가절하되었다.[3] 패리스는 오늘날 유럽에서 유색인 이주 여성의 노동이 비슷한 방식으로 평가절하돼 이들이 다른 사람을 위한 저임금 돌봄노동을 할 수밖에 없는데, 이것이 바로 부르주아 백인 여성들이 무료로 하기를 거부할 수 있던 일과 똑같은 경우가 많다는 점을 보여주었다.[4]

가사노동임금 관련 저자들은 가정주부를 비롯한 저임금 노동자들이 산업 프롤레타리아의 일부가 되어 노동자계급에 합류해야 한다고 말하는 좌파 조직을 자주 비판하면서 가정주부들은 이미 일하고 있다고 주장했다.[5] 이런 식으로 가사노동임금의 전략은, 일부 (백인이자 부르주아) 여성들이 자본주의 사회에서 권력을 갖는 데 목표를 두는 자유주의 페미니즘 및 자본주의 생산 영역의 임금 노동자만 계급투쟁을 수행할 수 있다고 말하는 사회주의 전략 모두에 맞서 분명하게 표현되었다. 복지권 운동과 가사노동임금의 유산이 계속 타당한 것은, 이 운동들이 노동인구 참여와 동등한 권리를 통한 여성해방을 요구한 주류 페미니즘 운동과 다른 관점을 제시했기 때문이다. 우리는 임금 노동에 도덕적 가치나 정치적 가치가 있다고 말함으로써 무임금 노동자들을 뒤에 남겨 둘 수는 없다. 가사노동임금 관련 저자들은 무임금 노동 같은 여성의 지위에 대한 '해결책'이 재생산 노동을 하고 있는 다른 누군가에게 의존하기 때문에 취업 기회가 절대 해방으로 이어질 수 없다고 주장한다.[6] 이런 개인화된 해결책은 경력을 중시하는 '현대적' 백인 여성과 재생산 노동을 하는 소위 후진적 이주 여성 사이에 인종차별적 위계를 만든다.[7]

신자유주의 시대의 젠더 관계 재조직은 부분적으로나마 남성 주체의 이상에 맞춰 살 수 있는 여성들과 전통적으로 여성화된 노동을 억지로 떠맡은 여성들 사이의 분열을 심화했다. 페미니스트의 평등 정치는 (대체로 백인인) 일부 여성들이 더 많은 힘을 얻게 했지만, 여성들 사이에서 커 가는 불평등을 가렸다. 자유주의 페미니스트와 사회주의 페미니스트 모두 이 분열의 해결책을 찾는 데 실패한 경우가 많다. 자유주의 페미니스트들은 임금노동 현장에서 벌어지는 성차별에 주로 관심을 두고, 임금 노동 자체가 어떻게 무임금 노동 체계를 기반으로 삼는지에 대해서는 살피지 않았다. 일부 사회주의 페미니스트들은 여성이 생산 노동을 수행하는 데 남성과 함께할 수 있고, 그래서 착취에 저항하는 노동자계급 투쟁에 참여할 수 있음을 확실히 하는 데 주안점을 두었다. 이는 프리드리히 엥겔스Friedrich Engels가 1884년에 쓴《가족, 사유재산, 국가의 기원The Origin of the Family, Private Property and the State》이래 '여성 문제'에 관한 사회주의와 마르크스주의 저술의 오래된 주제다.[8] 여성의 임금 노동 진입에 초점을 맞추면서 여성이 집 밖에서 일하는 데 가장 중요한 보육 시설을 비롯한 국가 서비스를 위한 투쟁이 뒤따랐다. 역사적으로 이 서비스가 재생산 영역으로서 가족을 보충하는 역할을 했기에 더 많은 여성이 저임금 프롤레타리아가 될 수 있었다.[9]

사회민주주의 국가들이 최악의 상태로 치닫는 자본주의를 구하려고 노력했듯, 페미니스트 복지국가 정치는 핵가족을 내재적 모순에서 보호하는 데 기여했다. 특히 우리의 욕구가 충족되는 곳이라는 가족이 결코 이 모든 일을 하거나 모든 사람의 욕구를 충족시킬 수 없었다는 사실을 다루려고 했다. 복지국가 페미니즘은 가족을 그 자체로부터 그리고 폭력과 착취라는 그 자체의 논리로부터 구하기 위해 노력했다. 이런 형태의 페미니즘은 늘 이성애를 규범으로 삼고 백인 중심적이었다. 특정 형태의 가족을 당연하게 여기면서 그것이 불러온 피해와 위계를 최소화하려고 했다. 말할 필요도 없이 이런 시도는 대개 부질없었다.

자본주의가 노동 분업의 위계와 노동인구의 분열에 기댄다는 점을 고려할 때, 많은 경우에 자본주의는 평등한 기회의 증대를 의미하지 않았다. 사실 그 반대로 작동했다. 페데리치가 '위대한 균형 장치 자본주의의 신화'라고 부르는 것이 자본주의적 재생산의 모순적 구조와 계속되는 노동시장의 계급화를 설명하지는 못한다.[10] 평등 페미니즘은 남성들의 노동조건을 보편화하려고 했지만, 무임금, 저임금 재생산 노동에 대한 지속적인 의존을 고려할 때 그런 정치적 지평은 바람직하지도 않고 가능하지도 않다. 신자유주의 정치 담론은 흔히 동등한 접근 기회라는 젠더 중립적 언어를 쓴다. 그러나 '개인의 책임'과 '공동체의 돌봄'을 언급하는 것은 규범적인 가족 관계의 재생산과 여성들이 지속적으로 책임지는 무임금 재생산 노동에 어느 정도 의지한다. 자유주의 개인주의가 재생산 노동, 특히 감정 재생산의 존재를 부인하는 동시에 그것에 의존하기 때문이다.

여성들이 임금 노동에 접근할 기회가 늘어났지만, 공

식 경제 안에서 조금 더 평등한 기회가 반드시 가정 내 노동 분업의 재구성을 불러오지는 않았다. 생계를 책임지는 남자와 살림하는 여자라는 모델이 임금 노동 영역에서 대체되었어도 비공식적 돌봄 제공에 관한 가정까지 필연적으로 바뀌지 않았다.[11] 이것은 돌봄의 일차적 책임이 여전히 여성들에게만 지나치게 많이 부과된다는 뜻이다. 주류 페미니즘에서 평등의 패러다임은, 생산 영역의 불안정성이 커지고 재생산 영역에서 국가 서비스가 크게 줄어들면서 악화된 여성들의 이중 부담으로 바뀌었다.

평등이라는 공허한 외침

무임금 재생산 노동의 영역에서 평등 정치는 제한적이고 개인화된다. 삶의 이런 측면이 자본주의 경제에서 사적인 것으로 표시되기 때문에, 개인의 선택이 패권적 정치 담론으로 군림한다. 가정에서 평등 담론은 이 영역 자체를 다시 생각하기보다 남성에게 합당한 자기 몫을 맡게 하는 데 초점이 맞춰졌다. 제임스는 남성이 지배하는 개혁주의 좌파는 현재 가사 영역의 구조를 넘어서 생각할 수 없다며 이렇게 썼다. "그들은 공장을 파괴할 수 있다고 생각하지 못하는 만큼 가족이라는 제도를 파괴한다는 생각을 하지 못한다."[12]

주류 좌파가 집을 사고 가정을 꾸리기 시작하는 데 쓸 '정당한 임금'만 요구하면서 생산성과 '좋은 일자리'를 강조하는 것은 규범적 가족의 가치에 대한 애착과 관련 있다. 부르주아의 좋은 삶은 규범적이고 반동적인 내용을 유지한 채 노동자계급의 열망으로 다시 구성된다. 이와 같은 방식으로 평등 정치는 가사 영역을 주어진 현실로 받아들이면서, 가사 노동과 임금 노동을 가르는 구분 자체를 깨기보다는 그저 이 영역에서 일부 노동을 개편하려고 한다.

주류 페미니즘은 대개 남성에게 재생산 노동, 특히 육아에 참여하라고 북돋웠다. 재생산 노동에 맞선 여성들의 투쟁 일부도 남성에게 이 노동의 책임을 맡도록 강제했다. 그러나 자본주의에 내재한 모순과 충돌하는 욕구에 이의를 제기하지 않은 채 남성들에게 재생산 노동을 하라고 가르치면 우리는 딱 그정도로만 나아갈 것이다.

페데리치에 따르면, "남성들을 가르치려는 시도는 언제나 우리의 투쟁이 사유화되고 우리의 부엌과 침실에서 고독하게 펼쳐진다는 것을 의미했다."[13] 이 전략의 문제는 순전히 개인적인 것으로 보이는 경우가 많다는 데 있다. 재생산 투쟁이 성립하기 위해서는 집단적 재생산을 기획해야 한다.

남성이 가정에서 가사를 도와야 한다는 생각은 가사 노동을 제도화한 노동관계와 권력관계를 다시 정확하게 표현하는 데 아무런 역할도 하지 못한다. 이런 생각은 여성들이 가사 노동이 제대로 이루어지도록 전적인 책임을 지고 있다는 사실을 전혀 다루지 않는다. 우리가 앞서 본 것처럼, 가사 노동은 몇 가지 허드렛일로 축소될 수 없으며 오히려 노동 착취의 관계를 함축한다. 평등 정치는 이런 관계를 다룰 능력이 더 없기 때문에 가사 영역의 정신노동과 감정노동을 방치했다. 더욱 비가시적인 이 노동 형태는 평등하다는 관계에서조차 여전히 불평등하게 배분된 채로 남는다.[14] 가족 형태와 임금 경제 구조의 관련성 때문에, 차이와 더 폭넓은 사회 위계에 대한 친밀한 개념이 계속 재생산된다.

평등 정치는 젠더 개념 자체의 위계적 구조를 다룰 수 없다. 성평등은 성별 차이의 패러다임에서 개념적 틀로 작용한다. 평등이라는 말은 차이라는 관념을 떠올리게 한다. 불평등에 앞서 존재하고 억압이 없으면 계속 존재할 다양한 집단 간 평등을 암시하기 때문이다. 사회적 차이, 즉 사람들이 살아가는 실제 조건을 지우는 평등 개념은 영원하고 사회보다 앞선 성별 차이를 전제한다. 구성된 위계를 이미 내포한 성별 차이는 '성평등'을 모순적인 말로 만든다. 이 평등을 종속적인 관계에 기초한 이성애 커플 관계에서 작동하는 것으로 이해할 수 밖에 없기 때문에 성평등은 그 자체로 실현될 수 없다. 그래서 평등 정치는, 특히 가사 영역에서 가족제도를 그대로 둔 채 이성애 관계가 더 나아지기를 바라는 이성애 개혁주의의 한 유형으로 남았다.[15]

법학자 퍼트리샤 케인Patricia Cain은 평등 담론이 여성들의 같음이나 다름을 측정하는 기준으로서 남성성에 계속 특권을 준다고 주장한다.[16] 이것은 여성성과의 차이를 통해 만들어지는 이성애적 남성성이 은연중에 여성성의 (불가능한) 기준이 된다는 뜻이다. 그렇다면, 일부 여성들은 남성과 같은 조건으로 노동인구에 진입하기 위해 소유적 개인주의의 주체가 되도록 고무되는 만큼, 여성성은 평등 정치에서 지워져야 한다.

그러나 3장에서 본 것처럼 결국 이것은 불안하게나마 소유적 개인주의로 살 수 있는 상대적으로 특권이 있는 여성들에게조차 모순적인 요구를 불러온다. 독립적이라는 주체성이 의존적 재생산 노동자인 상대방에게 기대고 있다는 감춰진 사실 때문에, 여성성은 깨끗이 지워질 수가 없다. 평등 정치는 백인 부르주아 여성에게조차 징벌적이고 모순적인 상황을 만들어낸다. 여성들은 임금노동 영역에서 성공의 전제조건으로 여성성을 지워야 하지만, 너무 남성적이면 처벌받는다. 성평등이 제한적이고 형식적인 의미에서 실현됐어도, 이는 한층 더 불분명하고 눈에 보이지 않는 방법으로 젠더 관계들을 재생산하는 데 기여하는 경우가 많았다.

철학자 요한나 옥살라Johanna Oksala는 무임금 책무 탓에 여성이 노동하는 주체로서 가치가 적다고 여겨지는 만큼, 무임금 노동의 완전한 상품화만이 자본주의 사회에서 평등으로 이어질 수 있다고 말한다. 그러나 옥살라는 감정노동의 친밀성과 임신이라는 노동이 급진적 의미 변화 없이는 그런 관계의 상품화를 불가능하게 한다는 점도 강조한다.[17] 따라서 특권화된 재생산 제도로서 핵가족을 유지한 채 완전한 평등에 닿을 수는 없을 것이다.

그러나 몇몇 페미니스트들의 주장처럼 여성성을 그 자체로 가치 있게 평가하는 데 더 나은 페미니스트 정치가 있다는 말은 아니다. 이것은 때때로 여성의 무임금 노동을 계산에 넣어야 한다는 요구나 돌봄노동의 국내총생산GDP 기여도 평가라는 형식을 취하기도 한다.[18] 그러나 여성화된 노동을 단순히 인정하고 평가하는 데는 한계가 있다. 마리아로사 달라 코스타가 쓴 것처럼 이런 평가는 '미심쩍은 가치의 목표와 관련해 결국 여성들의 에너지를 소진'하는 데 기여할 수 있다.[19] 이런 노동에 대한 페미니스트의 가치 평가가 어떻게 일어날 수 있을지도 불분명하다. 재생산 노동, 특히 백인 부르주아 모성이 도덕적으로 찬양받는 부분적인 이유는 금전적 보상이 없다는 것이다. 이 무임금 노동이 가시화되고 가치를 평가받아야 한다고 선언해도 현재 그것을 평가절하하는 물질적 방식이 바뀌지는 않는다.

더구나 여성들이 임금 노동 영역에 대거 진입한 결과 가정에서 진정한 노동 재분배가 이루어지더라도, 자본주의 사회에서 재생산을 둘러싼 문제들이 반드시 해결되지는 않을 것이다. 재생산 노동은 여전히 규범적 가족의 안팎에 있는 사람들에게 징벌적 영향을 미칠 것이다. 맥도널드는 육아에 아빠의 참여를 늘리는 것은 기껏해야 부분적인 해결책일 뿐이라고 주장한다. 자원이 제한된 고립된 단위로서 핵가족이라는 개념에 근거하기 때문이다.[20]

남성이 가사 노동과 육아에 더 많이 참여해도 자본주의 체제에서 재생산에 할당된 시간과 자원의 제약에 대한 해결책이 나오지는 않는다. 국가가 제공하는 서비스가 이 문제를 어느 정도 완화할 수 있지만, 엄마가 아이를 기르면서 임금 노동에 참여할 수 있게 하는 데 초점을 두고 여러 조각들을 짜깁기한 것에 그치기 쉽다. 특정 조건에 맞춰 살지 않는 사람은 국가 서비스에 접근할 수 없는 경우도 많다. 따라서 이런 서비스는 가족, 특히 엄마를 규율하는 기능을 한다.[21] 예를 들어, 복지 혜택의 수혜자가 알량한 금전적 지원이라도 놓치지 않으려면 특정 방식으로 처신하고 '좋은' 재생산 기준을 따라야 한다.

가족이 돌봄의 주요 원천이 되어야 한다는 암시는, 다양한 이유로 가족에서 배제된 이들을 위해 감정노동의 불균등한 분배를 다루지 않는다. 가사 영역을 더 평등하게 하려는 정치도, 가족이 규범적인 가정사에 참여하고 있지 않은 사람들을 구조적으로 배제하기 때문에 돌봄의 특권적 장소가 된다는 사실을 설명하지 못한다. 우리가 남성의 가사 노동 참여 확대를 위해 그리고 부모의 노동을 보충하는 국가 서비스를 위해 캠페인을 벌이기보다는 가족과 가족이 수반하는 젠더와 노동의 관계를 폐지하기 위해 애써야 한다. 성공적인 재생산 혁명은 사적인 것과 공적인 것의 분리를 해소하기 위해 가사 영역에 개입해야 한다.

가족을 폐지하라

근본적으로 위계적이고 착취적이며 배타적인 사회관계에 계속 의존하는 평등의 속박에서 벗어나려면 가족을 폐지하는 방향으로 나아가야 한다. 가족 폐지는 단순히 기존 친족 유형과 노동관계를 철폐하는 것만 가리키지 않는다. 우리에게는 현 상태에 대해 실현 가능한 대안을 내놓을 수 있는 긍정적인 폐지, 다시 말해 부정과 긍정의 공존이 필요하다. 폐지는 부정적 전략의 목표가 순전히 파괴적이지는 않고 어떤 새로운 것에 대한 상상을 제시한다는 점에서 노동 거부라는 정치적 전략과 밀접하게 관련된다.

젠더와 가족의 폐지를 생각할 때 우리는 노예제 폐지와 오늘날의 교도소 폐지 투쟁 같은 폐지론의 전통을 참고할 수 있다. 법학자 라이엇 벤모셰Liat Ben-Moshe는 사회학자 듀보이스W. E. B. Du Bois를 인용해 노예제 폐지가 인종차별적 억압을 끝내는 데 실패한 이유는 순전히 부정적 개혁이었기 때문이라고 주장하고, 교도소 폐지는 긍정적인 기획이어야 한다고 말한다.[22] 문화 이론가 프레드 모튼Fred Moten과 작가 스테파노 하니Stefano Harney에게는 교도소 폐지가 '교도소 폐지라기보다 교도소를 가질 수 있는 사회의 폐지'다.[23] 교도소의 가혹하고 폭력적인 사회논리를 깨끗이 없애려면 우리가 폭력의 근본적인 이유를 다룰 수 있는 공존의 다른 방식을 반드시 찾아야 한다는 뜻이다. 이와 마찬가지로 가족과 젠더를 폐지하려면 젠더화된 위계, 착취적인 친족 유형, 가족 자체에 대한 욕구를 끊임없이 재생산하는 논리와 싸워야 한다. 단순히 무시함으로써 가족과 젠더를 폐지할 수는 없다. 오히려 우리는 젠더화된 재생산의 근본적인 원인과 모순을 다루고 교란해야 한다.

폐지는 동일한 반복을 끝내는 것이다. 아메드는 젠더화된 차이 개념에 기초한 이성애가 동일한 이성애를 재생산하려는 욕망에 결부되어 있다고 말한다. 이성애적 유대는 '재생산을 잘하려는 욕망을 중심으로 구조화된다. 좋은 재생산은 흔히 유사성을 만드는 환상을 전제로 한다.'[24] 지속될 것이 확실한 안락을 누릴 수 있는 사람들에게 동일한 것의 반복 말고 좋은 삶이란 결국 무엇이겠는가? 이성애 재생산은 자녀를 위해 좋은 삶을 만드는 일을 강조한다는 점에서 미래지향적으로 보인다. 하지만 이 미래는 현재와 정확히 같다.

폐지는, 많은 주체 지위의 확산이라는 점과 현재와의 단절이라는 점에서 차이의 확산으로 이해할 수 있다.[25] 이것은 평등 페미니즘이 상정한 자연화된 이중적 성별 차이가 아니라, 평등 개념이 수행하는 사회적 차이의 삭제에 이의를 제기하는 진짜 차이다. 그래서 여기에는 순종과 규율을 주체적으로 지향하는 노동력으로서 의식적으로 재생산을 실패하는 것이 포함된다. 또한 이성애 노동 윤리와 관계 맺는 데 실패하는 것도 포함된다. 퀴어 공산주의는 임금 노동과 무임금 노동의 구조 모두에 이의를 제기해야 한다.

가족과 젠더를 폐지하려고 할 때 이런 관점이 겨냥하는 대상이 핵가족과 이중적인 백인 이성애 젠더라는 사실을 염두에 두는 게 중요하다. 이 사회적 형태들은 패권적이어서 사회 전체를 지배한다. 하지만 다양한 집단의 사람들에게 끼치는 영향은 서로 다르다. 현재는 일관된 총체가 아니고, 다른 미래를 위해 동원할 수 있는 요소들을 포함한다. 브라운, 인권 운동가 앤절라 데이비스Angela Davis, 아프리카계 미국인 연구자 헤이즐 카비Hazel Carby, 영문학자 호텐스 스필러스Hortense Spillers, 작가 벨 훅스bell hooks 등 흑인 페미니스트들은 흑인 친족이 여성의 종속에 덜 의존한다면서 백인 핵가족과는 정치적 의미가 다르다고 오랫동안 주장했다.[26] 그러나 훅스는 흑인 가족이 흑인 친족의 급진적 잠재력의 일부를 없애는 식으로 점차 백인 부르주아 가족의 이상에 투자되었다고 말한다.[27] 이와 마찬가지로 몇몇 학자들은 많은 게이, 레즈비언 커플과 가족을 조직하는 규범적 이상을 지적했다.[28]

우리는 주변화된 사람들의 재생산적인 삶에서 반규범적이거나 체제 전복적인 면을 당연하게 여길 수 없다. 주변화된 집단에 속한 사람들 중 몇몇은 적어도 부분적으로 불안정하게나마 가족 가치의 논리로 통합될 수 있다. 이것은 그들을 참을성 있고 유연하게 보이게 해서 그런 가치를 강화할지도 모른다. 하지만 우리는 현재 존재하는 가족 구성 중 이미 일탈적이라고 낙인찍힌 사람이 얼마나 많은지에 주목해야 한다. 이 평가절하된 친족 구조가 적어도 재생산 영역에서 급진적 실천을 위한 영감을 담을 수 있다.

가족 폐지라는 정치적 틀이 지난 몇 년 동안 점점 더 잘 알려졌지만 새롭지는 않다. 공산주의 전통에서 역사가 오래된 이 관점은 《공산당 선언》까지 거슬러 올라갈 수 있다. 마르크스와 엥겔스의 가족 철폐 요구는 부인에 대한 남편의 소유권 주장 및 사유재산에 관련된 부르주아 가족 형태를 거부한 데서 비롯한다.[29] 가족은 규범적 가치의 담지자에 그치지 않는다. 가족은 노동관계이며 특히 감정 재생산의 핵심 현장이다. 가족은 이데올로기적 수단과 법적 수단으로 강화되는 노동, 돌봄, 경제적 분배의 사유화된 제도다. 게다가 가족은 친족과 상속의 계보 또는 그것의 결여를 조직하는 기능을 한다. 가족은 계급과 인종 차이의 재생산에 결부된 (탈)소유의 형식이다. 루이스가 쓴 것처럼 '가족은 혈통 이데올로기와 체계적인 돌봄의 결핍을 가리킨다. 즉 인종과 계급을 강화하고 이중적으로 젠더화된 노동자를 생산하는 일종의 반反퀴어 기계다.'[30] 가족은 젠더의 생산, 퀴어의 배제, 중첩되는 인종과 계급 역학의 지속적인 재생산에 결부된다. 가족의 폐지는 사유재산 폐지의 필수 부분이다.

비슷한 맥락에서 역사학자 줄스 조앤 글리슨Jules Joanne Gleeson과 문화인류학자 케이드 도일 그리피스Kade Doyle Griffiths는 가족이 경제단위이기 때문에 가족 관계의 가부장적 가치나 이성애 규범적 가치를 비판하는 것으로는 불충분하다고 주장한다. 이들이 말하길, "자신이 가진 사회적 이점을 자녀가 잃는 걸 받아들일 사람은 많지 않을 것이다. 가족의 의무를 대체할 제도가 없기 때문에 가족을 벗어나면 오로지 개인만 존재한다는 사실이 구속력 있는 부담으로 느껴질 수밖에 없다."[31]

폐지 기획의 과제는 어떻게 하면 가족이 하는 일이 단순히 폐기되기보다는 변형되고 확산될 수 있을지 그리고 어떻게 하면 다른 유형의 유대를 만들어 우리가 '한낱 개인' 이상의 존재가 될 수 있게 할지를 생각하는 것이다. 우리가 가족 단위를 고립된 개인으로 바꿀 수는 없다. 어른이든 아이든 개인은 자신의 욕구 가운데 많은 것을 채울 수 없기 때문이다. 글리슨과 그리피스에 따르면 '가족을 파괴하려는 순전히 부정적인 노력은 그저 아이들을 굶기는 결과를 낳을 것'이고, 한마디 보태자면 외롭고 병든 어른을 많이 만들어낼 것이다.[32]

가족 폐지에 관한 명확한 표현들과 반대로, 나는 그것이 단지 기존 친족 모델의 확장을 의미할 수는 없다고 생각한다. 가족은 근본적으로 배타적인 사회유형으로서 정서 유대의 제로섬 모델에 근거를 두기 때문에, 우리가 기존 가족 관계를 그대로 둔 채 우리의 친밀한 영역에 더 많은 사람을 포함하는 것으로 가족의 폐지를 기대할 수는 없다. 가족 폐지가 더 많은 사람을 가족 만찬 자리에 초대한다는 뜻은 아니다. 현재 지배적인 친족 모델이 결핍과 재산에 근거하기 때문에, 가족 폐지는 우리가 생물학적 친족에 연결되는 방식이 근본적으로 변해 이런 관계를 더는 인식할 수 없게 된다는 것을 뜻한다. 친족 관계에서 오는 감정적 부담이 줄어들 것이다.

가족 폐지 요구는 다양한 역사적 국면에서 가족이 취한 특정 유형에 따라 분명히 표현되어야 한다. 마르크스와 엥겔스에게는 '가족'이 부르주아 가족 가치라는 새로 부상한 패권을 의미한 반면, 1960년대와 1970년대 페미니스트 관련 저술은 남성이 생계를 책임지는 20세기 노동자계급의 가족 모델을 겨냥한다. 작가 오브라이언M. E. O'Brien이 보여주듯, 이 가족 모델은 폭넓은 노동자계급 투쟁을 통해 만들어졌으며 따라서 가족 폐지론자들은 주류 노동운동과 어긋나는 태도를 보였다.[33] (재)생산 모델의 변화는 20세기 중반 백인 핵가족 모델이 제공한 갖가지 보호와 정서적 안전에 대해 이미 제한되어 있던 접근권의 문제를 한층 더 풀어냈다.

오늘날 상품화된 재생산 서비스에 대한 의존도가 높아진 것은 가족의 불안정성이 갈수록 커진다는 뜻이고,

일부 좌파는 이것을 신자유주의가 공동체와 인간관계에 미치는 영향에 대한 우려스러운 징후로 본다.[34] 예컨대 혹실드는 후기 저술들을 통해 확장된 가족의 개념을 옹호하는 사회주의적 입장을 분명히 표현했는데, 이 개념에는 한부모 가족과 자녀를 키우는 동성애 커플이 포함된다.[35] 신자유주의의 인간관계 상품화에 맞서 새롭고 포괄적인 가족 개념을 보호해야 한다는 주장이 이어진다. 이 논리에 따르면, 가족이 위협받고 있으며 우리는 가정생활을 보호할 해결책들을 찾아야 한다. 그러나 영문학자 세라 브루예트Sarah Brouillette가 지적하듯, "가족은 아직 충분히 파괴되지 않았다."[36] 신자유주의적 개인주의의 맹공에 맞서 가족을 지키려 하는 사회주의 정치는 그런 개인주의의 존재에 꼭 필요한 조건이 가족 가치와 가족노동이라는 사실을 간과했다.

가족임금family wage(노동자에게 가족을 부양할 수 있는 수준으로 지급하는 임금을 가리키며 노동자 개인이 생활할 만한 수준으로 지급하는 생활임금living wage과 대비되는 개념이다.-옮긴이)과 생계 책임자 모델이 이미 종말을 맞이했음에도 핵가족 모델이 끈질기게 계속되는 현상을 어떻게 설명할 수 있을까? 가족이 전후 시기에 비해 더 불안하고 유연해졌는데도 여전히 패권적 형태로 남아 있는 한 가지 이유는 우리가 실행할 만한 대안을 구성하지 못했기 때문이다. 높아진 이혼율과 가족 구성을 둘러싸고 더 포괄적으로 보이는 규범들이 가리키듯 핵가족의 불안은 점점 더 커지는 듯하다. 이것은 가족 담론의 위기로 이어졌다. 그러나 새로운 모델은 등장하지 않았고, 돌봄과 자원에 대한 접근 기회는 여전히 가족 구성원이라는 자격과 결부되어 있다. 가족 관계가 대다수 사람들의 정서적, 육체적 욕구를 충분히 만족시키지 못함에도 사람들은 이것을 계속 좋은 삶의 원천으로 상상한다.

가족의 사유화를 없애려면, 감정의 사유화도 폐기해야 한다. 자본주의 사회에서 가족은 사유화된 정서 유대들의 결합체 역할을 한다. 페미니즘 운동이 해방적 방식으로 감정을 동원하려면 감정노동을 거부해야 한다. 이 거부는 감정을 다르게 활용한다는 뜻이다. 나는 다른 사람에 대한 감정 돌봄을 반대하지 않는다. 오히려 나는 우리가 알고 있는 감정 재생산에 맞서 싸우는 정치를 분명히 표현하고 싶다. 다시 말해, 사유화된 사회적 유대와 계급적으로 구성된 주체성을 끊임없이 다시 만들고 특권을 부여하는 사회성과 이데올로기 유형에 관련된 감정 재생산이다.

가족과 젠더의 폐지는 감정의 탈젠더화를 포함한다. 또한 지배적인 좋은 느낌으로서 다정함과 거리 두기, 나쁜 감정을 수용하거나 함양하는 것까지 포함한다. 부르주아지의 지배적 가족 가치로서 다정함은 사회 위계, 착취, 대립을 가려 버리는 경향이 있다. 다정함은 사회 위계에서 위로 향하는 성향이 있기 때문에, 꼭대기에 있는 사람들에게는 다정함이 쌓이고 바닥에 있는 사람들에게는 나쁜 감정과 수치심이 쌓인다. 감정노동과 부르주아 가족 가치를 폐지하려면 다정함이 사회적으로 바람직한 감정으로서 갖는 특권을 박탈해야 한다. 이것은 안락을 최고의 특권층에게 고착시키기보다는 우리 모두가 어느 정도 감정의 불편을 안고 살아야 한다는 뜻일 수 있다. 좋은 직업, 자택 소유, 독점적 가족 관계 등 우리가 아는 좋은 삶을 거부한다는 뜻일 것이다.

유전학과 혈통의 자연화된 개념을 통해 가족은 계급, 인종, 이성애의 구조와 밀접하게 결합되어 있다. 또한 타인에 대한 소유 형식으로서 가족에 대한 허상은 물론이고, 상속 관행과 친족의 사유화를 통해 자본주의적 재산 관계와 얽혀 있기도 하다. 그래서 가족 폐지는 친족과 노동의 자연화된 소유 형식을 폐기하는 것이어야 한다.[37] 계급적이지 않고 상호적이며 독점적이지 않은 친족 관계의 양식을 뒷받침할 수 있을 사회관계는 자본주의 체제에서 실현될 수 없다. 그래서 가족 폐지 운동이 인종과 이성애 등 다른 지배 구조는 물론이고, 자본을 폐지하는 운동을 포함해야 하는 것이다.

감정 재생산의 보상적 기능을 기억하는 것이 중요하다. 흔히 감정 재생산은 불만스러운 조건을 벌충하고, 대부분의 사람들에게 다정함이라곤 전혀 없는 곳에서 다정함을 만드는 일이다. 감정 재생산 폐지 운동은 정서적으로 우리를 고갈시키지 않는 환경을 위한 투쟁과 연계되어야만 일어날 수 있다. 그래서 감정 재생산 자체에 저항할 수는 없고, 감정 재생산에 대한 욕구를 만드는 조건의 맥락을 짚어야 한다. 결국 감정 재생산 폐지는 감정 재생산을 일으키는 젠더화되고 인종화된 주체성을 폐지하기 위한 필수 조건이다.

좋은 삶을 거부한 채, 우리는 다른 무언가를 위해 투쟁하고 있다. 이 무언가가 대다수의 사람들에게 더 나을 것이다. 좋은 삶에서 배제된 사람들뿐만 아니라 좋은 삶을 열망하는 사람들에게도 미치는 좋은 삶의 징벌적이고 해로운 영향에 저항할 것이기 때문이다. 이것은 서로가 정서적으로 연결되는 새로운 방법이 될 것이다. 제임스는 "그러한 연합이 가족이 될 것인가?"라고 묻고 "이것은 인류가 알던 것과 너무도 다를 수밖에 없기에 우리는 그것에 어울리는 새 이름을 찾을 것이다"[38]라고 답한다.

젠더 폐지

여성화된 노동 유형과 가족을 폐지하려고 하는 페미니즘 운동은 젠더 자체도 폐지하려고 해야 한다. 여기에는 젠더를 탈자연화하고, 부여된 젠더에 대해 주체의 내적 진실보다는 '외적 구속'으로 느끼는 주체성을 향해 나아가는 것이 포함된다.[39] 그러나 가족과 재생산 노동에서 젠더의 경제구조를 다루지 않고 단순히 젠더를 폐지하려고 하는 부정적인 노력은 매우 제한적이다. 기존 범주를 단순히 거부하는 것은 페미니즘 이론과 행동에서 중요한 개념적 도구를 포기하는 결과에 이를 뿐이다. 정체성을 조직 도구로 쓰면서 정체성을 통해 움직이는 것이 아니라, 시기상조로 젠더의 종말을 선언하는 것에 불과하다.

이에 반해, 곤살레스는《공유화와 젠더 폐지 Communization and the Abolition of Gender》라는 중요한 저술에서 폐지를 공산주의 운동과 연결한다. 여기에서 '세상의 현 상태를 폐지하려는 실제 운동'으로서 공산주의가 현재를 조직하는 핵심적 갈등 중 하나인 젠더의 폐지도 포함한다.[40] 그러나 곤살레스는 기본적으로 젠더 폐지를 자본주의적 인구 통제의 맥락에서, 즉 임신과 관련해서 이해한다.[41] 자궁과 상관없는 생물학적 재생산을 고안하지 않고는 곤살레스의 논의에서 젠더 폐지를 말하기가 어렵다. 젠더를 단순히 임신한 육체의 차이로 축소할 수 없듯이, 젠더 폐지도 임신 해소로 축소될 수 없다. 우리가 지금까지 보았듯이, 젠더화는 어떤 주체들을 타인을 배려하며 상호주관적인 존재로 구성하는 반면, 다른 주체들을 사회적 구속 및 욕구와 본질적으로 별개로 표시한다.

이 두 가지 젠더 폐지론은 모두 젠더를 폭넓은 사회관계에 연결하는 확장적인 젠더 개념을 정확히 표현하지 않는다. 파이어스톤에게 젠더 폐지는 가정과 친족 모델의 근본적 재구성을 통해서만 일어날 수 있다. 기술 유토피아를 꿈꾸는 것으로 유명하지만, 그녀에게는 임신에 대한 기술적 개입보다 이런 재구성이 더 중요하다.[42]

파이어스톤과 함께 재생산의 물질적 조건을 통해 젠더를 다시 만드는 데 꼭 필요한 조건을 생각해볼 수 있다. 여성성이 노동 기능이라면, 젠더 폐지가 페미니스트의 반노동, 반가족 주장에서 핵심일 수밖에 없다. 따라서 젠더 폐지는 가족 폐지와 밀접하게 관련된다. 제임스가 말하듯이, 재생산 노동과 젠더 구성을 근본적으로 다시 생각하는 것은 우리가 아는 가족의 종말로 이어질 수 있다. 그녀는 "바꿔야 할 것은 남성과 여성의 노동 분업만이 아니라 노동 자체의 본질"이라고 말한다.[43] 그녀는 이것이 불러올 '부르주아 사회의 종말과 부르주아 가족의 종말'을 암시한다.[44]

젠더 폐지는 오늘날 재생산을 조직하는 노동의 조건과 관계를 근본적으로 바꾸는 데 그치지 않고 성 정체성의 모든 제약을 없애고 사회적 의미를 나타내는 육체적 표시를 벗겨 낼 것이다.[45] 이원적 백인 이성애 젠더의 물리적, 심리적 강요에 맞서 오랫동안 싸운 흑인, 원주민, 트랜스, 인터섹스intersex(간성) 페미니스트를 따른다는 뜻이다. 재생산이 백인 가족과 국가의 재생산이기도 하다는 사실을 통해 우리는 젠더와 인종이 어떻게 같이 구성되는지를 생각해볼 수 있다.

트랜스 페미니즘은 또한 젠더와 가족의 자연화된 개념에 이의를 제기한다. 트랜스 여성성을 여성다움에 대한 긍정이 아니라 부분적 파괴로 읽으면서 글리슨은 트랜스 페미니즘을 여성다움에 반대하는 운동으로 설정한다. 트랜스 여성을 자연화된 여성성 범주에 포함하면 이 범주의 일관성 자체가 위협받는다.[46] 트랜스 페미니스트의 젠더 폐지 기획은 한낱 허무주의나 부정적인 젠더 해소, 젠더화된 기존 주체성 모델에 대한 단순한 긍정 이상으로 이해되어야 한다. 여기에는 사회적으로 부여된 것이 아니라 젠더화된 삶을 탈자연화하는 선택을 통해 이중적으로 젠더화된 주체성을 약화하는 더욱 복잡한 젠더 폐지 기획이 따른다. 모든 트랜스가 젠더 폐지에 전념

한다는 말이 아니라, 생물학적 성을 젠더에 관한 기저의 진실로 여기기를 거부하는 폐지 기획에 트랜스 페미니스트의 관점이 꼭 필요하다는 말이다. 곤살레스와 느통이 주장하듯, 성과 젠더는 같은 동전의 양면이라서 함께 폐지될 수밖에 없다.[47]

트랜스 혐오 페미니스트들은 흔히 트랜스들이 틀에 박힌 젠더 표현을 강화한다고 말한다. 이런 주장을 통해 그들은 스스로 진정한 젠더 폐지론자의 자리를 차지한다. 그러나 이런 노력으로 그들은 젠더와 성을 감시하고 젠더 표현이 우리에게 부여된 성과 일치해야 한다고 주장한다. 사실 트랜스 혐오 페미니즘은 젠더 폐지의 기반을 약화한다. 4장에서 살펴본 레즈비언의 저항 형태처럼 트랜스 운동도 부여된 젠더에 대한 내재적 저항으로 이해할 수 있다. 트랜스 정체성이 더 진정한 주체성의 표현이 아니라, 시스젠더 정체성을 부여하는 체계의 예상치 못한 산물이라는 말이다. 이 일탈적 주체성이 그러한 성 정체성 부여에 저항할 지점을 제시한다. 그것은 젠더와 성이 폐지되어 시스젠더와 트랜스젠더가 무의미해지며 누구나 낙인찍히지 않고 남성적, 여성적 젠더 표현을 쓸 수 있는 세상으로 가기 위해 젠더를 *통해 움직이며* 저항하는 방법이다.

성 정체성은 절대 일관되고 안정적이지 않다. 그러나 앞에서 본 것처럼 성 정체성이 일으키는 모순은 많은 경우 성의 이원적 구성으로 통합될 수 있다. 오늘날 젠더 모델은 특히 어느 정도 유연성을 허용하는 듯하다. 그래서 젠더 폐지 기획은 젠더의 모순을 강조하고 강화하면서 젠더에 내재한 불안정성을 지적하고, 젠더를 다시 자연화하는 과정에 이의를 제기한다. 이런 식으로 젠더는 부분적으로 감정노동 수행을 통해 내면화된, 자아의 내적 진실로 경험되는 경우가 더 적어질 수 있다. 그 대신 관리 기술과 외부의 강제로 경험될 수 있다.

젠더 폐지는 이성애, 더 일반적으로는 성 정체성의 폐지 없이는 불가능하다. 여기에는 사람들이 이성애 젠더를 수행하면서 경험하는 즐거움을 포기해야 하는 일이 포함될 수 있다. 하지만 퀴어적인 사고와 실천은 성 정체성이 내적 진실로서 부여되기 때문에 지금은 생각조차 할 수 없게 된 다른 즐거움의 가능성을 향해 손짓한다. 제임스에게 게이 운동은 성 정체성에서 벗어나 자유로운 개성을 향한 길을 열어준다.[48] 제임스는 퀴어 정치, 특히 레즈비언 운동이 현재의 젠더 관계에 맞선 투쟁의 최전선에 있다고 말한다. 이것은 플로이드의 퀴어 마르크스주의와 비슷하다. 플로이드는 이성애와 동성애를 모두 실체화된 사회적 범주로 설명한다. 제임스처럼 플로이드의 경우에도, 이 범주를 거쳐야 이러한 정체성 범주를 넘어설 수 있다.[49] 제임스는 성 정체성 폐지가 규범적인 재생산 관계의 거부에 결부되는 페미니즘 기획에 이를 연결한다. 게이, 레즈비언 정체성은 이성애 가족으로부터 배제를 통해 등장하기 때문에 궁극적으로 이런 성 정체성 너머를 지향하는 투쟁에서 생산적으로 이용될 수 있다. 따라서 새롭게 젠더화된 성적 존재 방식을 고안해내고 젠더를 긍정적으로 폐지하는 데 퀴어 페미니즘이 필수적이다.

폐지에는 주체성과 재생산의 특권적 형태들을 해소하는 일이 포함된다. 이런 것들이 우리 모두에게, 특히 그것에 맞춰 살지 못하거나 그것을 열망하기를 거부하는 사람들에게 실제적이고 폭력적인 영향을 미친다. 이렇게 배제된 형태의 재생산이 우리에게 대안적 삶, 다른 미래를 건설하는 방법에 관해 뭔가를 말해줄 수 있다. 이를 위해서는 이원적 젠더 규범과 핵가족 구조를 거부할 뿐만 아니라 사람들이 관여하며 살아가는 형태의 재생산에 근본적으로 개입해야 한다. 이것이 그저 덜 규범적인 가족 구성을 포함하려고 가족의 특권을 확장하는 데 목표를 둔 정치일 수는 없다. 이런 특권은 가족 형태를 결정하는 배제에서 비롯한 결과이기 때문이다. 그 대신, 가족 형태 자체에 이의를 제기하고 다른 재생산 제도와 감정의 지평을 만들어내려고 노력해야 한다.

감정 재생산의 퀴어화

우리는 현재 사회생활 구조가 대다수 사람들의 욕구와 욕망을 적절히 채워줄 수 없다는 생각에서 출발해 개인주의, 사생활, 사유재산에서 벗어난 사회성의 형태들을 살펴볼 수 있다. 위크스는 우리가 너무 빨리, 너무 많이 아는 척하거나 미래의 사회성에 대해 이미 만들어진 청사진을 찾아 나서면 안 된다고 주장한다.[50] 하지만 파이어스톤이 지적하듯, '가족의 대안을 고려할 때 겪는 특유의 상상력 실패'에 대응하려면 미래를 여전히 이상적으로 그릴 필요가 있다.[51] 우리는 이런 가능성을 개념적으로만 생각하지 말고 실천적으로 생각해야 한다. 우리가 물리적 제약에 맞서고 관습적인 정서 반응을 해소하려고 애쓰는 만큼 이런 일은 어려운 경우가 많다. 하지만 더 살 만한 세상으로 가는 데 아주 중요한 측면이다.

나는 지금 일어나고 있는 일탈적 재생산 실천이 현재를 이루는 제도화된 양식을 해소하는 데 어떻게 동원될 수 있는지를 강조하기 위해 퀴어화라는 개념을 쓴다. 이성애가 재산의 사회적, 물질적 형태, 즉 동일성의 보존과 아주 가깝게 겹치기 때문에 퀴어성은 어떤 다른 미래의 편에 있다. 새로운 사회성은 '대안적 가치와 욕구와 욕망을 창조하고 유지할 수 있는' 물리적 자원과 실천의 혁신적 재조직을 요구할 것이다.[52] 이것들은 반패권적 사회성 실천이 조성될 수 있는 퀴어 세상 만들기의 양식이다.

이런 실천이 유일하거나 가장 중요한 정치 형태는 아니다. 대안적 돌봄 실천이 우리가 원하는 새로운 유형의 젠더화된 성적 관계를 완벽하게 미리 보여줄 수는 없다.[53] 이 대안적 실천들이 직면하는 물질적 제약은 대안적 사회성 형태가 구조적으로 제한된다는 사실을 보여준다. 이것은 우리가 생산과 재생산의 경계를 무너뜨리려는 노력에 참여하고 지금 나뉘어 있는 영역을 넘나들며 투쟁해야 한다는 뜻이다.

비규범적 재생산 방식은 다른 세상을 예고하거나 기존 생산방식에 이미 주어진 대안을 제시하기보다는 투쟁을 시작할 수 있는 장소를 제공한다. 퀴어 세상 만들기의 이런 시도는 늘 그 범위가 제한되지만 '이 세상이 충분하지 않다'는 것을 분명히 보여줄 수 있다.[54] 그렇다면 일탈적 감정처럼 대안적 재생산 형태가 우리가 계속 투쟁하는 데 필요한 물질적, 정서적 지원과 함께 반자본주의 정치의 인식론적 도구를 줄 수도 있다. 퀴어 재생산에 기초한 정치는 자본주의적 노동 방식과 사유재산과 사회성이 대안적 존재 양식을 가로막는 제약에 끊임없이 부딪힐 것이다. 그러나 이런 제한은 그 자체가 중요한데, 제약을 규명함으로써 이에 맞서 싸울 방법을 찾을 수 있기 때문이다. 퀴어 재생산은 가사 영역만이 아니라 우리가 아는 세상을 다시 만들어내는 광범위한 기획이다.

우리는 일탈적 욕구, 욕망, 감정을 통해 우리가 전개하는 급진 정치의 방향을 설정할 수 있다. 우리는 일반적으로 주어진 요구를 택하기보다 지금 채워지지 않고 그래서 다른 세상을 향한 욕망을 만드는 욕구를 탐구해야 한다. 이런 욕구와 감정은 덜 착취적인 세상을 가리키기 때문에 정치 지평을 넓힌다. 우리의 투쟁이 감정 실천을 통해 하나로 뭉쳐지듯, 감정과 욕망이 진보 정치의 핵심이 될 수 있다.

미술사학자 란 앱시 고가티Larne Abse Gogarty와 역사학자 해나 프록터Hannah Proctor는 〈공산주의자의 감정Communist Feelings〉이라는 에세이에서 급진 정치의 감정 세계를 탐구하라고 한다. 두 사람은 정치투쟁이 환멸과 동료애를 모두 동반할 수 있다고 말한다.[55] 따라서 우리는 정서적 관계가 좌파 운동에서 어떻게 구축되고 유지되는지에 주목해야 한다. 좌파가 되기 위해서는 가족 바깥에서 서로를 돌본다는 정치적 책임을 져야 한다. 핵가족이 수반하고 재생산하는 감정의 사유화와 돌봄 결핍을 해소하기 위해 노력하는 한 공산주의는 본래 가족에 맞서는 것이라고까지 말할 수 있다. 그래서 좌파 운동은 더 포괄적인 감정 돌봄과 투자를 만들려고 해야 한다. 감정 투자에 대한 이런 관심은 좌파 운동을 지속하는 데 꼭 필요하다. 장기적 목표와 전략 논의가 즉각적인 기쁨과 돌봄의 경험과 공존할 수 있는 공간을 반드시 만들어야 한다. 오톰니아Automnia가 말하듯, "아마도 우리는 공산주의를 이 온기와 황홀의 천명으로, 예외적인 데서 일상에 이르는 출현으로 상상할 수 있을 것이다."[56]

감정과 욕구에 대한 관심은 규모의 문제를 일으킬 수도 있다. 우리가 어떻게 퀴어와 좌파의 정치 문화를 넘어 모두를 위해 재생산을 재조직하는 데까지 나아갈 수 있을까? 이 기획은 현재 재생산을 지배하고 평가절하하며 우리의 감정 지평을 제한하는 임금 노동의 폐지를 함축한다. 또한 재생산의 정치가 재생산 노동력을 겨냥한 젠더화된 성적 관계의 규범적 전망을 포함하는 경우가 많은 복지국가의 활동에 이의를 제기하기도 한다. 이 프로젝트는 가정 내 무임금 재생산 노동을 보완할 뿐인 짜깁기식 복지 개혁을 넘어서는 정치를 의미한다.

우리에게 필요한 것은 주거, 도시계획, 보건, 교육, 아동 돌봄, 노인 돌봄 분야에서 덜 억압적이고 덜 착취적인 재생산을 일반화하기 위한 대규모 혁신이다. 이런 개입은 가족이 재생산 노동의 중심이라는 암묵적 가정에 저항해야 한다. 우리는 재생산의 중심이자 욕구의 사회적 세계로서 가족이 꼭 필요하고 바람직하다는 생각을 버려야 한다. 그 대신 루이스가 가족 가치를 유지하는 데 꼭 필요하다고 보는 '체계적인 돌봄의 결핍'을 극복하는 데 이런 개입이 도움을 줄 것이다.[57] 배럿과 매킨토시의 말처럼 가족 폐지는 가족을 새로운 패권적 사회 모델로 대체하는 기획이라기 보다는 욕구 충족을 위해 가족 이외의 수단을 성립시켜 사람들의 생존에 가족이 필수 조건이 되지 않도록 하는 기획이다.[58]

현재 아동 돌봄과 노인 돌봄은 사회적 자산과 전유에 관한 규범적 이해에 따라 조직되는 경우가 많다. 퀴어라는 틀은 이런 돌봄이 복지 정치와 가족법 체계를 통해 어떻게 규제되는지를 인식하는 데 도움이 된다. 따라서 이것은 이성애의 규범적 친족 형태를 넘어서 나아갈 방법을 제시하며 국가에 대한 비판을 암시한다.

지난 몇십 년에 걸쳐 퀴어 친족을 둘러싼 연구가 풍성하게 진행되며 아동과의 관계에 초점을 두었다. 게이와 레즈비언은 재생산적이지 않은 존재로 여겨지던 데서 멀어지고 합법화된 재생산 형태에 점차 통합되었다. 그러나 많은 경우에 퀴어 부모 역할은 합법화된 법적, 생물학적 부모 신분을 넘어서며, 아이들은 '혈연'으로나 법적 양육권에 따라 필연적으로 부모라고 인정되지 않을 수도 있는 사람들에게 양육된다.[59] 그래서 퀴어 부모 역할은 규범적 친족 유형을 구축하는 감정적 배타성의 제로섬 게임에 저항하며, 한두 사람이 일차적으로 자녀의 정서를 돌보는 일을 책임지는 이성애 가족의 배타적인 전유 논리를 거부한다.

입양, 대리모, 유모와 보육 노동자에 대한 의존 등 이성애 가족에 존재하는 부모 역할의 관행은 한 아이에게 엄마가 오직 한 명이어야 하느냐는 의문을 암시적으로 제기한다.[60] 재생산 노동에 대한 퀴어 비평은 이성애 재생산 제도에서 이렇게 불안정하고 비가시적인 측면을 지적할 수 있다. 또한 다른 재생산 방식을 위한 모든 가능성은 물론이고, 이성애 핵가족 방식이 쉽게 이해될 수 있도록 배제되고 안 보이는 존재가 되어야 했던 다양한 주체의 재생산 노동에 대한 의존성과 다른 재생산 방식의 모든 잠재성을 살펴본다. 급진적 퀴어 정치는 다중적이고 현재는 이해할 수 없는 재생산 방식의 정치를 위해 이런 격차를 이용할 수 있다.

퀴어 부모가 점차 친숙해지고 주류 문화에서도 받아들여진 반면, 퀴어 노인 돌봄은 탐구가 적었다. 하지만 노인 돌봄이 재생산 모델을 재고하는 데 중심이 되어야 한다. 노화, 질병, 장애, 죽음이 개인의 자율성 상실을 의미하기 때문에 자유로운 주체성과 소유적 개인주의의 이상에 이의를 제기할 수 있기 때문이다.

그러나 좌파 정치 담론을 비롯한 많은 정치 담론에서 고령화에 대한 논의는 분명 빠져 있다. 생산 주체의 이상과 생명 재생산으로서 가족이 지속될 수 있도록 노인은 제거되어 눈에 띄지 않는 존재가 되어야 한다. 더구나 자본주의 경제에서 임금 노동의 사회적 가치를 평가할 때 노인을 비롯해 생산적이지 않은 사람들의 삶을 평가절하한다. 고령자는 사회적으로 비가시적인 존재가 되고, 이런 경향은 좌파 정치 운동과 이론에서도 반복된다.[61]

재생산의 물질적 구조 때문에 노인이 더 쉽게 눈에 띄지 않는 존재가 되기도 한다. 페데리치는 젠트리피케이션이 핵가족 밖에 존재하는 노인들을 위해 사회적, 물질적 안전망을 제공한 노동자계급의 공동체와 연대를 어떻게 위협했는지에 대해 썼다.[62] 그러나 이런 사회성은 다시 만들 수 있다. 노인 돌봄의 퀴어화 기획은 덜 사유화된 돌봄 행동을 살펴보고, 개인화된 현재의 사회성과 재생산 모델을 넘어설 방법에 영감을 줄 수 있다.

아동 돌봄과 노인 돌봄의 정치는 이성애적 시간성과 계보의 더 일반화된 논리를 통해 서로 잘 맞는다. 인류학자 캐스 웨스턴Kath Weston이 지적하듯, 노화와 죽음에 대한 공포만으로도 자녀를 갖겠다고 결정하는 동기가 될 수 있다.[63] 가족은 세대 간 돌봄을 장려하는 몇 가지 구조 중 하나고, 그래서 갈수록 연령에 따라 계급화되는 사회에서 어떤 지원을 제공한다.[64] 세대 재생산에 기초한 규범적 가족은, 사유재산의 논리에 따라 한 사람이 재생산 관계에서 배제되는 미래에 대비하는 보험 기능을 한다.

자본주의 사회는 아동과 노인의 영역을 구분하면서 이들을 임금 노동에 참여하는 사람들과 분리한다. 자본주의 사회에서 이성애 규범에 따른 인생 모델은 유년기, 청소년기, 청년기, 중년기, 노년기 등으로 나뉜 인생의 단계를 상정한다. 이것은 결혼과 출산 같은 삶의 사건은 물론이고, 임금 노동과 재생산 노동이 분리된 상황에 들어맞는다. 퀴어 및 공산주의자의 재생산 정치는 세대 통합을 위해 그리고 다양한 연령 집단에 따라 분리된 제도를 해소하기 위해 애써야 한다.

이 정치 기획은 친족으로부터 고립되어 경제적 불안이 심각한 경우가 많은 퀴어 노인의 충족되지 못한 욕구에서 앞으로 나아갈 수 있다.[65] 목표는 노인 돌봄과 세대 간 연대에 일반적으로 접근할 수 있게 함으로써 많은 민간 시설과 공영 시설의 폭력적이고 착취적인 돌봄 관계는 물론이고, 친족 내 돌봄의 사유화에 대항하는 것이어야 한다. 자녀를 갖는 것이 미래에 돌봄을 받기 위한 투자가 되는 모델에서 벗어나야 한다. 이를 통해 재산과 의무에 덜 기대는 다른 재생산 방식을 받아들일 수 있다.

여성학자 제인 워드Jane Ward에 따르면, 자녀를 미래에 대한 투자로 보는 것이 현재의 즐거운 부모 자식 관계를 가로막고, 배타적이지 않은 동료애적 아동 돌봄을 방해한다.[66] 우리는 계급 관계를 감정적으로 재생산하는 아동 돌봄 유형에 맞서야 한다. 아동 돌봄과 노인 돌봄을 분리해서 다루기보다는 가족 상속의 개념과 실천이 연령 분리가 덜하고 사유재산에 덜 의지하는 대안적 돌봄 유형을 어떻게 배제하는지 탐구해야 한다.

가족 너머로 나아가기

덜 독점적인 돌봄과 정서 지원은 이미 존재한다. 가족 너머로 나아가는 기획에서 우리는 아프리카계 미국인이 전통적으로 수행한 다양한 부모 역할을 통해 영감을 얻을 수 있다. 사회학자 퍼트리샤 힐 콜린스Patricia Hill Collins에 따르면, 이 모델은 오직 자기 자녀의 양육에 관한 것만이 아니라 공동체 전체의 후견인 제도에 관한 것이다. '다른 엄마 역할othermothering'(다른 엄마othermother는 생물학적으로 친자식이 아닌 아이를 돌보는 여성, 또는 친엄마가 아닌 엄마 같은 존재를 가리킨다. – 옮긴이)은 다른 사람의 자녀에게 또다른 엄마가 되어 주는 관행인데, 돌봄 문제를 중심으로 한 정치적 통솔의 한 형태인 공동체적 다른 엄마 역할이 될 수 있다.

힐 콜린스는 엄마 역할에 관한 흑인 전통이 저항의 재생산에서 핵심이듯, 이런 관행이 권력의 상징으로서 언급될 수 있다고 말한다.[67] 사회학자 스탠리 제임스Stanlie James는, 공동체의 다른 엄마는 많은 사람이 시달리는 문제가 집단적 행동을 통해서만 해결될 수 있다는 것을 이해한다고 말한다.[68] 다중적이고 중첩적인 이 엄마 역할은 덜 전유적인 모델에 기초하며 집단적 정치 행동에 맞게 조정되었다.

퀴어 페미니스트 활동가 알렉시스 폴린 검스Alexis Pauline Gumbs에 따르면, 우리는 소유권이 있는 엄마와 양육만 담당하는 엄마 역할을 구별할 수 있다.[69] 검스는 자녀를 엄마가 소유하지 않는 흑인의 엄마 역할에서 노예제의 유산을 지적하는 여성학자 호텐스 스필러Hortense Spillers의 글을 인용한다.[70] 이런 실천이 극심한 억압과 착취의 역사에서 비롯하지만, 저항의 전통과 돌봄의 규범적 논리를 떠나는 존재 양식을 가리키기도 한다. 그리고 돌봄의 부담을 한 사람에게 지우는 배타적 친족 모델에 기대기보다, 다양한 욕구가 있는 다양한 사람들을 돌봄 관계로 통합할 수 있다. 또한 돌봄을 개인화하는 논리에 저항한다. 다른 엄마 역할은 돌봄의 부족이나 '비행 청년'이 개인적 실패의 결과라는 생각에 이의를 제기한다.

그리고 흑인의 엄마 역할 자체를 가부장적이고 인종차별적인 세계 질서에 대한 저항으로 정확히 표현한다.

인종은 고정되지 않고, 인종화의 과정을 수반한다. 인종화는 어떤 집단을 가치 없는 집단으로 표시해서 잉여인구가 되기 쉽게 한다. 이 집단은 노동인구에서 배제되지만, 한편으로는 자본주의 경제를 유지하고 노동자들 간 경쟁을 일으키는 데 반드시 필요하다.[71] 우리가 인종화된 노동자계급의 저항을 이해하려면 정치적 주체로서 룸펜프롤레타리아라는 것을 알아볼 필요가 있다.[72]

노동자계급에 속하는 룸펜프롤레타리아는 임금에 접근할 수 없어서 범죄화된 생존 방식에 의존한다. 오브라이언은 마르크스와 엥겔스가 산업 프롤레타리아를 선호해 룸펜프롤레타리아를 거부했는데, 그 시대 노동자계급은 '공장 생활을 통해 훈련받은 통일된 동질적 프롤레타리아 집단이 아니라 범죄와 사회적 혼돈의 불협화음'이었으며 '엥겔스의 자연적인 일부일처제보다 철학자 프랑수와 마리 샤를 푸리에François Marie Charles Fourier의 퀴어 공산주의'를 더 많이 연상시키는 것이었다고 주장한다.[73]

룸펜프롤레타리아의 범죄화된 생존 방식은 사유재산

과 독점에 대한 저항으로 이해할 수 있다. 비공식 경제는 비가족적 연대 양식의 물질적 맥락을 만들 수도 있다. 이런 연대의 실천을 통해 주변화된 주체를 정치 행위자로서 무시하기 쉬운 습관적 감정 반응이 해소되는 것을 배운다. 그래서 노동력으로서 재생산에 저항하는 것은, 비규범적 형태의 재생산이 부족하다는 국가의 평가에 동의하기보다 이런 재생산 형태를 범죄화하고 병리화하는 데 저항하는 것을 포함해 잉여 인구의 생산과 구분에 대한 저항을 암시한다. 이런 생존 양식이 극심한 착취와 폭력의 역사를 통해 형성되고 제한되었지만, 우리가 배울 만한 모델로 볼 수 있다.

이것은 특히 인종화된 퀴어 재생산 형태에 적용된다. 우리는 이런 돌봄 방식을 낭만화하지 않도록 조심해야 한다. 이것도 착취적인 노동관계를 포함할 수 있기 때문이다.[74] 그러나 우리가 선택적으로 끌어올 영감의 원천이 될 수도 있다. 퀴어 연구자 챈던 레디Chandan Reddy가 주장하듯, 인종화된 퀴어 친족은 이성애 규범적 가족 재생산 양식이 일으킨 피해에서 그 응집력을 찾았다.[75]

쿤츠에 따르면, 흑인 가족은 역사적으로 고아와 노인

을 시설로 보낼 가능성이 상대적으로 낮았다. 이들이 확장된 친족 네트워크에서 돌봄을 받았기 때문이다.[76] 하지만 많은 퀴어들은 더 광범위한 친족으로부터 배제되었다. 백인 부르주아 주체성을 동경하게 되는 흑인 가족의 규범화에 대한 훅스의 글과 일부 흑인 민족주의 및 출산 장려 담론의 이성애 규범화 영향에 대한 검스의 설명을 통해 이런 배제를 이해할 수 있다.[77] 오늘날 주변화되는 사람들은 정상적인 배타적 친족 양식의 영향을 받지만 스스로 규범적 가족 가치를 배제하는 일에 참여할 수 있다. 그러나 퀴어의 부정적인 역사와 트라우마와 배제의 감정이 연대와 돌봄의 대안적 양식을 만들 수 있다.

인종화된 퀴어 형태의 친족이 때로 가족의 언어를 독점하지만 레디는 이것이 퀴어 주체를 더욱더 고립시키는 사생활로서 섹슈얼리티의 논리에 굴복하지 않는다고 말한다.[78] 대도시의 집단적 퀴어 생활은 역사적으로 범죄화되거나 비공식적인 재생산 방식을 중심으로 돌아갔다. 이런 생존 양식은 꼭 국가나 임금이나 가족의 젠더화된 관행을 통해 매개되지 않는다.[79]

정치적 사고를 상징하는 인물로서 범죄자 퀴어를 살

펴보자. 가사노동임금 관련 저술에서 가정주부라는 인물과 마찬가지로 범죄자 퀴어는 공식적인 임금 경제에서 배제된 결과로 평가절하된다. 이 인물은 또한 규범적 가족 구조에서 배제당한 위치에서 고전한다. 마르크스의 저술에서 프롤레타리아가 가진 것이 노동할 수 있는 역량뿐이라면, 범죄자 퀴어에게는 그것조차 없다. 나는 이 책 전체를 통해 백인 남성 이성애 프롤레타리아의 노동능력의 기저를 이루는 조건, 다시 말해 범죄자 퀴어는 배제당하는 조건을 지적했다. 이것은 흔히 정신적, 육체적 질병, 감금, 죽음으로 표시되는 생활세계를 만들어낸다.

그러나 우리는 이것을 통해 다른 방식의 사회성과 연대가 남긴 흔적을 언뜻 볼 수 있다. 공동체란 다양한 폭력으로부터 구성원을 보호하기 위해 만들어지는 것이기 때문이다. 우리는 이 특별한 룸펜프롤레타리아가 자본의 요구를 충족하고 초과하기 때문에 정치적으로 중요하다고 짐작할 수 있다.[80] 이 집단은 잃을 것이 거의 없기 때문에 흔히 혁명적 투쟁으로 가는 길을 이끈다. 이것은 범죄자 퀴어가 바로 그 혁명적 주체로 자리매김해야 한다는 뜻이 아니라, 우리의 정치 운동이 생산 영역과 규범적 재생산 영역에서 배제되면서 생긴 욕구와 경험을 위한 공간을 만들 필요가 있다는 뜻이다.

이런 실천의 예가 유색인 트랜스, 퀴어, 젠더 부적응자의 단체인 길거리트랜스베스타잇행동혁명가들Street Transvestite Action Revolutionaries, STAR이다. 1970년 뉴욕에서 실비아 리베라Sylvia Rivera와 마샤 존슨Marsha Johnson이 창립한 행동주의 단체이자 재생산 노동에 기초한 집단인 STAR는 흑인과 라틴계 트랜스 공동체를 위해 주거, 식품, 정서적 지원, 재소자 연대, 변호 등을 제공했다.[81] 가족에게 외면당한 젊은 유색인 트랜스들을 위해 리베라와 존슨은 STAR 하우스에 잠자리를 마련했다. 이 단체는 무료 음식과 보육을 비롯해 몇몇 돌봄 형태를 지역공동체로 확장했다. STAR는 범죄화된 재생산 수단에 의존했다. 성노동에서 번 돈으로 임대료를 내고 훔친 음식으로 구성원들을 먹였다.[82] 사회적으로 금지된 욕구와 감정과 실제로 범죄화된 행동 사이에는 관련성이 있다. 다른 세상을 향한 욕망은 욕구를 채우기 위해 범죄화된 행동의 경제와 긴밀히 관련된다.

위크스는 이 인종화된 퀴어 재생산 방식이 일종의 자

기 가치 평가, 즉 우리가 새로운 집단적 주체성을 구성할 수 있게 하는 내재적 저항의 선택적 실행을 구성한다고 말한다.[83] STAR는 자신의 욕구와 욕망을 명백하게 정치화하면서 스스로를 혁명적 실천에 참여한다고 이해했다. 이들은 또한 게이, 페미니스트, 반인종주의 운동같이 다양한 정치 운동에 힘을 보태고 개입한다.[84] 이들은 재생산 실천에서, '프롤레타리아 쇼핑'이라고도 하는 좀도둑질, 핵가족에게 해를 당한 이들을 위한 집단 거주 등 가사노동임금이 지지하는 많은 수단을 이용했다.[85] 가사노동임금 관련 저술에서 이런 행동은 국가 폭력의 위협 속에서도 재생산에 간섭할 수 있는 프롤레타리아의 힘을 주장하며 소비 현장의 사보타주로 나타난다. 이 기획은 서로 보호하고 돌볼 수 있는 집단적 방법을 만들어내야 성공할 것이다.

STAR는 가정 영역에서 백인 이성애의 규범적 개념을 모방하지 않고 가정에 대해 유동적이고 유연한 정의를 제시했다. 이 정의에서는 가정 공간과 공동체가 확실하게 분리되지 않는다. 이런 방식은 다양한 물질적 제약을 받고 이상적 형태를 성립시키지는 않지만, 덜 배타적이고 더 나은 재생산 방식을 위해 투쟁하는 방법의 실천적 사례가 된다. 이들은 범죄화된 경제활동에 참여함으로써 부분적으로나마 생산과 재생산, 공적 영역과 사적 영역의 젠더화된 구분 바깥에 존재하기도 한다.

STAR 같은 집단은 대안적 재생산 유형을 지속하고 일반화하는 데 도전한다. STAR 하우스는 상대적으로 짧은 기간 진행된 실험이었고, 궁극적으로 STAR를 창립한 두 사람의 죽음은 유색인 트랜스 여성의 생존을 위한 지속적 투쟁의 필요성을 보여준다.(존슨은 동성애 혐오 폭력이 극심하던 1992년에 허드슨강에서 변사체로 발견되었고, 리베라는 자선 의료 사업으로 유명한 뉴욕의 세인트빈센트 병원에서 2002년에 간암 합병증으로 사망했다. – 옮긴이) 그래도 STAR는 재생산 현장에서 조직화의 방향을 제시할 수 있다. 벌랜트와 문학 비평가 마이클 워너Michael Warner가 보여주듯, 이런 조직화가 단순히 생활양식에 관한 것으로 일축되는 경우가 많다. 하지만 벌랜트와 워너는 이것을 퀴어 공공 문화 또는 세계 만들기 기획이라고 한다.

여기에서 '세계'는, '공공'과 마찬가지로 공동체나 집단과 다르다. 이것은 확인할 수 있는 것보다 더 많은 사람을 그리고 생득권으로 경험되기보다 학습될 수 있는 감정의 양식인 몇몇 기준점을 넘어 측량될 수 있는 것보다 더 넓은 공간을 반드시 포함하기 때문이다.[86]

벌랜트와 워너는 게이·레즈비언 운동을 계급에 기초한 재분배 요구와는 정반대인 인정받기 위한 투쟁으로 나타내려는 시도를 비판한다. 이들은 세계 만들기의 퀴어 정치를 '오직 자기표현이나 인정 요구로만' 이해하는 것이 '사회적 재생산 제도를 이성애 문화와 연결하는, 근본적으로 불공평한 물질적 조건을 오인하는 것'이라고 주장한다.[87] 이 세계 만들기 기획은 사회적 재생산을 이성애와 자본주의 제도에서 떼어내려고 애쓰는 급진 정치의 필수적인 측면이다. 세계 만들기의 한계는 그 자체로 투쟁의 새로운 방향을 설정하는 데 유익하다. 예컨대 주거 부족으로 이 기획을 확장하기가 어려울 경우, 우리는 규범적 가족 모델이나 개인화된 재산 소유 양식을 상정하지 않고, 감당할 만큼 저렴하거나 무료인 주택을 공급하기 위해 투쟁할 것이다. 괜찮은 무료 주택 공급은 우리가 재생산 욕구의 지평을 확장하는 데 도움이 될 수 있는 재생산적인 재구성의 중요한 측면이다. 우리는 또한 충분한 공공 공간, 교통, 재생산 서비스에 대한 무료 접근 기회라는 측면에서 재생산 노동의 조건을 다룰 수 있고, 그렇게 사적 영역을 넘어 세계 만들기 기획을 향해 뻗어나갈 수 있다.

해방적인 재생산 정치를 고려할 때, 어떤 요구가 비규범적 형태의 재생산을 용이하게 하고 지금 가장 주변화된 사람들의 생존과 안녕을 보장하는지는 물을 만한 가치가 있다. 이런 식으로 퀴어 정치와 이론은 자체적인 목적으로서 반규범성과 멀어지고 지금 다른 미래를 방해하는 물질적 제약을 극복하는 일과 더 가까워진다. 지금도 더 해방적인 재생산 방식을 제한하는 구조가 많기 때문에 이것이 벅찬 과업일 수도 있다. 그러나 현재 해방적인 재생산 정치를 축소하는 제한을 계속 찾아 나서고 그 제한들을 넘어서기 위해 반드시 싸워야 한다. 이것은 또한 더 나은 미래를 위한 투쟁에서 특권적일 수 있는 현장이란 존재하지 않는다는 뜻이다.

재생산 투쟁은 다양한 장소에서 벌어져야 하고, 주변

화되고 착취당하는 다양한 집단 사이에서 연합의 정치를 요구해야 한다. 이런 연합은 다수의 이익으로 인식되는 것에 기초한 거짓 보편성이 아니라 가장 위태롭고 억압받는 집단의 욕구와 욕망에 기초한 일치의 원칙에서 출발해야 한다. 제임스의 말처럼 이런 정치는 억압에 맞선 투쟁을 억압과 경제적 불안정성에 맞선 투쟁과 결합해 가장 주변화된 구성원에게 늘어난 힘과 가시성을 부여해 노동자계급을 강화한다.[88] 이것은 현재 사회 전반은 물론이고, 좌파 정치를 조직하는 주관적이고 감정적인 위계를 없애는 데 꼭 필요한 부분이다.

물질적 노동조건은 감정 재생산의 주관적 구조와 빈틈없이 겹쳐져 있다. 오브라이언은 자신의 가족 폐지 전망에 대해 이렇게 말한다.

> 재생산 노동을 공유하고 자녀 양육을 분담하는 수백 명의 사람들로 구성된 코뮌이 성적인 쾌락과 충족에 대한 관심을 포함하고, 개개인 사이에서 선택된 사랑의 유대나 낭만적 유대나 부모 자식 간 유대를 차단하지 않으면서 모든 이의 대인 관계 욕구와 계발 욕구를 충족시키기 위해

작동한다.[89]

여기서 주거 단위는 정서적 욕구와 욕망의 물질적 조건이다. 이것은 성적, 정서적 만족에 대한 욕망과 다양한 돌봄에 대한 욕구를 결합한다. 이런 기획은 주거, 노동, 돌봄, 사회성을 재조직하면서 현재의 재생산 조직에 대규모로 도전한다. 오늘날 페미니즘 정치는 조리된 식사를 공급하는 일을 집단화하고 공동 육아 공간을 포함하는 주택 건설 시도같이 집단적 재생산에 대한 유물론적 페미니즘 개입의 역사가 제시한 전망에서 배울 수 있다.[90] 이 기획들 중 다수가 다양한 방식으로 심각하게 제한되어 있지만, 가정이 고정된 단위가 아니라 사회 변화를 위해 달라질 수 있고 달라져야 하는 무엇이라는 믿음을 공유한다.

감정의 새로운 지평

이제 새로운 사회성 형태들의 물질적 조건에 관해 생각하는 것이 중요하다. 사회적 유대는 늘 다양한 노동과 생활의 구조에 기초하며, 사회성이 어떻게 작동해야 하는지에 관한 우리의 관념은 우리가 노동과 가정생활을 조직하는 방식에 영향을 끼친다. 우정의 정치를 연구한 앨런 시어스Alan Sears는, 가족에게 무임금 돌봄노동을 제공하라는 압력이 커지면서 현재의 임금 노동 구조는 친구들의 유쾌한 상호작용 시간을 거의 남겨 놓지 않는다고 말한다. 낭만적이거나 가족적인 애착에 비해 우정은 상품화 수준이 아직 낮은데, 이것은 지금 우리 삶에서 우정이 주변화되고 있다는 뜻이다.[91] 이런 제약에 초점을 맞추면 급진적인 우정의 정치가 등장할 수 있을 것이다.

우정을 비롯해 친족이 아닌 사회성 형태는 가족 편에 있지 않으며 임금 노동 편에 있지도 않다. 공과 사의 경계를 넘어, 임금 노동과 가족생활의 영역을 넘어 사회성을 개조하려고 하는 정치는 우정의 정치가 지닌 퀴어의 잠재성을 잘 탐구할 수 있을 것이다. 이 퀴어의 역사는 안정적인 레즈비언 및 게이 정체성이 나타나기 전에 동성 간 친밀성이 꽃필 수 있었던 19세기의 낭만적 우정의 문화에서 등장했다.[92] 웨스턴이 '선택된 가족'에 관한 연구에서 지적하듯, 퀴어는 종종 에로틱한 것과 성적인 것과 성적이지 않은 것 또는 친구와 가족 사이에 상징적 구별이 거의 존재하지 않는 친밀한 네트워크를 만들어 냈다. 선택된 가족은 가정의 경계를 넘나들기에 공과 사의 경계를 해소하는 수단이 되기도 한다.[93] 가족 폐지는 우정의 정치다.

우리가 주류 LGBT 운동이 사랑의 정치로 가는 것을 경계해야 하는 이유가 바로 이러한 공적 친밀성과 퀴어 세계 만들기의 맥락에 있다. '사랑은 사랑이다'라는 현재의 상투적 구호는 감정을 단속하지 않는 대신, 퀴어의 성과 정서적 유대를 로맨스라는 이름으로 사유화하는 데 기여한다. 이렇게 초점을 맞추면 퀴어의 삶과 이성애적 삶의 정서적 유사성에 기초한 정치적 주장에 따라, 퀴어의 삶에 있는 특수성을 쉽게 지워버린다. 이런 정치적 초점이 많은 게이, 레즈비언 커플에게 물질적 혜택을 가져다주었다는 사실은 의심할 여지가 없지만, 퀴어 세계 만들기의 가능성에 대한 보다 일반적인 공격의 일부다.

감정의 사유화는 자유주의 체제에서 벌어지는 돌봄 개인화의 중요한 부분이다.[94] 우리에게 필요한 것은 낭만적 사랑에 대한 포용적 이해가 아니다. 대신 우리는 로맨스와 가족 유대를 감정적, 물질적 돌봄과 자원에 접근하기 위한 전제 조건으로 만드는 삶의 조직화에 대항해야 한다. 예를 들어, 액트업ACT UP(극작가이자 LGBT 인권 운동가였던 래리 크레이머Larry Kramer가 1987년 3월 뉴욕에서 창립한 단체다. 에이즈 환자를 실질적으로 돕는 한편 이들에 대한 일반의 인식을 바꾸고 질병에 대해 널리 알렸다고 평가받는다.-옮긴이)에 대한 쿠퍼의 설명은 에이즈 행동주의가 돌봄의 접근성을 가족 부양과 고용의 사유화 모델에서 어떻게 떼어내려 했는지를 강조한다.[95]

배타적 가족 유대는 사유재산 모델과 법을 통해 재생산된다. 오늘날 퀴어 재생산 정치는 우리가 가족 바깥에서 살고 싸울 수 있게 해주는 대안적인 감정 지원 양식을 만들어서 이런 사회적 형태들을 중단시킬 수 있다. 이런 정치는 관계성의 더 개방적인 유형으로서 우정에 중심을 두며, 이를 통해 잠재적으로 더 확장적인 친밀성을 구축할 뿐만 아니라 세대 간 경계도 가로지를 수 있다. 우정에 초점을 맞춘 우리는 더욱 동료애적인 방식으로 돌봄 관계를 개조하는 방법을 알 수 있다. 여기에서 동료애적 돌봄은 법적이거나 생물학적인 기준에 따라 정의

되는 유대에 기초하지 않는다.[96] 동료라는 인물은 우리 욕망의 방향을 가족에서 돌려놓는 데 도움을 줄 수 있다. 동료애는 사유화된 애착이 아니라 연대에 기반을 둔 확장형 친밀성과 감정 실천을 허용한다.

퀴어 마르크스주의 페미니스트인 로즈메리 헤네시Rosemary Hennessy는 사랑의 개념이 "살아 있는 노동을 조직된 저항으로 전환하는 일을 포함하는, 협력과 열정적 이성의 정서-문화"를 위한 이름으로 환원되어야 한다고 했다.[97] 그녀의 기획은 사회주의 노동운동가 알렉산드라 콜론타이Alexandra Kollontai와 파이어스톤의 기획에 가깝다. 뒤의 두 사람 모두 현재는 낭만적인 친밀성에만 한정되는 감정을 일반화해야 한다고 주장했다.[98] 헤네시는 사랑을 집단적인 정치적 실천으로 재규정한다. 이와 마찬가지로 위크스는 여러 형태의 웃음을 토대로 건설된 정치를 규정한다. 이런 정치에서는 반어적이고 즐거운 웃음으로, 그녀가 행동 역량의 감소라는 측면에서 이해하는 분노에 반대하는 정치를 명확히 표현할 수 있다.[99]

나는 위크스와 헤네시가 집단적 저항에 연결되는 정서적 문화에 대해 강조한 점을 높이 평가한다. 그러나 나는 부정적 감정이 반드시 역량을 감소시키는 것으로 이해되지는 않는 정치를 주장해왔다. 오히려 감정 재생산의 규범적 패턴에 맞서, 아주 많은 경우에 감정노동이 관리하고 배제하는 나쁜 느낌들을 환원해야 한다. 좌파 운동이 긍정적 감정을 다 버려야 한다고 주장하지는 않는다. 우리가 조직화하려고 노력할 때 즐거움을 위한 시간과 공간을 만드는 것이 결정적으로 중요하다. 하지만 즐거움의 순간은, 모든 것을 에워싸는 행복의 개념과 달리 나쁘거나 부적절하다고 여겨지는 감정과 공존할 수 있다. 화가 났을 때도 뭔가 매우 즐거운 것이 함께 있을 수 있다. 일탈적 감정의 환원은 정서적 역량의 폭을 넓히고, 나쁘거나 해롭다고 여겨지는 이 느낌을 급진적으로 사용할 수 있게 해준다. 이것은 또한 감정의 탈젠더화를 암시하고, 그렇게 된다면 현재 젠더로 부호화된 느낌들은 모두가 접근할 수 있는 느낌이 된다.

사랑의 감정은 낭만적이고 가족적인 친밀성과 배타성의 의미로 과부하가 걸렸고, 그래서 더 집단적인 기획을 위해 사랑을 환원하기는 어렵다. 특히 사랑은 개인화된 돌봄과 감정의 방식에 대한 요구와 밀접하게 결부된다.

사랑은 연대를 침해한다. 우리 사회에서 사랑은 오직 커플과 가족의 친밀한 영역에 한정된다. 그래서 사랑은 찾기가 어렵다고 여겨지고, 찾은 사랑은 질투로 지켜진다. 감정적 연대의 실천은 낭만적이고 가족적인 사랑의 제로섬 게임과 반대된다. 연대의 정확한 의미는, 우리가 친밀한 이방인의 생활세계를 건설하기 위해 감정적 애착이 있는 이들을 위한 돌봄 너머로 나아가는 것이다.

새로운 공존으로 나아가는 길

감정 재생산을 거부하는 정치적 기획은 현재의 제약에서 벗어나 사회성을 노동 같지 않게 만들도록 노력해야 한다. 감정은 사유화와 개인화를 통해 노동이 된다. 우리는 이런 조건을 거부하고 이에 맞서 저항할 수 있다. 젠더화된 노동은 우리가 단순하게 그 바깥으로 걸어 나오기를 선택할 수 있는 무언가가 아니며, (재)생산의 물질적 제약과 구조에 좌우된다. 그러나 이 젠더화된 노동에 창조적인 저항의 가능성이 있다. 재생산 노동은 집단화와 탈자연화를 통해 자본이 아니라 우리 자신을 위한 노동이 될 수 있다. 이런 노동은 다양한 형태의 사회성을 가지고 놀거나 실험하는 일이 수반될 수 있는데, 이런 실험이 노동에 의존한다는 사실이 부정되지는 않는다.

'레즈비언에게 합당한 임금을' 관련 저술이 보여주듯 재생산 노동이 퀴어 관계의 맥락에서 수행될 때 자동으로 무료가 되지는 않지만, 반드시 똑같은 강압적 구조와 형태의 노동 주체 재생산을 수반하는 것도 아니다. 이것은 일탈적 쾌락과 권력의 생산에 맞추어 설계될 수 있다. 홀이 표현하듯, "남자 없이 살 수 있는 우리의 능력, 우리 자신과 서로에 대한 느낌을 표현할 수 있는 우리의 능력이 결국 권력의 원천이다."[100] 따라서 권력과 자유는 자본의 규범화 경향에 맞선 재생산 정치에 대한 헌신만이 아니라 공유된 노동과 돌봄 관계의 맥락에서 이해된다.

대안적 형태의 재생산과 젠더화된 존재에 대한 개입이 자동으로 우리를 노동 영역 바깥으로 걸어 나갈 수 있게 해주지는 않지만, 지배적이고 강압적인 구조 안에서 그 노동을 다른 자리에 둘 수 있다. 퀴어성은 역사적으로, 임금 노동으로 생산되는 규범적 젠더 형태와 사유화된 가족 영역에 연결되어 있지 않기 때문에 다른 유형의 감정 돌봄을 개발하기 위한 도구, 즉 현재 감정 경험을 제한하는 경계에 이의를 제기할 수 있는 도구를 제공할 수 있다.

퀴어성은 또한 친밀성을 정치화해 그것이 더는 자연적으로 주어지거나 가족 구성원들 사이에서 본능적인 감정 유대의 결과로 보이지 않게 하는 도구를 제공한다. 이 기획을 위해 우리는 오랜 시간 가족 밖에서 만들어진 노동자계급 사회성을 참조할 수 있다. 쿤츠는 20세기 초에 "가족과 노동의 젠더 분업이 사회보다 앞서며 신성불가침적이라는 생각이 가정생활과 성 역할에 사적이고 보편적인 새로운 감각을 부여했다"고 주장한다.[101] 하지만 이전에는 이런 생각이 노동자계급에 널리 퍼져 있지 않았고, 노동자계급의 사회성은 가족 형태에 덜 고정되어 있었다. 따라서 재생산을 개조하려는 기획은 노동자계급사회성의 긴 역사뿐만 아니라 새롭고 창조적인 공존 양식도 함께 이용할 수 있을 것이다.

퀴어성은 사회보다 앞선 것으로 이해되지 않지만 이미 정치적인 것으로 드러나는 주체성을 생산할 수 있다.

그럼 사회성과 감정 유대가 직접적인 정치적, 집단적 성격을 갖게 되며, 이런 성격은 연대의 실천과 연합의 건설을 위해 동원될 수 있다. 친밀한 관계의 즐거움과 정치적인 것 사이에 엄격한 경계가 존재하지는 않는다. 정치적 주체성으로서 퀴어성은 자본주의적인 공과 사의 구성에 따라 상정되는 구분을 해소하기 위해, 감정노동을 위한 습득된 기술만이 아니라 공적 감정에 대한 경험을 끌어다 쓸 수 있다. 노동과 놀이의 양식을 이용해 감정 실천이 강압적인 정서 관리에서 돌아설 수 있고, 새로운 사회성 실험에 우리가 습득한 기술을 이용할 수 있다.

그러려면 우리는 일상생활의 많은 부분을 조직하는 개인주의 실천을 없애기 위해 노력해야 한다. 감정노동은 개인화된 주체성 양식을 만드는 데 꼭 필요하고, 이런 노동이 눈에 보이지 않는 상태로 남아 있길 요구한다. 그러나 루이스가 쓴 대로, '우리는 서로를 만드는 사람들이다. 그리고 우리는 그렇게 행동하는 법을 집단적으로 배울 수 있다.'[102] 이와 마찬가지로 시인 신시어 드위 오카Cynthia Dewi Oka는 우리가 '서로의 짐을 지고 서로를 책임져야' 한다고 주장한다.[103] 이런 식으로 다른 사람들과 연결되면 다양한 재생산 노동에 대한 개인주의의 비가시적 의존성을 없애는 일이 필요할 것이다. 현재의 감정노동에 대한 이의 제기가 개인주의를 위협할 수 있다.

역으로 정서적 개인주의를 거부하면 감정노동의 필요성이 줄어들 것이다. 우리는 주권적이지 않은 다양한 관계를 향해 나아갈 수 있다. 벌랜트는 이것이 '자기표현, 통제 기제, 자유의 증거로서 독립성에 대한 기대를' 지우는 과정을 수반하리라고 본다.[104] 새로운 공존으로 가는 실험은 집단적 주체성을 통해 새로운 자유를 찾아 나서야 할 것이다. 더는 개인주의를 자유의 전제 조건으로 상정하지 않을 때, 우리는 개인주의가 강압적 노동을 통해 만들어진다는 사실을 인정할 수 있다.

여기서, 위크스가 다시 천명한, 사용 가능한 역사와 실천을 선택적으로 끌어다 쓰는 노동을 통해 성립된 집단적 주체성으로서 페미니스트의 관점을 돌아보는 일이 유용하다.[105] 여성화된 노동이나 감정노동을 긍정하거나 평가하지 않고도 우리는 특수한 역량을 탈자연화하고 동원하기 위해 존재의 실천과 양식의 역사적 사례를 이용할 수 있다. 나는 현재 이 실천을 제한하는 경계에 이의를 제기함으로써 새로운 사회를 향한 방향을 제시하는 대안적 사회성의 양식을 간단히 그려보았다.

우리는 또한 공과 사의 경계가 후대 노동자계급의 사회성만큼 완고하게 그려지지 않았던 19세기와 20세기 초 노동자계급의 생활을 포함해 다른 존재 양식들의 역사적 사례를 선택적으로 끌어올 수도 있다. 전후 시대 노동자계급의 사회성을 지배하게 된 다양한 제도적 안정성에 접근할 기회가 전혀 없던 주변화된 잉여 인구는 상당한 고충에도 혹은 고충 때문에 오늘날까지 계속 이 유산을 간직한다. 이런 사회성과 사회적 부를 환원하는 기획, 생산수단, 공간과 자유 시간에 대한 접근성은 서로 관련되어 있다. 연대와 돌봄의 방식은 공간적, 물질적 조건에 따라 달라진다. 역으로, 물질적 부를 환원하는 정치는 소유와 귀속의 감정적 측면과 이것들이 더욱 살 만한 미래를 창조하는 과정에서 어떻게 변해야 하는지에 초점을 맞추지 않고는 충분할 수 없다. 급진 정치는 감정 재생산과 사회생활에 대한 강조를 포함해야 한다. 우리는 현재 우리의 사회성 형태들이 사회를 바꾸는 과정에 탈바꿈하리라고 상정해야 한다.

참고문헌

시작하며

1 Sarah Jaffe, *Work Won't Love You Back: How Devotion to Our Jobs Keeps Us Exploited, Exhausted and Alone*, Hurst, 2021, 32.《일은 당신을 사랑하지 않는다》, 이재득 옮김, 현암사, 2023년.

2 Arlie Russell Hochschild, *The Managed Heart: Commercialization of Human Feeling*, University of California Press, 2003, 165.《일은 당신을 사랑하지 않는다》, 이재득 옮김, 현암사, 2023년.

3 Sophie Lewis, *Full Surrogacy Now: Feminism against Family*, Verso, 2019, 59.

4 Silvia Federici and Arlen Austin, eds., *The New York Wages for Housework Committee, 1972–1977: History, Theory and Documents*, Autonomedia, 2017, 16.

5 Silvia Federici, *Revolution at Point Zero: Housework, Reproduction, and Feminist Struggle*, PM Press, 2012, 16.《혁명의 영점》, 황성원 옮김, 갈무리, 2013년.

6 Lewis, *Full Surrogacy Now*, 125.

7 Federici, *Revolution at Point Zero,* 16, 20.《혁명의 영점》, 황성원 옮김, 갈무리, 2013년.

감정 재생산

1 Sara Ahmed, *The Promise of Happiness*, Duke University Press, 2010.《행복의 약속》, 성정혜, 이경란 옮김, 후마니타스, 2021년.

2 Alison Jaggar, 'Love and Knowledge: Emotion in Feminist Epistemology', in *Women and Reason*, ed. Elizabeth Harvey and Kathleen Okruhlik, University of Michigan Press, 1992, 123–4.

3 Agnes Heller, *A Theory of Emotions*, Goreum, 1979, 7.

4 Kathi Weeks, *Constituting Feminist Subjects*, Cornell University Press, 1998, 133.

5 Arlie Russell Hochschild, *The Managed Heart: Commercialization of Human Feeling*, University of California Press, 2003, 7.

6 Raymond Williams, *Marxism and Literature*, Oxford University Press, 1977, 132.《마르크스주의와 문학》, 박만준 옮김, 지식을만드는지식, 2013년.

7 Hochschild, *The Managed Heart*, 34.

8 Cinzia Arruzza, 'The Capitalism of Affects', *Public Seminar*, 25 August 2014, publicseminar.org.

9 Lawrence Stone, *The Family, Sex and Marriage in England, 1500–1800*, Penguin, 1979, 151.

10 Deborah Lupton, *The Emotional Self: A Sociocultural Exploration*, Sage, 1998, 72.

11 Teresa Brennan, *The Transmission of Affect*, Cornell University Press, 2004, 2; Brenna Bhandar, *Colonial Lives of Property: Law, Land, and Racial Regimes of Ownership*, Duke University Press, 2018, 4, 179.

12 Arruzza, 'The Capitalism of Affects'.

13 Johanna Oksala, 'Affective Labor and Feminist Politics', *Signs: Journal of Women in Culture and Society* 41(2), 2016, 295.

14 Marjorie DeVault, *Feeding the Family: The Social Organization of Caring as Gendered Work*, University of Chicago Press, 1991, 35; Christopher Carrington, *No Place like Home: Relationships and Family Life among Lesbians and Gay Men*, University of Chicago Press, 1999, 32–3.

15 Anne Boyer, *The Undying: A Meditation on Modern Illness*, Allen Lane, 2019, 125. 《언다잉》, 양미래 옮김, 플레이타, 2021년.

16 Hochschild, *The Managed Heart*, 84.

17 Micaela Di Leonardo, 'The Female World of Cards and Holidays: Women, Families, and the Work of Kinship', *Signs: Journal of Women in Culture and Society* 12(3), 1987, 442; Brenda Seery and Sue Crowley, 'Women's Emotion Work in the Family: Relationship Management and the Process of Building Father-Child Relationships', *Journal of Family Issues* 21(1), 2000, 110.

18 Lawrence Stone, *Family, Sex and Marriage*, 180.

19 Leopoldina Fortunati, *The Arcane of Reproduction: Housework, Prostitution, Labor and Capital*, Autonomedia, 1995, 110.

20 Giovanna Franca Dalla Costa, *The Work of Love: Unpaid Housework, Poverty and Sexual Violence at the Dawn of the 21st Century*, Autonomedia, 2008, 53.

21 Ibid., 57.

22 Wendy Edmond and Suzie Fleming, eds., *All Work and No Pay: Women, Housework, and the Wages Due*, Falling Wall Press, 1975, 73.

23 Hochschild, *The Managed Heart*, 68.

24 Lauren Berlant, 'Cruel Optimism', *Differences: A Journal of Feminist Cultural Studies* 17(3), 2006, 21.

25 Lauren Berlant, *Desire/Love*, Punctum Books, 2012, 102.

26 Hochschild, *The Managed Heart*, 236; Brennan, *The Transmission of Affect*, 32.

27 DeVault, *Feeding the Family*, 85, 90.
28 Jane Ward, 'Gender Labor: Transmen, Femmes, and Collective Work of Transgression', *Sexualities* 13(2), 2010.
29 Sophie Lewis, 'How Domestic Labor Robs Women of Their Love', *Boston Review*, 28 October 2021, bostonreview.net.
30 Dalla Costa, *The Work of Love*, 46, 88.
31 Edmond and Fleming, *All Work and No Pay*, 73; Cameron Lynne Macdonald, *Shadow Mothers: Nannies, Au Pairs, and the Micropolitics of Mothering*, University of California Press, 2010, 28.
32 Sharon Hays, *The Cultural Contradictions of Motherhood*, Yale University Press, 1996, 150–1; Hochschild, *The Managed Heart*, 82.
33 DeVault, *Feeding the Family*, 134.
34 Silvia Federici, 'On Affective Labor', in *Cognitive Capitalism, Education, and Digital Labor*, ed. Michael Peters and Ergin Bulut, Peter Lang, 2011, 69.
35 Michéle Barrett and Mary McIntosh, *The Anti-social Family*, Verso, 2015, 80. 《반사회적 가족》, 김혜경, 배은경 옮김, 나름북스, 2019년.
36 Hochschild, *The Managed Heart*, 85.
37 Stone, *Family, Sex and Marriage*, 149.
38 Francesca Cancian, *Love in America: Gender and Self-Development*, Cambridge University Press, 1987, 18; Hays, *Cultural Contradictions of Motherhood*, 125.
39 Viviana Zelizer, *Pricing the Priceless Child: The Changing Social Value of Children*, Basic Books, 1985, 3.
40 Hays, *Cultural Contradictions of Motherhood*, 32.
41 Ibid., 55; Brennan, *The Transmission of Affect*, 32.
42 Arlie Russell Hochschild, *The Second Shift: Working Parents and the Revolution at Home*, Viking, 1989, 150.
43 Hays, *Cultural Contradictions of Motherhood*, 3–43.
44 Macdonald, *Shadow Mothers*, 13.
45 Seery and Crowley, 'Women's Emotion Work', 122.
46 Hochschild, *The Managed Heart*, 69.
47 Bonnie Fox, 'Motherhood as a Class Act: The Many Ways in Which "Intensive Mothering" Is Entangled with Social Class', in *Social Reproduction: Feminist Political Economy Challenges Neo-liberalism*, ed. Meg Luxton and Kate Bezanson, McGill-Queen's Press, 2006, 237.
48 Fortunati, *The Arcane of Reproduction*, 75.
49 Brennan, *The Transmission of Affect*, 32.
50 Hochschild, *The Managed Heart*, 157.

51 Macdonald, *Shadow Mothers*, 21, 25.
52 Ibid., 203.
53 Dorothy Roberts, 'Spiritual and Menial Housework', *Yale Journal of Law and Feminism 9*, 1997, 57, 59.
54 Hays, *Cultural Contradictions of Motherhood*, 29.
55 Roberts, 'Spiritual and Menial Housework', 52.
56 Hays, *Cultural Contradictions of Motherhood*, 29.
57 Hochschild, *The Managed Heart*, 158.
58 Ibid, 156.
59 Silvia Federici, *Revolution at Point Zero: Housework, Reproduction, and Feminist Struggle*, PM Press, 2012, 31. 《혁명의 영점》, 황성원 옮김, 갈무리, 2013년.
60 Fortunati, *The Arcane of Reproduction*, 75.
61 Stephanie Coontz, *The Social Origins of Private Life: A History of American Families, 1600–1900*, Verso, 1988, 295.
62 Maya Gonzalez and Jeanne Neton, 'The Logic of Gender', *Endnotes* 3, 2013, 62.
63 Michael Hardt and Antonio Negri, *Empire*, Harvard University Press, 2000, 294.
64 Federici, *Revolution at Point Zero*, 107. 《혁명의 영점》, 황성원 옮김, 갈무리, 2013년.
65 Hochschild, *The Managed Heart*, 150; Macdonald, *Shadow Mothers*, 114.
66 Emma Dowling, 'Producing the Dining Experience: Measure, Subjectivity and the Affective Worker', *Ephemera: Theory and Politics in Organization* 7(1), 2007, 122.
67 Federici, 'On Affective Labor', 69.
68 Kathi Weeks, 'Life within and against Work: Affective Labor, Feminist Critique, and Post-Fordist Politics', *Ephemera: Theory and Politics in Organization* 7(1), 2007, 241; Weeks, *The Problem with Work: Feminism, Marxism, Antiwork Politics, and Postwork Imaginaries*, Duke University Press, 2011, 73.
69 Hochschild, *The Managed Heart*, 97.
70 Steve Taylor and Melissa Tyler, 'Emotional Labour and Sexual Difference in the Airline Industry', *Work, Employment, and Society* 14(1), 2000, 83.
71 Hochschild, *The Managed Heart*, 119–20.
72 Robin Leidner, *Fast Food, Fast Talk: Service Work and the Routinization of Everyday Life*, University of California Press, 1993, 5.
73 Emma Dowling, *The Care Crisis: What Caused It and How Can We End It?*, Verso, 2021, 102.
74 Sharon Bolton, *Emotion Management in the Workplace*, Bloomsbury Publishing, 2005, 97.

75 Rebecca Selberg, *Femininity at Work: Gender, Labour, and Changing Relations of Power in a Swedish Hospital*, Arkiv förlag, 2012, 73, 223.
76 Arlie Russell Hochschild, *The Commercialization of Intimate Life: Notes from Home and Work*, University of California Press, 2003, 24; emphasis in original.
77 Barrett and McIntosh, *The Anti-social Family*, 47, 80. 《반사회적 가족》, 김혜경, 배은경 옮김, 나름북스, 2019년.
78 Silvia Federici and Nicole Cox, 'Counter-planning from the Kitchen', in Federici, *Revolution at Point Zero*, 35.
79 Encarnación Gutiérrez-Rodríguez, *Migration, Domestic Work and Affect: A Decolonial Approach on Value and the Feminization of Labor*, Routledge, 2010, 4.
80 Federici, 'On Affective Labor', 67; Federici, *Revolution at Point Zero*, 49.
81 Camille Barbagallo, 'The Political Economy of Reproduction: Motherhood, Work and the Home in Neoliberal Britain', PhD thesis, University of East London, 2016, 129.

사랑의 정치학

1 Ruth Schwartz Cowan, *More Work for Mother: The Ironies of Household Technology from the Open Hearth to the Microwave*, Basic Books, 1983.
2 Silvia Federici, *Revolution at Point Zero: Housework, Reproduction, and Feminist Struggle*, PM Press, 2012, 47. 《혁명의 영점》, 황성원 옮김, 갈무리, 2013년.
3 Emma Dowling, *The Care Crisis: What Caused It and How Can We End It?*, Verso, 2021, 193.
4 Silvia Federici and Arlen Austin, eds., *The New York Wages for Housework Committee, 1972–1977: History, Theory and Documents*, Autonomedia, 2017, 91.
5 Federici, *Revolution at Point Zero*, 17. 《혁명의 영점》, 황성원 옮김, 갈무리, 2013년.
6 Federici and Austin, *New York Wages for Housework*, 74.
7 Karl Marx, Capital: *A Critique of Political Economy*, vol. 1, Penguin, 1990, 270.
8 Leopoldina Fortunati, *The Arcane of Reproduction: Housework, Prostitution, Labor and Capital*, Autonomedia, 1995, 165.
9 *Federici, Revolution at Point Zero*, 99. 《혁명의 영점》, 황성원 옮김, 갈무리, 2013년.
10 Wendy Edmond and Suzie Fleming, eds., *All Work and No Pay: Women, Housework, and the Wages Due*, Falling Wall Press, 1975, 83.
11 Nona Glazer, *Women's Paid and Unpaid Labor: The Work Transfer in Health*

Care and Retailing, Temple University Press, 1993, xi; Maya Gonzalez and Jeanne Neton, 'The Logic of Gender', *Endnotes* 3, 2013, 86.

12 Federici, *Revolution at Point Zero*, 104.《혁명의 영점》, 황성원 옮김, 갈무리, 2013년.

13 Evelyn Nakano Glenn, 'The Social Construction and Institutionalization of Gender and Race', in *Revisioning Gender*, ed. Myra Marx Ferree, Judith Lorber, and Beth Hess, Sage, 1999, 19.

14 Ruth Wilson Gilmore, *Golden Gulag: Prisons, Surplus, Crisis, and Opposition in Globalizing California*, University of California Press, 2007, 28.

15 Melissa Wright, *Disposable Women and Other Myths of Global Capitalism*, Routledge, 2006, 18.

16 Wilmette Brown, 'Black Women's Struggle against Sterilization', unpublished manuscript, box 1, Wages for Housework Special Collections, Lesbian Herstory Archive, New York, 1976, 3, 15.

17 Francie Wyland, *Child Custody, Motherhood, Lesbianism*, Wages for Housework Action Group, 1976, 4.

18 Mariarosa Dalla Costa, *Family, Welfare, and the State: Between Progressivism and the New Deal*, Common Notions, 2015, 20.

19 Ibid., 91, 94.

20 Melinda Cooper, *Family Values: Between Neoliberalism and the New Social Conservatism*, Zone Books, 2017, 9.

21 Marx, *Capital*, 521.

22 Fortunati, *The Arcane of Reproduction*, 172.

23 Stephanie Coontz, *The Social Origins of Private Life: A History of American Families, 1600–1900*, Verso, 1988, 215; Dorothy Roberts, 'Spiritual and Menial Housework', *Yale Journal of Law and Feminism 9*, 1997, 55–9.

24 Fortunati, *The Arcane of Reproduction*, 157–8.

25 Ibid., 15.

26 Ibid., 129–30.

27 Federici, *Revolution at Point Zero*, 23.《혁명의 영점》, 황성원 옮김, 갈무리, 2013년.

28 David Eng, *The Feeling of Kinship: Queer Liberalism and the Racialization of Intimacy*, Duke University Press, 2010, 43.

29 Edmond and Fleming, *All Work and No Pay*, 83.

30 Kathi Weeks, *Constituting Feminist Subjects*, Cornell University Press, 1998, 136.

31 Kathi Weeks, 'Life within and against Work: Affective Labor, Feminist Critique, and Post-Fordist Politics', *Ephemera: Theory and Politics in*

Organization 7(1), 2007, 248.
32 Brown, 'Black Women's Struggle', 19.
33 Silvia Federici, *Re-enchanting the World: Feminism and the Politics of the Commons*, PM Press, 2018, 62.
34 Mariarosa Dalla Costa, *The Power of Women and the Subversion of the Community*, Falling Wall Press, 1972, 25; Selma James, *Sex, Race and Class: The Perspective of Winning*, PM Press, 2012, 66.
35 Marx, *Capital*, 341, 429.
36 Bridget Anderson, *Doing the Dirty Work? The Global Politics of Domestic Labour*, Zed Books, 2000; Sara Farris, *In the Name of Women's Rights: The Rise of Femonationalism*, Duke University Press, 2017.
37 James, *Sex, Race and Class*, 81.
38 Federici, *Revolution at Point Zero*, 39. 《혁명의 영점》, 황성원 옮김, 갈무리, 2013년.
39 Edmond and Fleming, *All Work and No Pay*, 88.

노동의 젠더화

1 Shiloh Whitney, 'Byproductive Labor: A Feminist Theory of Affective Labor beyond the Productive–Reproductive Distinction', *Philosophy & Social Criticism* 44(6), 2018, 645.
2 Silvia Federici, *Revolution at Point Zero: Housework, Reproduction, and Feminist Struggle*, PM Press, 2012, 8. 《혁명의 영점》, 황성원 옮김, 갈무리, 2013년.
3 Silvia Federici, *Caliban and the Witch: Women, the Body and Primitive Accumulation*, Autonomedia, 2004, 115, 135; Federici, *Revolution at Point Zero*, 37. 《캘리번과 마녀》, 황성원 옮김, 갈무리, 2011년.
4 Wilmette Brown, 'The Autonomy of Black Lesbian Women', unpublished manuscript, box 1, Wages for Housework Special Collections, Lesbian Herstory Archive, New York, 1976, 4.
5 Federici, *Revolution at Point Zero*, 16. 《혁명의 영점》, 황성원 옮김, 갈무리, 2013년.
6 Kathi Weeks, *Constituting Feminist Subjects*, Cornell University Press, 1998, 124–33.
7 Carin Holmberg, *Det kallas kärlek: En socialpsykologisk studie om kvinnors underordning och mäns överordning bland unga jämställda par*, Anamma, 1993, 158; Kevin Floyd, *The Reification of Desire: Toward a Queer

Marxism, University of Minnesota Press, 2009, 99.

8 Diemut Elisabet Bubeck, *Care, Gender, and Justice*, Clarendon Press, 1995, 183.

9 Karl Marx, *Capital: A Critique of Political Economy*, vol. 1, Penguin, 1990, 344–8.

10 Dorothy Roberts, 'Spiritual and Menial Housework', *Yale Journal of Law and Feminism* 9, 1997, 77.

11 Giovanna Franca Dalla Costa, *The Work of Love: Unpaid Housework, Poverty and Sexual Violence at the Dawn of the 21st Century*, Autonomedia, 2008, 54.

12 Federici, *Revolution at Point Zero*, 25. 《혁명의 영점》, 황성원 옮김, 갈무리, 2013년.

13 Melissa Wright, *Disposable Women and Other Myths of Global Capitalism*, Routledge, 2006, 74; Dalla Costa, *The Work of Love*, 71.

14 Silvia Federici and Arlen Austin, eds., *The New York Wages for Housework Committee, 1972–1977: History, Theory and Documents*, Autonomedia, 2017, 129.

15 Wilmette Brown, 'Black Women's Struggle against Sterilization', unpublished manuscript, box 1, Wages for Housework Special Collections, Lesbian Herstory Archive, New York, 1976, 8.

16 Wendy Edmond and Suzie Fleming, eds., *All Work and No Pay: Women, Housework, and the Wages Due*, Falling Wall Press, 1975, 24.

17 Louise Toupin, *Wages for Housework: A History of an International Feminist Movement*, 1972–77, Pluto Press, 2018, 107.

18 Nancy Fraser and Linda Gordon, 'A Genealogy of "Dependency": Tracing a Keyword of the US Welfare State', in Nancy Fraser, *Fortunes of Feminism: From State-Managed Capitalism to Neoliberal Crisis*, Verso, 2011, 91, 94.

19 C. B. Macpherson, *The Political Theory of Possessive Individualism: Hobbes to Locke*, Clarendon Press, 1962, 3.

20 Marx, *Capital*, 164ff .

21 Fraser and Gordon, 'A Genealogy of "Dependency" ', 94.

22 Stephanie Coontz, *The Way We Never Were: American Families and the Nostalgia Trap*, Basic Books, 1992, 53; emphasis in original.

23 Arlie Russell Hochschild, *The Managed Heart: Commercialization of Human Feeling*, University of California Press, 2003, 166.

24 Stephanie Shields, *Speaking from the Heart: Gender and the Social Meaning of Emotion*, Cambridge University Press, 2002, 9, 38.

25 Michéle Barrett and Mary McIntosh, *The Anti-social Family*, Verso, 2015, 47. 《반사회적 가족》, 김혜경, 배은경 옮김, 나름북스, 2019년.

26 Melinda Cooper, *Family Values: Between Neoliberalism and the New Social Conservatism*, Zone Books, 2017, 57–8.
27 Christopher Carrington, *No Place like Home: Relationships and Family Life among Lesbians and Gay Men*, University of Chicago Press, 1999, 193, 200, 222.
28 Joan Acker, 'Hierarchies, Jobs, Bodies: A Theory of Gendered Organizations', *Gender & Society* 4(2), 1990, 150.
29 Hochschild, *The Managed Heart*, 170.
30 Maya Gonzalez and Jeanne Neton, 'The Logic of Gender', *Endnotes* 3, 2013, 76.
31 Michelle Budig, Joya Misra, and Irene Böckmann, 'The Motherhood Penalty in Cross-National Perspective: The Importance of Work–Family Policies and Cultural Attitudes', *Social Politics* 19(2), 2012.
32 Dorothy Roberts, *Killing the Black Body: Race, Reproduction, and the Meaning of Liberty*, Pantheon Books, 1997, 33.
33 Roberts, 'Spiritual and Menial Housework', 62.
34 Margaret Prescod, 'Bringing It All Back Home', in Margaret Prescod and Norma Steele, *Black Women: Bringing It All Back Home*, Falling Wall Press, 1980, 14.
35 Coontz, *The Way We Never Were*, 53.
36 Floyd, *The Reification of Desire*, 95.
37 Weeks, *Constituting Feminist Subjects*, 133.
38 Cynthia Cockburn, *Brothers: Male Dominance and Technological Change*, Westview Press, 1983, 204.
39 Selma James, *Sex, Race and Class: The Perspective of Winning*, PM Press, 2012, 96.
40 Barrett and McIntosh, *The Anti-social Family*, 145. 《반사회적 가족》, 김혜경, 배은경 옮김, 나름북스, 2019년.
41 Kate Mulholland, 'Gender Power and Property Relations within Entrepreneurial Wealthy Families', *Gender, Work and Organization* 3(2), 1996, 114.
42 Coontz, *The Way We Never Were*, 63.
43 Hochschild, *The Managed Heart*, 132, 167.
44 Ibid., 105.
45 Leopoldina Fortunati, *The Arcane of Reproduction: Housework, Prostitution, Labor and Capital*, Autonomedia, 1995, 77.
46 Silvia Federici and Nicole Cox, 'Counter-planning from the Kitchen', in Federici, *Revolution at Point Zero*, 32.
47 Fraser and Gordon, 'A Genealogy of "Dependency" ', 109–10.
48 Ibid., 99.
49 James, *Sex, Race and Class*, 96.
50 Sara Ahmed, *The Promise of Happiness*, Duke University Press, 2010.

《행복의 약속》, 성정혜, 이경란 옮김, 후마니타스, 2021년.

51 Fortunati, *The Arcane of Reproduction*, 75.

52 Federici, *Revolution at Point Zero*, 24. 《혁명의 영점》, 황성원 옮김, 갈무리, 2013년.

53 Lauren Berlant, *Desire/Love*, Punctum Books, 2012, 21.

54 Hochschild, *The Managed Heart*, 163.

55 Federici, *Revolution at Point Zero*, 17. 《혁명의 영점》, 황성원 옮김, 갈무리, 2013년.

56 Mariarosa Dalla Costa, *The Power of Women and the Subversion of the Community*, Falling Wall Press, 1972, 40.

57 Fortunati, *The Arcane of Reproduction*, 110.

58 Brenda Seery and Sue Crowley, 'Women's Emotion Work in the Family: Relationship Management and the Process of Building Father-Child Relationships', *Journal of Family Issues* 21(1), 2000.

59 Hochschild, *The Managed Heart*, 168.

60 Pamela Fishman, 'Interaction: The Work Women Do', *Social Problems* 25(4), 1978, 402.

61 Holmberg, *Det kallas kärlek*, 188.

62 Hochschild, *The Managed Heart*, 167.

63 Ibid., 173.

64 Ibid., 169.

65 Ibid., 169.

66 Shields, *Speaking from the Heart*, 53.

67 Jean Duncombe and Dennis Marsden, 'Love and Intimacy: The Gender Division of Emotion and "Emotion Work": A Neglected Aspect of Sociological Discussion of Heterosexual Relationships', *Sociology* 27(2), 1993, 236.

68 Tamsin Wilton, 'Sisterhood in the Service of Patriarchy: Heterosexual Women's Friendships and Male Power', *Feminism & Psychology* 2(3), 1992, 507.

69 Hochschild, *The Managed Heart*, 174.

70 Whitney, 'Byproductive Labor', 643.

71 Hochschild, *The Managed Heart*, 6, 178.

72 Whitney, *'Byproductive Labor'*, 639.

73 Holmberg, *Det kallas kärlek*, 188.

74 Whitney, 'Byproductive Labor', 653.

75 Hochschild, *The Managed Heart*, 17; emphasis in original.

76 Ibid., 182.

77 Arlie Russell Hochschild, *The Second Shift: Working Parents and the Revolution at Home*, Viking, 1989, 221; Encarnación Gutiérrez-Rodríguez, *Migration, Domestic Work and Affect: A Decolonial Approach on Value and the Feminization of Labor*, Routledge, 2010, 135.

78 Whitney, 'Byproductive Labor', 651.

79 ara Farris, *In the Name of Women's Rights: The Rise of Femonationalism*, Duke University Press, 2017, 119, 130, 137.

80 Evelyn Nakano Glenn, 'From Servitude to Service Work: Historical Continuities in the Racial Division of Paid Reproductive Labor', *Signs: Journal of Women in Culture and Society* 18(1), 1992, 3.

81 Lisa Adkins, *Revisions: Gender and Sexuality in Late Modernity*, Open University Press, 2002, 84.

82 Federici, *Caliban and the Witch*, 103.

83 Wright, *Disposable Women and Other Myths*, 2, 37.

84 Robin Leidner, *Fast Food, Fast Talk: Service Work and the Routinization of Everyday Life*, University of California Press, 1993, 196.

85 Nona Glazer, *Women's Paid and Unpaid Labor: The Work Transfer in Health Care and Retailing*, Temple University Press, 1993, 12.

86 Federici, *Revolution at Point Zero*, 108. 《혁명의 영점》, 황성원 옮김, 갈무리, 2013년.

87 Adkins, *Revisions*, 84.

88 Rebecca Selberg, *Femininity at Work: Gender, Labour, and Changing Relations of Power in a Swedish Hospital*, Arkiv förlag, 2012, 314–5.

89 Lauren Berlant, 'Cruel Optimism', *Differences: A Journal of Feminist Cultural Studies* 17(3), 2006, 21.

90 Lauren Berlant, *The Female Complaint: The Unfinished Business of Sentimentality in American Culture*, Duke University Press, 2008, 19.

91 Ruth Simpson, 'Emotional Labour and Identity Work of Men in Caring Roles', in *Gendering Emotions in Organizations*, ed. Patricia Lewis and Ruth Simpson, Palgrave Macmillan, 2007, 65–72.

92 Steve Taylor and Melissa Tyler, 'The Exchange of Aesthetics: Women's Work and "the Gift" ', *Gender, Work and Organization* 5(3), 1998, 166, 169.

93 Dalla Costa, *The Power of Women*, 30; emphasis in original.

94 Federici, *Revolution at Point Zero*, 17, 25. 《혁명의 영점》, 황성원 옮김, 갈무리, 2013년.

95 Ibid., 15.

96 Selberg, *Femininity at Work*, 237.

페미니즘의 감정

1 Alison Jaggar, 'Love and Knowledge: Emotion in Feminist Epistemology', in *Women and Reason*, ed. Elizabeth Harvey and Kathleen Okruhlik, University of Michigan Press, 1992, 131.
2 Arlie Russell Hochschild, *The Managed Heart: Commercialization of Human Feeling*, University of California Press, 2003, 81.
3 Jaggar, 'Love and Knowledge', 131.
4 Silvia Federici and Arlen Austin, eds., *The New York Wages for Housework Committee, 1972–1977: History, Theory and Documents*, Autonomedia, 2017, 129.
5 Jaggar, 'Love and Knowledge', 131.
6 Cited in Louise Toupin, *Wages for Housework: A History of an International Feminist Movement*, 1972–77, Pluto Press, 2018, 196.
7 Cited in ibid., 201.
8 Jaggar, 'Love and Knowledge', 132–3.
9 Ibid., 133.
10 Hochschild, *The Managed Heart*, 24, 113, 146, 167.
11 Marilyn Frye, *The Politics of Reality: Essays in Feminist Theory*, Crossing Press, 1983, 91.
12 Audre Lorde, 'The Uses of Anger', *Women's Studies Quarterly* 25(1–2), 1997, 280.
13 Federici and Austin, *New York Wages for Housework*, 125.
14 Lorde, 'The Uses of Anger', 283.
15 Hochschild, *The Managed Heart*, 129.
16 Shulamith Firestone, *The Dialectic of Sex: The Case for a Feminist Revolution*, Verso, 2015, 81.
17 Hochschild, *The Managed Heart*, 128.
18 Lorde, 'The Uses of Anger', 282.
19 Wilmette Brown, 'Black Women's Struggle against Sterilization', unpublished manuscript, box 1, Wages for Housework Special Collections, Lesbian Herstory Archive, New York, 1976, 9.
20 Kathi Weeks, 'Down with Love: Feminist Critique and the New Ideologies of Work', *Women's Studies Quarterly* 45(3–4), 2017, 55.
21 Silvia Federici, *Revolution at Point Zero: Housework, Reproduction, and Feminist Struggle*, PM Press, 2012, 18; emphasis in original. 《혁명의 영점》, 황성원 옮김, 갈무리, 2013년.
22 Federici and Austin, *New York Wages for Housework*, 260.
23 Mariarosa Dalla Costa, *The Power of Women and the Subversion of the*

Community, Falling Wall Press, 1972, 36.

24 Federici and Austin, *New York Wages for Housework*, 102.

25 Federici, *Revolution at Point Zero*, 16. 《혁명의 영점》, 황성원 옮김, 갈무리, 2013년.

26 Ibid., 20.

27 Selma James, *Sex, Race and Class: The Perspective of Winning*, PM Press, 2012, 81; emphasis in original.

28 Karl Marx and Friedrich Engels, *The Communist Manifesto*, Vintage, 2018, 61.

29 James, *Sex, Race and Class*, 72.

30 Federici and Austin, *New York Wages for Housework*, 44.

31 Wendy Edmond and Suzie Fleming, eds., *All Work and No Pay: Women, Housework, and the Wages Due*, Falling Wall Press, 1975, 10.

32 Dalla Costa, *The Power of Women*, 26.

33 Federici and Austin, *New York Wages for Housework*, 34.

34 Federici, *Revolution at Point Zero*, 36–7. 《혁명의 영점》, 황성원 옮김, 갈무리, 2013년.

35 James, *Sex, Race and Class*, 117.

36 Wilmette Brown, 'The Autonomy of Black Lesbian Women', unpublished manuscript, box 1, Wages for Housework Special Collections, Lesbian Herstory Archive, New York, 1976, 6–7.

37 San Francisco Wages for Housework Committee, 'An Attack on Prostitutes Is an Attack on All Women', *Lies: A Journal of Materialist Feminism 1*, 2012, 225.

38 Black Women for Wages for Housework, 'Money for Prostitutes Is Money for Black Women', *Lies: A Journal of Materialist Feminism 1*, 2012, 229; Arlen Austin and Beth Capper, ' "Wages for Housework Means Wages against Heterosexuality": On the Archives of Black Women for Wages for Housework and Wages Due Lesbians', *GLQ: A Journal of Lesbian and Gay Studies* 24(4), 2018, 452.

39 Wages Due Lesbians London, 'Supporting Statements by Wages Due Lesbians', *Lies: A Journal of Materialist Feminism 1*, 2012, 226.

40 Wages Due Lesbians Toronto, 'Lesbian and Straight', in Edmond and Fleming, *All Work and No Pay*, 21.

41 Wages Due Lesbians Toronto, 'Fucking Is Work', *The Activist: A Student Journal of Politics and Opinion* 15(1–2), 1975, 25.

42 Ruth Hall, 'Lesbianism and Power', unpublished manuscript, box 2, Wages for Housework Special Collections, Lesbian Herstory Archive, New York, 1975, 1.

43 Weeks, 'Down with Love', 49.

44 Toupin, *Wages for Housework*, 214.

45 Federici and Austin, *New York Wages for Housework*, 144.
46 Hall, 'Lesbianism and Power', 1.
47 Wages Due Lesbians Toronto, 'Fucking Is Work', 22.
48 Federici, *Revolution at Point Zero*, 24–5. 《혁명의 영점》, 황성원 옮김, 갈무리, 2013년.
49 Hall, 'Lesbianism and Power', 2.
50 Ruth Hall, 'Lesbian Testimony Presented at the International Tribunal on Crimes Against Women', in Wages Due Lesbians Toronto, *Lesbians Organize*, Wages for Housework Campaign, 1977, 7.
51 Heather Love, *Feeling Backward: Loss and the Politics of Queer History*, Harvard University Press, 2007, 29.
52 Edmond and Fleming, *All Work and No Pay*, 23.
53 Toronto Wages for Housework Committee, *Women Speak Out*, Amazon Press, 1975, 22–3.
54 Federici, *Revolution at Point Zero*, 15. 《혁명의 영점》, 황성원 옮김, 갈무리, 2013년.
55 Federici and Austin, *New York Wages for Housework*, 145.
56 Wages Due Lesbians Toronto, *Lesbians Organize*, 4.
57 Ibid., 12.
58 Federici, *Revolution at Point Zero*, 15.
59 Dalla Costa, *The Power of Women*, 47.
60 Ibid., 53n16.
61 Mariarosa Dalla Costa, *Women and the Subversion of the Community: A Mariarosa Dalla Costa reader*, PM Press, 2019, 54; emphasis in original.
62 Camille Barbagallo, 'The Impossibility of the Women's Strike Is Exactly Why It's So Necessary', *Women's Strike*, 14 January 2018, womenstrike.org.uk; Veronica Gago, 'The Body of Labor: A Cartography of Three Scenes from the Perspective of the Feminist Strike', *Viewpoint*, 10 June 2019, viewpointmag.com.
63 Kathi Weeks, *The Problem with Work: Feminism, Marxism, Antiwork Politics, and Postwork Imaginaries*, Duke University Press, 2011, 134. 《우리는 왜 이렇게 오래, 열심히 일하는가》, 제현주 옮김, 동녘, 2016년.

다른 느낌

1 Karl Marx, 'Critique of the Gotha Programme', in *The Political Writings*, Verso, 2019, 1030.

2 Leopoldina Fortunati, *The Arcane of Reproduction: Housework, Prostitution, Labor and Capital*, Autonomedia, 1995, 34; Mariarosa Dalla Costa, *The Power of Women and the Subversion of the Community*, Falling Wall Press, 1972, 47.
3 Margaret Prescod, 'Bringing It All Back Home', in Margaret Prescod and Norma Steele, *Black Women: Bringing It All Back Home*, Falling Wall Press, 1980, 13–14; Premilla Nadasen, *Welfare Warriors: The Welfare Rights Movement in the United States*, Routledge, 2004, 140.
4 Sara Farris, *In the Name of Women's Rights: The Rise of Femonationalism*, Duke University Press, 2017, 15.
5 Louise Toupin, *Wages for Housework: A History of an International Feminist Movement*, 1972–77, Pluto Press, 2018, 50.
6 Silvia Federici, *Revolution at Point Zero: Housework, Reproduction, and Feminist struggle*, PM Press, 2012, 38, 62. 《혁명의 영점》, 황성원 옮김, 갈무리, 2013년.
7 Silvia Federici and Arlen Austin, eds., *The New York Wages for Housework Committee, 1972–1977: History, Theory and Documents*, Autonomedia, 2017, 21.
8 Friedrich Engels, *The Origin of the Family, Private Property and the State*, Penguin, 2010, 105.
9 Andrea Marie, 'Women and Childcare in Capitalism. Part 1: Childcare in Capitalism', *New Socialist*, 2017, newsocialist.org. uk; Toupin, *Wages for Housework*, 3.
10 Federici, *Revolution at Point Zero*, 67. 《혁명의 영점》, 황성원 옮김, 갈무리, 2013년.
11 Ann Stewart, 'Legal Constructions of Body Work', in *Body/Sex/Work: Intimate, Embodied and Sexualised Labour*, ed. Carol Wolkowitz, Rachel Lara Cohen, Teela Sanders, and Kate Hardy, Palgrave, 2013, 71.
12 Selma James, *Sex, Race and Class: The Perspective of Winning*, PM Press, 2012, 84.
13 Federici, *Revolution at Point Zero*, 36. 《혁명의 영점》, 황성원 옮김, 갈무리, 2013년.
14 Arlie Russell Hochschild, *The Second Shift: Working Parents and the Revolution at Home*, Viking, 1989, 8; Christopher Carrington, *No Place like Home: Relationships and Family Life among Lesbians and Gay Men*, University of Chicago Press, 1999, 219.
15 Adrienne Rich, *Compulsory Heterosexuality and Lesbian Existence*, Onlywomen Press, 1981, 9.
16 Patricia Cain, 'Feminism and the Limits of Equality', *Georgia Law Review* 24, 1990, 805.

17 Johanna Oksala, 'Affective Labor and Feminist Politics', *Signs: Journal of Women in Culture and Society* 41(2), 2016, 300.

18 James, *Sex, Race and Class*, 197.

19 Mariarosa Dalla Costa, 'Introduction', in Giovanna Franca Dalla Costa, *The Work of Love: Unpaid Housework, Poverty and Sexual Violence at the Dawn of the 21st Century*, Autonomedia, 2008, 30.

20 Cameron Lynne Macdonald, *Shadow Mothers: Nannies, Au Pairs, and the Micropolitics of Mothering*, University of California Press, 2010, 5.

21 Dorothy Roberts, *Killing the Black Body: Race, Reproduction, and the Meaning of Liberty*, Pantheon Books, 1997; Marie, 'Women and Childcare in Capitalism'.

22 Liat Ben-Moshe, 'The Tension between Abolition and Reform', in *The End of Prisons*, ed. Mechthild Nagel and Anthony Nocella, Rodopi, 2013, 85.

23 Fred Moten and Stefano Harney, 'The University and the Undercommons: Seven Theses', *Social Text* 22(2), 2004, 114.

24 Sara Ahmed, *The Cultural Politics of Emotion*, Routledge, 2004, 128. 《감정의 문화정치》, 시우 옮김, 오월의봄, 2023년.

25 Helen Hester, *Xenofeminism*, Polity, 2018, 31, 64.

26 Wilmette Brown, 'The Autonomy of Black Lesbian Women', unpublished manuscript, box 1, Wages for Housework Special Collections, Lesbian Herstory Archive, New York, 1976; Angela Davis, *Women, Race, and Class*, Women's Press, 1981; Hazel Carby, 'White Woman Listen! Black Feminism and the Boundaries of Sisterhood', in *The Empire Strikes Back: Race and Racism in Seventies Britain*, ed. Centre for Contemporary Cultural Studies, Hutchinson, 1982; Hortense Spillers, 'Mama's Baby, Papa's Maybe: An American Grammar Book', *Diacritics* 17(2), 1987; bell hooks, *Yearning: Race, Gender, and Cultural politics*, South End Press, 1990.

27 hooks, *Yearning*, 47.

28 Carrington, *No Place like Home*; Lisa Duggan, 'The New Homonormativity: The Sexual Politics of Neoliberalism', in *Materializing Democracy: Toward a Revitalized Cultural Politics*, ed. Russ Castronovo and Dana Nelson, Duke University Press, 2002; Liz Montegary, *Familiar Perversions: The Racial, Sexual, and Economic Politics of LGBT Families*, Rutgers University Press, 2018.

29 Karl Marx and Friedrich Engels, *The Communist Manifesto*, Vintage, 2018, 54.

30 Sophie Lewis, 'Anti-fascisting', *New Inquiry*, 30 May 2019, thenewinquiry.com.

31 Jules Joanne Gleeson and Kade Doyle Griffiths, 'Kinderkommunismus', *Ritual*, 2015, available at isr.press.

32 Ibid.

33 M. E. O'Brien, 'To Abolish the Family: The Working-Class Family and

Gender Liberation in Capitalist Development', *Endnotes* 5, 2020, 376.

34 Melinda Cooper, *Family Values: Between Neoliberalism and the New Social Conservatism*, Zone Books, 2017, 9–15.

35 Arlie Russell Hochschild, *The Commercialization of Intimate Life: Notes from Home and Work*, University of California Press, 2003, 171.

36 Sarah Brouillette, 'Couple Up: Review of *Family Values: Between Neoliberalism and the New Social Conservatism*', *boundary* 2, 2 June 2017.

37 Sophie Lewis, *Full Surrogacy Now: Feminism against Family*, Verso, 2019, 116.

38 Selma James, 'The American Family', in *From Feminism to Liberation*, ed. Edith Altbach, Schenkman, 1971, 196.

39 Maya Gonzalez and Jeanne Neton, 'The Logic of Gender', *Endnotes* 3, 2013, 90.

40 Karl Marx and Friedrich Engels, *The German Ideology*, Promotheus Books, 1998, 57.

41 Maya Gonzalez, 'Communization and the Abolition of Gender', in *Communization and Its Discontents: Contestation, Critique, and Contemporary Struggles*, ed. Benjamin Noys, Minor Compositions, 2012, 220, 224.

42 Shulamith Firestone, *The Dialectic of Sex: The Case for a Feminist Revolution*, Verso, 2015, 202–16.

43 James, 'The American Family', 197.

44 Ibid., 195.

45 Hester, *Xenofeminism*, 19–30.

46 Jules Joanne Gleeson, 'The Call for Gender Abolition: From Materialist Lesbianism to Gay Communism', *Blindfi eld Journal*, 31 July 2017, blindfi eldjournal.com.

47 Gonzalez and Neton, 'The Logic of Gender', 80.

48 Selma James, 'When the Mute Speak', unpublished manuscript, box 2, Wages for Housework Special Collections, Lesbian Herstory Archive, New York, 1971.

49 Kevin Floyd, *The Reification of Desire: Toward a Queer Marxism*, University of Minnesota Press, 2009, 224.

50 Kathi Weeks, *The Problem with Work: Feminism, Marxism, Antiwork Politics, and Postwork Imaginaries*, Duke University Press, 2011, 213. 《우리는 왜 이렇게 오래, 열심히 일하는가》, 제현주 옮김, 동녘, 2016년.

51 Firestone, *The Dialectic of Sex*, 203.

52 Kathi Weeks, *Constituting Feminist Subjects*, Cornell University Press, 1998, 145.

53 Peter Drucker, *Warped: Gay Normality and Queer Anti-capitalism*, Brill, 2015, 321; O'Brien, 'To Abolish the Family', 411.

54 José Esteban Muñoz, *Cruising Utopia: The Then and There of Queer Futurity*, New York University Press, 2009, 1.

55 Larne Abse Gogarty and Hannah Proctor, 'Communist Feelings', *New Socialist*, 13 March 2019, newsocialist.org.uk.

56 Automnia, 'Ecstasy and Warmth', *The Occupied Times* 28, 2015, 14.

57 Lewis, 'Anti-fascisting'.

58 Michéle Barrett and Mary McIntosh, *The Anti-social Family*, Verso, 2015, 149. 《반사회적 가족》, 김혜경, 배은경 옮김, 나름북스, 2019년.

59 Laura Heston, 'Utopian Kinship? The Possibilities of Queer Parenting', in *A Critical Inquiry into Queer Utopias*, ed. Angela Jones, Palgrave Macmillan, 2013, 261, 263.

60 Deborah Grayson, 'Mediating Intimacy: Black Surrogate Mothers and the Law', *Critical Inquiry* 24(2), 1998; David Eng, *The Feeling of Kinship: Queer Liberalism and the Racialization of Intimacy*, Duke University Press, 2010, 94; Macdonald, *Shadow Mothers*, 13; Lewis, *Full Surrogacy Now*, 2019.

61 Federici, *Revolution at Point Zero*, 120. 《혁명의 영점》, 황성원 옮김, 갈무리, 2013년.

62 Ibid., 115.

63 Kath Weston, *Families We Choose: Lesbians, Gays, Kinship*, Columbia University Press, 1991, 26.

64 Arlie Russell Hochschild, *The Unexpected Community: Portrait of an Old Age Subculture*, University of California Press, 1973, 21.

65 Drucker, *Warped*, 358.

66 Jane Ward, 'Radical Experiments Involving Innocent Children: Locating Parenthood in Queer Utopia', in Jones, *Critical Inquiry into Queer Utopias*, 232–3.

67 Patricia Hill Collins, 'Shifting the Center: Race, Class, and Feminist Theorizing about Motherhood', in *Representations of Motherhood*, ed. Donna Bassin, Margaret Honey, and Meryle Mahrer Kaplan, Yale University Press, 1994, 67, 70.

68 Stanlie James, 'Mothering: A Possible Black Feminist Link to Social Transformation?', in *Theorizing Black Feminisms: The Visionary Pragmatism of Black Women*, ed. Stanlie James and Abena Busia, Routledge, 1993, 47.

69 Alexis Pauline Gumbs, 'M/other Ourselves: A Black Queer Feminist Genealogy for Radical Mothering', *Revolutionary Mothering: Love on the Front Lines*, ed. Alexis Pauline Gumbs, China Martens, and Mai'a Williams, PM Press, 2016, 22.

70 Spillers, 'Mama's Baby, Papa's Maybe', 73.

71 Grace Hong, 'Existentially Surplus: Women of Color Feminism and the New Crises of Capitalism', *GLQ: A Journal of Lesbian and Gay Studies* 18(1), 2012, 92.

72 James Boggs, *The American Revolution: Pages from a Negro Worker's Notebook*, Modern Reader Paperbacks, 1963, 50.

73 O'Brien, 'To Abolish the Family', 374.

74 Nat Raha, 'Queer Capital: Marxism in Queer Theory and Post-1950 Poetics', PhD thesis, University of Sussex, 2018, 114–5.
75 Chandan Reddy, 'Home, Houses, Non-identity: *Paris Is Burning*', in *Burning Down the House: Recycling Domesticity*, ed. Rosemary George, Westview Press, 1998, 373.
76 Stephanie Coontz, *The Social Origins of Private Life: A History of American Families, 1600–1900*, Verso, 1988, 315.
77 hooks, *Yearning*, 47; Alexis Pauline Gumbs, 'We Can Learn to Mother Ourselves: The Queer Survival of Black Feminism, 1968–1996', PhD thesis, Duke University, 2010, 214.
78 Reddy, 'Home, Houses, Non-identity', 373.
79 O'Brien, 'To Abolish the Family', 416.
80 Roderick A. Ferguson, *Aberrations in Black: Toward a Queer of Color Critique*, University of Minnesota Press, 2004; Raha, 'Queer Capital', 119.
81 STAR, *Street Transvestite Action Revolutionaries: Survival, Revolt, and Queer Antagonist Struggle*, Untorelli Press, 2013.
82 Raha, 'Queer Capital', 135–7.
83 Weeks, *Constituting Feminist Subjects*, 145–50.
84 STAR, *Street Transvestite Action Revolutionaries*, 13.
85 James, *Sex, Race and Class*, 77; Toupin, *Wages for Housework*, 177, 207.
86 Lauren Berlant and Michael Warner, 'Sex in Public', *Critical Inquiry* 24(2), 1998, 558.
87 Ibid., 561.
88 James, *Sex, Race and Class*, 63, 81.
89 O'Brien, 'To Abolish the Family', 417.
90 Dolores Hayden, *The Grand Domestic Revolution: A History of Feminist Designs for American Homes*, MIT Press, 1981.
91 Alan Sears, 'Lean on Me? The Falling Rate of Friendship', *New Socialist* 59, 2006, 36–7.
92 Drucker, *Warped*, 72.
93 Weston, *Families We Choose*, 205–6.
94 Cooper, *Family Values*, 174.
95 Ibid., 211.
96 Lewis, *Full Surrogacy Now*, 22.
97 Rosemary Hennessy, *Fires on the Border: The Passionate Politics of Labor Organizing on the Mexican Frontera*, University of Minnesota Press, 2013, 206.
98 Alexandra Kollontai, *Selected Writings of Alexandra Kollontai*, Norton,

1980, 285, 289; Firestone, *The Dialectic of Sex*, 205.

99 Weeks, *Constituting Feminist Subjects*, 137–43.

100 Ruth Hall, 'Lesbianism and Power', unpublished manuscript, box 2, Wages for Housework Special Collections, Lesbian Herstory Archive, New York, 1975, 4.

101 Coontz, *Social Origins of Private Life*, 332.

102 Lewis, *Full Surrogacy Now*, 19–20.

103 Cynthia Dewi Oka, 'Mothering as Revolutionary Praxis', in Gumbs, Martens, and Williams, *Revolutionary Mothering*, 57.

104 Laurent Berlant, 'The Commons: Infrastructures for Troubling Times', *Society and Space* 34(3), 2016, 408.

105 Weeks, *Constituting Feminist Subjects*, 136.

돌봄: 생산적 노동의 한 형태

(저자 인터뷰)

돌봄노동의 가치 폄하에 맞서는 혁명적인 신간

"당신은 사랑받는다는 걸 어떻게 아는가? 누군가 당신을 돌보고 있음을 어떻게 아는가?" 저술가이자 학자인 알바 갓비는 자신의 새 책,《돌봄노동: 친밀한 착취》서문에서 이렇게 묻는다. 예기치 않은 전화, 침대에서 일어났을 때 이미 준비된 커피, 힘든 하루 끝에 듣는 친절한 말들과 같은 누군가의 작은 행동에서 우리는 가장 안전하고 따뜻하며 소중히 여겨진다는 것을 느낀다. 하지만 갓비에 따르면 이러한 행동은 노력의 정도에 상관없이 (그리고 선택에 의한 것이든 아니든) 여전히 일종의 노동이다.

실제로 정서 지원 노동과 갓비가 표현한 "'기분 좋은 상태'로 '만들어주는 일'"은 우리 삶의 전체를 차지한다.

우리는 주변 사람들(배우자, 친구, 가족, 동료, 심지어 낯선 사람들조차)이 좋은 기분을 느끼기를 원하며, 그들이 항상 기분 좋은 상태를 유지하도록 노력한다. 이 일은 눈에 보이지도 않고 누구도 이에 대해 고마워하지 않는다. 하지만 누구나 기분 좋은 상태에서 일을 제대로 할 수 있다는 측면에서 그 일은 자본주의 사회를 떠받치는 필수적인 부분이라고 할 수 있다.

따라서, 돌봄은 생산적 노동의 한 형태이다. 갓비의 말처럼 "노동인구를 유지하고 교체하며 사람들의 안녕을 보장하는 일"이다. 그 일부인 임신, 집안일, 환자 돌봄과 같은 일들이 '사회 재생산'이라는 우산 밑에 들어가 있다. 사회 재생산에서 감정적 작업은 명확하지는 않지만, 그렇다고 덜 중요한 것은 아니다. 갓비가 《돌봄노동: 친밀한 착취》에서 '감정 재생산'의 개념을 제시하는 이유다.

갓비는 마르크스주의 페미니스트 관점에서 감정이 정치적 문제인 이유를 매혹적이면서도 빈틈없이 설명한다. 여기서 가족과 로맨틱한 관계를 맺는 것만이 정서적 욕구를 진정으로 충족시킬 수 있다고 규정하는 돌봄의 사유화를 비판한다는 점이 중요하다. 돌봄의 사유화는 부르주아, 이성애적 "올바른 생활"이라는 규범적 이상을 따르지 않거나 따를 수 없는 사람들을 배제한다. 또한 갓비는 돌봄이 왜 여성에게만 떠넘겨지는지 탐구하며, 여성성이라는 통념에 순응해 이를 수행하는 것(이 자체가 일!)이 사람들로 하여금 특정 감정 기술은 여성에게만 내재되었다고 인식하게 만든 작동 원리를 분석한다.

갓비는 감정 재생산의 부담에서 벗어나기 위해서는 자본주의, 가족, 성별을 폐지해야 하며 퀴어와 그 밖에 소외된 커뮤니티들에서는 이미 존재하고 있는 "더 재미있고 해방된 느낌, 욕망의 잠재력"을 모색해야 한다고 주장한다.

또한 사람들이 돌봄(사랑)이 노동이라는 개념을 받아들이는 것에 관해 고찰하고 우리가 어떻게 이런 노동을 거부할 수 있는지 논의하며, 우정이 지닌 급진적 잠재력을 탐구한다.

브릿 도슨(이하 도슨): **현재 긴축 경제, 임금 하락, 생계비 부담 상승 등 위기 분위기입니다. 사람들이 가족이나 사랑하는 사람들의 지원에 더 의존하게 될 수밖에 없는 상황인데, 돌봄(사랑)**

을 일종의 노동으로 보는 개념에 수긍하는 것에 어떤 영향을 미칠 수 있을까요?

알바 갓비(이하 갓비): 많은 사람들이 더 저항감을 느낄 수 있습니다. 현재의 경제 시스템이 자신들의 필요를 충족시키지 못한다고 느끼는 많은 사람들이 더 보수적인 형태의 가족으로 돌아가는, 더 끔찍한 반향도 있을 수 있습니다. 트래드와이프tradwife(*traditional wife*를 줄인 말로, 직장을 다니지 않고 가사노동을 전담하며 남편을 내조하고 자식을 키우는 것에서 보람을 찾는 전통적인 여성상. - 옮긴이)라는 현상과 페미니즘 이전 시대가 이해했던 전통적인 가족의 모습으로 돌아가고자 하는 욕망이 있습니다. 이러한 논지를 옹호하는 사람들은 가족이란 지극한 사랑으로 맺어진 자연스러운 관계 이외의 것이라는 생각에 분명히 저항합니다.

한편 경기가 침체될 때 많은 사람들이 더 전통적인 성별 패턴으로 밀려나고 가계에는 더 많은 압박이 있습니다. 코로나 기간 동안, 수많은 엄마들이 자녀들을 일주일 내내 하루 24시간 돌보는 일에 특히 책임을 느꼈고, 그 와중에도 임금을 받는 형태의 노동을 수행하면서 이 일을 해내야 했습니다. 그래서 경제 시스템 때문에 주변 사람들을 더 돌봐야 한다는 압박을 느끼는 사람들에게는, 감정 재생산의 개념과, 모든 사람들의 필요를 돌봐야 할 책임이 있는 사람이 따로 있다는 생각에 저항하는 것에 도움이 될 만한 점이 있을 겁니다.

도슨: **책에서 여성들은 '좋은 기분'을 만들고 갈등을 피하는 일에 할당되어 있고, 이러한 감정노동의 흔적을 (의도적으로) 감추는 작업이 진행되었으며, 이것이 여성성의 자연화에서 비롯된다고 설명합니다. 우리가 이를 탈자연화하려면 어떻게 시작해야 하나요?**

갓비: 최근에 저에 대해 이런 생각을 했습니다. 저는 많은 돌봄과 정서 지원을 하고 있는 상황에 있습니다. 가족 내에서가 아니라, 보다 일반적 범주에서요. 그리고 저는 스스로를 이 일에 꽤 능숙하다고 생각했습니다. 그러나 어느 순간 '사실은 내가 원래 이 일을 잘하는 것이 아니라, 그냥 많이 하고 있기 때문에, 그것을 하는 데 필요한 기술을 개발하게 되었다'고 생각했습니다. 이것이 탈자연화를 시작하는 방법입니다. 특정한 사람들이, 주로 여성들이겠지만, 기술을 개발했지만 여성 모두가 그렇지 않은 이유에 대해 질문해보는 것이죠.

이것을 개인의 삶 속에서 생각할 수 있지만, 더 집단적인 프로젝트로 생각할 수도 있습니다. 1970년대 페미니스트 활동

중에서 의식 향상 그룹의 예를 들면, 그들이 했던 많은 논의가 여성들이 정치적이고 집단적인 관점에서 자신의 삶을 되돌아보는 토대를 제공했습니다. 우리가 정말로 이 성별화된 특성을 탈자연화하고, '이것들은 실제로 정치적인 것들이다'라고 말하고 싶다면, 그것은 페미니스트 운동의 맥락에서 일어나야 합니다.

도슨: **주류 페미니즘은 역사적으로 남성들이 재생산 노동에 참여하도록 장려해왔습니다. 이것이 해결책이 아닌 이유는 무엇인가요?**

갓비: 매우 오래전부터 성평등을 위한 이러한 압력이 있었음에도 불구하고, 사람들이 희망했던 만큼 많이 변하지 않았습니다. 특정한 재생산 업무를 더 균형 있게 수행하려고 시도할 수는 있어요. 예를 들어, 저녁 식사를 번갈아 요리하는 것처럼 말이죠. 그것은 쉽게 할 수 있는 일입니다. 하지만 일 자체에 대한 책임뿐 아니라 모두가 필요한 것이 충족되었는지, 대체로 행복한지 그리고 돌봄을 받는다고 느끼는지 확인하는 전반적인 책임을 누가 지는가 같은 자연화되고 성별화된 가정에서 벗어나는 것은 훨씬 어렵습니다. 가족 구성원이 좋은 기분을 느끼기 위해 필요한 것까지 알아차려야 하죠. 이러한 정신

적, 감정적 노동은 눈에 보이지 않기 때문에 다루기 훨씬 더 어렵습니다.

가족이나 연인이 우리의 필요를 충족시키는 이상적인 단위라는 가정에도 문제가 있습니다. 이러한 사회적 단위들은 대체로 상당히 불평등하고 계층적이기 쉽습니다. 또한, 많은 사람들이 실제로 가족의 일부가 아니거나, 가족과 특별히 좋은 관계에 있지도 않습니다. 이런 사람들의 필요를 돌보는 별도의 확립된 방법은 없습니다. 아마도 그들에게 가까운 친구들이 있을 수 있지만, 그것만으로 모든 필요를 채우지 못할 수도 있습니다. 이렇게 좁은 방식으로 평등을 생각하면 이성애 관계에서는 문제가 됩니다. 왜냐하면, 그것은 우리가 가져야 할 관계의 유형에 대해 여전히 많은 것을 가정하고 있기 때문입니다.

도슨: **감정 재생산 노동이 사랑과 연결될 때, 우리는 어떻게 그것을 거부할 수 있나요?**

갓비: 거부가 정말 어려운 일이라는 점을 인식하는 태도가 중요합니다. 우리는 사랑하는 사람들의 요구를 거절하기 어렵습니다. 사회주의 페미니스트들은 종종 파업을 이용했어요. 하지만 재생산 영역 내에서 성공적으로 이루어진 파업은 매우

짧습니다. 겨우 하루 정도죠. 그렇지 않으면 참을 수 없게 됩니다. 어떻게 하면 이런 노동을 좀 더 쉽게 거부할 수 있을까요? 감정노동이 사적 영역에 국한되는 일이 훨씬 적어지는 사회를 만드는 것입니다. 그러면 사람들이 '사실 나는 다른 사람들을 돌보는 노동을 너무 많이 하고 있어, 혼자만의 시간이 필요해' 라고 말하기가 더 쉬워질 것입니다. 그 일을 덜어 줄 다른 사람들이 있다면, 덜 어려워질 테고요.

도슨: **가족의 돌봄 사유화에 대한 대안으로 우정에 내재한 퀴어 잠재력을 이야기하셨는데요. 우정은 어떻게 우리를 감정 재생산의 부담에서 해방시킬 수 있나요?**

갓비: 우정은 본질적으로 급진적이지 않습니다. 분명히 많은 사람들은 친구들과 많은 시간을 보내지만, 그것이 반드시 사회의 작동 방식을 바꾸지는 않아요. 하지만 우정은 기쁨을 우선시하며, 감정노동에 대한 성별화된 책임에 덜 얽매인 즐거운 상호작용이 더 많습니다. 또한 덜 배타적이어서 극히 소수의 사람들과만 친밀한 정서적 유대를 맺어야 한다는 생각이 없습니다. 그리고 정서적 책임은 있지만 훨씬 확장된 그룹의 사람들로부터 정서적 돌봄도 받는 더욱 급진적 정치 프로젝트와 쉽게 연대할 수 있습니다. 그리고 그것이 정치적 투쟁에 관

여할 수 있는 전제 조건이 될 수 있습니다.

2023년 2월 1일,
〈어나더AnOther〉지 브릿 도슨Brit Dawson

(출처: https://www.anothermag.com/design-living/14652/alva-gotby-they-call-it-love-the-politics-of-emotional-life-book-interview)

돌봄노동
친밀한 착취

초판 1쇄 발행 2024년 11월 20일

지은이 알바 갓비
옮긴이 전경훈
펴낸이 이혜경
기획 · 관리 김혜림
편 집 변묘정, 김수연
디자인 여혜영
마케팅 정세화

펴낸곳 니케북스
출판등록 2014년 4월 7일 제300-2014-102호
주소 서울시 종로구 새문안로 92 광화문 오피시아 1717호
전화 (02) 735-9515
팩스 (02) 6499-9518
전자우편 nikebooks@naver.com
블로그 blog.naver.com/nikebooks
페이스북 facebook.com/nikebooks
인스타그램 (니케북스) @nike_books (니케주니어) @nikebooks_junior

ISBN 979-11-988878-1-8 (03300)

책값은 뒤표지에 있습니다.
잘못된 책은 구입한 서점에서 바꿔드립니다.